日中領土問題の起源

公文書が語る不都合な真実

村田忠禧

花伝社

日中領土問題の起源 ── 公文書が語る不都合な真実

目　次

第1章　はじめに──冷静、客観的視点の大切さ　7

　事実の共有化を優先させよう …… 16

第2章　琉球・中国・日本の関係　35

　明の対外政策と琉球王国 …… 36
　明朝の琉球優遇策 …… 39
　東アジアの新たな動きと琉球の変化 …… 42
　薩摩による琉球支配の始まり …… 43
　薩摩の琉球支配の実態 …… 45
　キリシタン禁制と琉球 …… 48
　密貿易の隠蔽工作 …… 51
　検地の実施と琉球の薩摩属領化 …… 54
　中国情報源としての琉球 …… 56
　「両属」だけではとらえきれない琉球と中国、日本との関係 …… 57

第3章　琉球三十六島をめぐって　59

　琉球国絵図について …… 59
　三十六の縛り …… 64
　程順則の『指南広義』…… 71
　中国の文献から『順風相送』…… 74
　『順風相送』の発見者　向達について …… 77
　海防図 …… 77
　冊封使の記録から …… 79
　沖縄トラフが天然の障壁 …… 83

第4章　東アジアの激動と琉球王国　*87*

　　列強の餌食になる清国 …… *87*
　　アヘン戦争と琉球 …… *88*
　　フランスの対応 …… *92*
　　アメリカにとっての太平洋横断航路 …… *93*
　　ペリー艦隊の日本遠征 …… *94*
　　ボニン諸島の探検 …… *96*
　　江戸湾での10日間 …… *98*
　　ボニン諸島領有をめぐる争い …… *99*
　　ボニン諸島の発見者はだれか …… *101*
　　大槻文彦の『小笠原島新誌』…… *104*
　　日米和親条約の持つ意味 …… *110*
　　琉球との協約 …… *114*

第5章　徳川から明治へ　*117*

　　日清修好条規の締結をめぐって …… *118*
　　琉球人遭難事件 …… *120*
　　琉球国の併合 …… *125*
　　朝貢の禁止 …… *129*
　　沖縄処分の強行 …… *132*
　　グラントの調停と琉球分割 …… *135*
　　琉球人の分割反対 …… *142*

第6章　西村捨三の1885年　145

　4代目沖縄県令 …… 145
　大東島に国標建設・沖縄県管下に …… 151
　久米赤島、久場島及魚釣島調査の内命 …… 155
　国標　目下建設を要せざる …… 166

第7章　日清戦争の大勝に乗じて密かに領有する　177

　アホウドリを求めて海外進出 …… 180
　「脱清者」取締り …… 181
　1890年の丸岡知事の上申 …… 182
　笹森儀助の『南島探験』…… 185
　1893年の奈良原知事の上申 …… 186
　日清戦争での日本の圧勝 …… 189
　1885年当時とは事情を異にする …… 193

第8章　講和条約案の大枠は1月に決まっていた　203

　講和交渉を意図的に破談させる …… 206
　台湾を休戦条約の対象から外す …… 207
　講和条約の締結 …… 208

第9章　日本政府の基本的見解を検証する　217

　「南西諸島の一部を構成」しているか …… 217

たった一度だけの現地調査 …… 220
正式な領有手続きがなされたのか …… 222
「プラタス島」との比較 …… 225
戦争の勝利に乗じた領有では共通している …… 229

あとがき …… 231

付録　アジア歴史資料センター（JACAR）に公開されている関連文書類一覧
…… 235

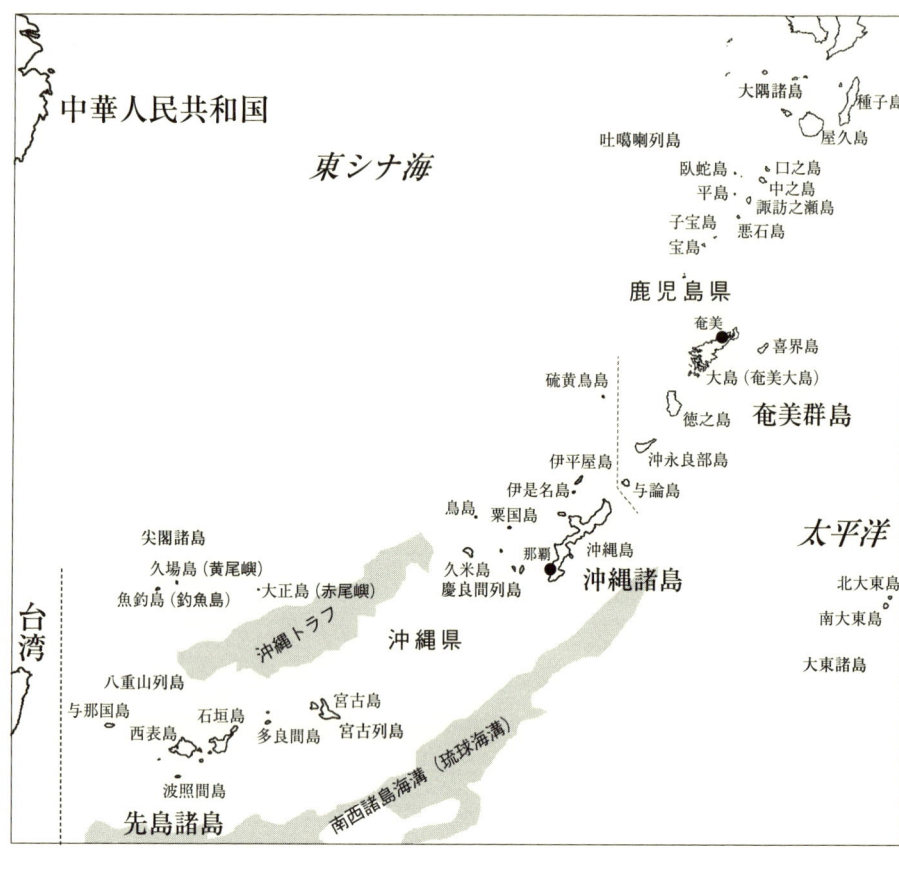

第1章　はじめに——冷静、客観的視点の大切さ

　本書の執筆の目的を知っていただくために、2012年9月20日に友人、知人宛てに発した電子メールをまず紹介したい。改行などを直しただけで、内容についてはまったく手を加えていない。

　　今年の3月末に横浜国立大学を定年退職した村田忠禧です。そのご挨拶もせず、失礼をいたしております。
　　4月には福建の福州と武夷山、6月には大連と北京、8月には5日から11日まで北京と新疆（石河子とウルムチ）、24日から29日までは内モンゴル（フホホト）と北京を訪問しておりました。
　　9月9日には横浜国立大学で中国語を学ぶ学生30名を引率して大連に行きました。9月17日に一旦帰国し、24日から28日まで、再度大連に向かいます。
　　学生たちは今も大連理工大学で中国語の集中学習と同大学の学生たちとの交流を行なっています。大連は平穏で、しかも学生たちは学習と交流をとても楽しく行なっています。そういうことはメディアではまったく伝えてくれませんね。

　　私は14日の午後、北京に向かい、日本大使館の真向かいにある二十一世紀飯店に宿泊しました。このホテルを会場にした中日関係史学会、日中関係学会の共催になる「アジアの未来と日中関係」をテーマにしたシンポジウムに参加するためです。シンポジウムは16日に終わり、17日に北京から帰国しました。
　　北京に到着した14日の夕方は問題なかったのですが、シンポジウムが始まった15日からは連日、デモ隊が大使館前を行進し、口々に

抗議のスローガンを叫んでおり、その喚声はわれわれのシンポジウムの会場にも届きました。また私の泊まった13階の部屋からもデモ隊や警備の動きを見ることができました。16日からは部屋からのインターネットへのアクセスは設備の故障、という理由で不可能となりました。ただし早朝は問題なく繋がるので、明らかに特定の目的をもった「故障」でした。

　北京におけるデモ隊はそれなりに統制の取れた動きをしており、時折、大使館正門前でペットボトルを投げ込む者もおりましたが、大半はただ横断幕などを持ちつつスローガンを叫ぶだけ。

　ただ「打倒小日本」（石原慎太郎が「シナ」と言うのと同類の蔑視表現）の横断幕の文字やスローガンには理性的な抗議活動とはとても評価できない表現が目立ちました。理性的な行動であるなら、自分たちは日本政府の誤った決定に反対しているのであって、日本人民に反対しているのではない、ということが判るような表現を用いるはずですが、そのような配慮のある横断幕はまったく見かけませんでした。日本軍国主義と日本人民を区別する、という教育が放棄されてきたことの結果です。

　われわれのシンポジウムに参加した中国側の出席者からも、このような狭隘な反日感情の蔓延について批判的あるいは憂慮する見解は見られませんでした。みんな度合いこそ異なれ、かなり感情的になっている、というのが私の印象です。

　逆にいえば、丹羽大使はそうなることを察知して警告を発したわけです。その判断は正しかったにも関わらず、かえって非難され、更迭されることになりました。彼を非難した人々こそ非難されるべきです。

　道路の両脇には大勢の警備の人がおり、見物人が足を止めて見ることがないよう、つまり人だかりを作らないように誘導しておりました。いわば「官許抗議活動」でした。

　可哀相なのは周辺の日本料理店。店を破壊されるのを恐れて、入り口などに中国国旗や「釣魚島は中国の領土」と書いた布を垂らして「態度表明」をし、店そのものは閉店しています。しかし料理店のガ

ラスが割られるような事態を目にすることは、少なくとも北京ではありませんでした。この点は2005年4月の上海での反日デモが発生したあと、5月初旬に上海を訪れた際に、襲撃の残痕を目撃したのとは異なっています。日本料理店の前に立っていると「ここの老板は台湾人なのになあ」という声が耳に入りました。台湾人、大陸人、あるいは日本人が経営者であっても、日本料理店を営業することを隠さなければならない、というのは困ったことです。

　ただしこのような閉店騒ぎは大使館周辺の限られた地域で発生しているだけで、たとえば地下鉄王府井駅を出てすぐ近くの地下食堂街にある「吉野家」や回転寿司屋は平常通り営業しており、お客さんもいつもと変わらない状況でした。天安門広場にも変化はありませんでした。

　しかしテレビの報道でも不買運動を暗に唆しているような姿勢が現れており、中央電視台は、一般人へのインタビューの形をとって、日本の車や電子製品は買いたくない、という声を流していますし、日本経済を研究している大学教授が対日経済制裁が有効かどうかについてあれこれしゃべりまくり、とても冷静かつ道理にかなった発言とは思えませんでした。ただこのような報道の仕方は日本でもよく見られるもので、われわれは相手の側の欠点にはすぐ気づくのですが、自国の欠点についてはかなり寛容になる、という現実を忘れてはいけない、と思います。

　9月11日には中央電視台の「焦点訪談」という番組で私のことが紹介されていました。私は当初知らなかったのですが、大連にいた時に中国人の友人から知らされ、あとでそれを見ました。

　それは7月末にわが家に中央電視台の人が取材に来た時のもので、私の発言の一部分だけを報道しているものです。このようなつまみ食い的利用には賛成できないので、大連や北京にいる間にも、中央電視台および香港の鳳凰テレビの取材申し込みがあったのですが、応じませんでした。

　私が不愉快に思うのは、われわれが15日にシンポジウムを行なう

ので、それをまず取材してください。そこでの私の発言を聞いたうえで、取材するかどうか判断してください、と先方に伝えたのですが、記者は取材にきませんでした。あくまでも彼らの作ったシナリオに、私を登場させ利用しようと思っているわけです。

　日本大使館の真向かいのホテルで日中の研究者がシンポジウムを行なっている、ということは本来なら報道する価値のある出来事のはず。日本の報道でも似たりよったりであり、中国の報道姿勢のみを批判するのは公平ではありませんが、あまりに視野が狭くなっている、という印象を持たざるを得ません。

　北京は統制下の抗議活動でしたが、地方では一部で暴徒化しましたが、中央電視台ではそれを報道しませんでした。私は日経電子版を通じて知ったのと、香港の鳳凰テレビが深圳、広州での暴徒化した状況を報道していたので分かりました。中国の人々も何らかの形で、西安、青島、深圳などの動きを知っており、中央電視台が報道していなくても情報は人々の耳や目に入っているようです。今は NHK や TBS の番組をホテルだけでなく、自宅でも見られるようになりました、と 17 日の帰国直前にお目にかかった林麗韞さんがおっしゃっていました。

　ここでシンポジウムについて大体のことを紹介しておきます。
　中日関係史学会（会長は呉寅・中国社会科学院副院長）と日中関係学会（会長は宮本雄二・前中国大使）の共催によるものです。私は日中関係学会の会員ではありませんが、6 月に北京を訪れた際、中日関係史学会で報告を行なったことがあり、同学会から呼びかけられて参加した次第です。

　日本側からは前述の宮本前大使をはじめ、藤村幸義副会長・拓殖大学国際学部教授、江越真副会長・西村朝日法律事務所等の先生方が参加しておりました。横浜日中友好協会会員になっている勝尾修・東京証券取引所広報部課長や私と同じく神奈川県日中副会長である南村志郎さんも参加しました。

　中国側からは日中関係あるいは中国外交問題の著名な専門家や全国

の大学や研究機関の研究者が大勢集まりました。たとえば呉学文・中日関係史学会名誉会長、丁民・名誉会長、王泰平・副会長といった方々。

私は政治分科会で「日中関係 40年前を振り返り、これからを考える」と題する論文を提出し、口頭報告も行いました。

今回は領土問題で中国側が熱くなっている時なので、私は意図的に冷や水を浴びせる発言をしました。小さな無人島の領有をめぐる争いが天下国家の一大事なのか。政府というものは自国に不利な事実は隠蔽したがる。事実の隠蔽は危険であり、誤解や対立を生むもとであり、だからこそ対立は激化する。狭隘な偽の愛国主義に騙されてはならない。

尖閣・釣魚島は日中の平和・友好・協力の象徴として共有・共同管理するのが適切である。島をめぐる対立の恒常化よりも、共有化にむけた第一歩とする努力と勇気が必要である。

そのためまずやるべきは事実の共有化であり、双方が歴史資料を出し合い、相手の言語に翻訳し、出版あるいはウェブ上で公開することをすべき、と提案しました。日中で共同研究をすべき、という意見は私だけでなく、中国側からも出されました。「国家」を背負わず、あくまでも科学的、客観的な研究活動をして、そこで得られた成果を広く両国民に知らせれば、自ずと解決の道は見えてきます。私の論文と報告用PPTは添付ファイルで送りますので、そちらに目を通してください。

なお大連理工大学では1時間半にわたり、日中の学生・教員を前に報告をすることができました。シンポジウムでは発表は15分以内で、という制約があり、しかも発言者には時間を守らない人が多いため、私の口頭発表は後半部分のみにしました。

中国側のみなさんの頭は「国有化」問題に集中しすぎているので、私の提案はすぐには理解してもらえないと思っていますが、いずれ必ずやその方向に進むであろう、と確信しています。というか、それ以外に平和的な解決の道はありえません。

中国の若い研究者から私の報告に対して好意的な対応を示してくれる人が何人もおったことは嬉しいことです。理性的な対話は十分に可能です。

　なお私は10月には中国には行かず、自宅で著作に専念し、尖閣・釣魚島共有論をまとめて花伝社から出版する予定です。かねてから花伝社社長の平田さんから催促されているのですが、忙しすぎて著作に専念することができませんでした。いまここにみなさんにそのことを公表することで「言い逃れ」できない状況を作りました。ぜひご期待ください。

　16日の総括会議の冒頭、著名な経済学者である励以寧先生が1時間、中国の今後の改革の行方について、非常に分かりやすく内容のある講演をされました。

　各部会の報告を紹介している最中に、新任となるはずの西宮大使が亡くなられた、との情報が入り、宮本前大使は帰国の準備のため、中途退席されました。

　16日の夕方、私は南村志郎・神奈川県日中副会長ご夫妻にお目にかかり、美味しい上海料理をご馳走になりながら、県日中友好協会に経済文化交流部会を発足させることについての取り組み状況を報告しました。特に南村副会長や久保前会長といった豊富な経験と知識をお持ちの方々に講演会等の形で協力していただきたい、と思っていることを伝えました。また私はできれば県下の日中友好協会に参加している会員のみなさんが交流できる機会を作るため、300人程度の船をチャーターして一日じっくり交流する機会を作りたいと思っていることを伝えたところ、賛成していただきました。

　翌17日には林麗韞さん（日中国交正常化時の通訳をされた方、午前中はTBSテレビの取材を受けたところ）に会いに全人大常務委員会の建物のなかにある彼女の事務室に行きました。

　私も午前中はホテルで鳳凰テレビの記者と話し合っており、彼女は取材を申し入れてきたのですが、私は今の状況では取材しないほうが

よい、として延期してもらいました。

　私は1971年12月、つまり国交回復前に中国を訪問しているのですが、その時にわれわれに随行してくださったのが林麗韞さんです。つまり田中角栄よりも早く林さんに会っているし、1ヶ月という長きにわたってわれわれに随行してくださったのです。

　今の日中関係をどのように改善していくのがよいか、飛行機の便の都合があるため、1時間程度しか話ができませんでしたが、実にいい対話ができました。

　大雑把な紹介ですが、忙しかったけれども有意義な中国訪問でした。多くの民間交流が相次いで中止に追い込まれるなか、デモ隊の喚声を耳にしながら、熱心な意見交換をやり、最後まで順調にシンポジウムを実施できたことは喜ぶべきことです。まさかこんな環境下でのシンポジウムになるとは思いもしませんでした。このシンポジウムを実施した責任者の徐啓新さん（彼とは1977年3月以来のお付き合い）からは、会議直前になっても具体的な情報が提供されず、事務局はいったい何をしているんだ、という不満を抱いていたのですが、実際にはいろいろなことで大変だったようです。

　ともかく最終的には断固として実施し、順調に行なえたことはとても意義あることです。おかげで多くの老朋友に再会できたし、新しい友人、とりわけ若い世代の研究者と面識を持つことができました。これから大いに積極的な対話を展開していきたいものです。

　日中双方の国民感情は非常に悪化しており、これを好転させるには大変な努力と時間が必要です。しかしだからこそわれわれの活動には意義があります。

　今は忘れてしまっている「両国人民世世代代友好下去」というスローガンを、心から実感をもって叫べるよう、真剣な努力をする必要があります。

　われわれの事業は日本側だけではできません。双方の協力・合作があって初めて実現できるものです。しかも一部の人間だけの努力でも駄目です。

両国政府はもとより、日中双方の各界各層が真摯に今回の事態の重大性を認識し、冷静に、しかもお互いの言い分にきちんと耳を傾け、自分の認識不足や誤認があることを発見したら、直せばいいだけのことです。
　面子・建前の争いをしている場合ではありません。積極的に対話をし、自分の言い分を表明するだけでなく、相手の言い分にも耳を傾けるべきです。そうすれば相互の信頼関係が醸成され、解決の道が見えてきます。
　双方が手を取り合って日中友好の大道の再構築のために奮闘しましょう。
　「雨降って地固まる」となるよう、われわれ一人一人がそれぞれの場で努力しましょう。
　長々と書きましたが、今回の訪中活動の報告はこのへんでお終い、といたします。

村田忠禧
2012年9月20日

　以上が9月20日のメールの全文である。添付した論文は本章の最後に掲載しておく。
　10月以降は著作に専念し、尖閣・釣魚島共有論としてまとめる予定であったが、それが本書『日中領土問題の起源』となり、当初の内容とは異なったものになってしまった。
　その経緯を簡単に紹介すると、私は2004年6月に『尖閣列島・釣魚島問題をどう見るか――試される二十一世紀に生きるわれわれの英知』と題する小著を日本僑報社の隣人新書07として出版した。これは外務省の平成15年度日中知的交流支援事業支援を受けた「日本イメージ・中国イメージ形成に関する日中共同研究」（実施団体は「日中コミュニケーション研究会」）での日中共同研究報告会（2003年12月20日）において発表した報告を中心としたものであった。
　日中コミュニケーション研究会が実施報告書を外務省に提出したところ、

外務省の担当者から私の報告内容に不満が表明されたとのこと。報告に問題があるのなら、直接私に表明してくれればいいのに、彼らは何も言ってこない。対話を通じて率直な意見交換をすれば相互理解が深まるはずなのに、自分たちにとって都合のよくない意見には耳を貸そうとしない姿勢はいただけない。しかし日中コミュニケーション研究会の活動は、私の報告によって影響を受けることなく、翌年も外務省からの支援を受けて交流活動ができた。一方、この報告は台湾日本綜合研究所が全文を中国語に訳し、同研究所のホームページに掲載するとともに、同研究所発行の『日本綜合情報』第4期に巻頭論文として掲載してくれた。また中国大陸でも『百年潮』2004年6期に「尖閣列島・釣魚島争議」と題して掲載された。ただしそれは筆者の同意なしに編者が勝手に内容の一部分を削除して公表したものであり、とても素直に喜べない扱いを受けた。

　以後、私は大学の授業でも、あるいは外部での講演会等でも、また日本国内だけでなく、中国においても、この問題の真相は何なのか、領土をめぐる争いをどう考え、どう解決していくのが望ましいかについて、報告・交流を積み重ねつつ、自分なりに考えてきた。

　2010年9月、ちょうど私が上海に滞在していた時に、中国漁船と日本の巡視船との衝突事件が発生、2012年9月には日本政府による「国有化」を契機に中国各地での大規模な反日デモが発生した。

　10年前とはかなり異なる局面が出現したし、私も大学を定年退職し、それなりに執筆に時間を割けるようになったので、これまで考えてきたことを整理し、とりわけ前回の書籍ではほとんど展開しなかった、問題解決への道についてまとめようと思っていた。だから当初は「共有論」を主題とした本を執筆する予定であった。9月20日のメールにもそのことが表明されている。

　実際に昨年10月から執筆作業に入り、最初に2010年の漁船衝突事件の真相についての分析を行った。ただし第2章以降は琉球の歴史、琉球と中国、日本との関係、その中でこの島々はどういう位置を占めていたのかを明らかにしようと思った。

　しかしいざ執筆してみると、自分が琉球・沖縄の歴史を知らないことを

つくづくと実感し、まずは琉球・沖縄の歴史を調べ、学ぶことに時間を割かざるをえず、執筆作業は大幅に遅れてしまった。私自身はいろいろと関連書籍を読み、資料を調べるなかで、いままで知らなかったこと、気づかなかったことに気づかされた。自分の知識のなさ、浅薄さを実感するとともに、真実を探求することの楽しみを味わうことができた。

遅れついでに、今回は日本が島々を領有するにいたる経緯まででひとまず完結させ、その後のことはまた別の書籍にしてまとめよう、というように方針を転換した。

事実の共有化を優先させよう

われわれは生まれ育った環境、受けた教育、生活している基盤など、人それぞれによって異なるのだから、考え方、生き方は各人各様である。それを「日本人のクセに」とか「日本人だったら」といった、作り上げた「日本人」像で一面的、固定的にとらえ、その基準でもって具体的な日本人をあれこれ判定すると、過ちを犯すことになる。日本という同一国内に住んでいる日本人についてすらそうなのだから、ましてや異なる国家で生きている人についての判定となると、正しくできないのは当然である。「○○人のクセに」と言っても、日本人たる自分が描く「○○人」のイメージは、自分たちが勝手に作り上げたものであって、それが的確に「○○人」の特性をとらえているとは限らない。ましてや日本人といっても千差万別であるのと同様、○○人も千差万別である。安易に個々の人間を国家単位の枠にはめ込んであれこれ判定できるはずがない。

このような実に当たり前の常識が、いざ領土に関わることになると、突如、自分が国家を背負っているかのような「愛国者」に変身してしまうケースをよく目にしてきた。

いま、領土問題をめぐって日本と中国の政府の見解は異なっている。政府が言っているのだから正しいはず、と鵜呑みするのは正しくない。日本政府が言うのだから正しい、というのであるのなら、中国人が、中国政府が言っているのだから正しい、と思い込むのを批判できない。いや中国は

共産党の独裁国家だから、とこれまた安直な「論拠」で自分の判断を正当化し、理性的な分析を放棄してしまう。このようなやり取りでは生産的な議論ができないことは言うまでもない。

　われわれは冷静な態度で、理性を重んじ、客観的事実を尊重する精神を常に堅持する必要がある。見解の対立が発生した時には、自分の見解についての客観的分析が必要なのと同時に、相手側の見解についても冷静になって耳を傾けることが絶対に必要である。耳を傾ける、ということはそれに従え、という意味ではない。なぜ相手はそのように主張するのか、その主張にはたして根拠があるのか、根拠がないことが明白であるのなら、事実を挙げて批判すればよい。もし相手側の主張で事実に合致している部分があり、自分側の主張に正しくない点があることが明白になったら、改めればよいだけのことである。自己の主張の過ちに気づいていながら、それを是正しようとしないとなると、過ちをいっそう重ねるだけで、被害はより大きなものとなる。

　国家間の領土をめぐる争いは「面子(めんつ)」の争いというのが現実。一部の自国民から「売国奴」と罵られるのを恐れる政府役人が、自主的、積極的に真相を解明し、問題解決に乗り出すのを期待しても無理であろう。

　ではいつまでもお互いに面子の張り合いをするしかないのか。そこでわれわれは民間の力、「国家」という風呂敷を背負わず、冷静かつ平等な態度で、客観的事実を重んじ、服従すべきは真理のみ、という精神を堅持する人々の共同作業をすることを提案したい。

　領土問題に限らず、歴史認識の共有化ということを追求する場合、まずわれわれが行うべきは認識の共有化ではなく、事実の共有化である。認識は事実を根拠にしてなされるが、歴史事実と思っていることがそれぞれによって異なっているのなら、共通の土台は存在せず、一致した認識に到達することは不可能である。自国の人々にとっては当然の事実と思っていることが、相手国の人々にとってはまったく知られていない、といったことはよくあることである。しかし事実は現実に存在したことなので、その事実を認めることはさほど難しいことではない。

　歴史事実の共有化が実現されれば、それに伴って歴史認識も徐々に共通

する部分が増えていくことになる。まずは事実の発掘、共有化に努力すべきであって、観点、認識の一致は急いで求めなくていい。事実を尊重する気風が育てば、自ずと認識は一致していくようになる、と私は思っている。

　本書はこのような角度から執筆した。論よりも事実を重視し、可能な限り根拠となる資料の紹介を行った。したがって本書では引用が非常に多くなっている。これは私自身が琉球・沖縄の歴史について素人である、という現実に起因する点もある。また出典を明示しておいた。それは読者のみなさん自身が本書で書かれた内容を点検できるようにしたいと思ったからである。とりわけ現在では「アジア歴史資料センター」、「外務省日本外交文書デジタルアーカイブ」、「国会図書館　電子図書館」など、多くの歴史文献がインターネット上で検索、閲覧、ダウンロードできるようになっている。歴史研究が進歩するうえで重要な役割を果たすのは新資料の発見である。歴史資料のデジタル化、公開化は非常に重要なことであり、本書はその恩恵に浴すことができた。より多くの人々に活用していただきたく、以下にデジタル資料の利用方法を紹介しておく。

① 　アジア歴史資料センター　http://www.jacar.go.jp/

　アジア歴史資料センターでは、国立公文書館、外務省外交史料館、防衛省防衛研究所戦史研究センターが保管するアジア歴史資料のうち、デジタル化が行われたものから順次、提供している。なお、原資料は各所蔵機関にて保管している（同センターの説明による）。

　A（国立公文書館）、B（外務省外交史料館）、C（防衛省防衛研究所）から始まる11桁のレファレンスコードを表記することになっており、本書において例えば（B03041152300）という出典が示されていたら、アジア歴史資料センターのトップページで「検索」という文字のある左側枠にB03041152300を入力すれば、ただちにその文献「沖縄県久米赤島、久場島、魚釣島へ国標建設ノ件　明治18年10月」にたどり着くことができる。本書の付録「アジア歴史資料センター（JACAR）に公開されている関連文書類一覧」（本書235頁以降）を参照のこと。

　あるいは「詳細検索」を選んで、さまざまなキーワードや時期指定で、

アジア歴史資料センター

めざす文献を探し出すことができる。資料を閲覧するには「DjVu ブラウザプラグイン」という無料ソフトをダウンロードする必要がある。

② 外務省日本外交文書デジタルアーカイブ　http://www.mofa.go.jp/mofaj/annai/honsho/shiryo/archives/index.html
『日本外交文書』のデジタル画像を閲覧することができる。http://www.mofa.go.jp/mofaj/annai/honsho/shiryo/archives/mokuji.html
『日本外交文書』は書籍としても刊行されているが、それをわれわれはこのホームページから閲覧することもできるし、ダウンロードすることもできる。

③ 国会図書館　電子図書館 http://www.ndl.go.jp/jp/service/online_service.html#denshi
　本書の執筆にあたっては国会図書館がデジタル化した明治期の「図書」をいろいろと活用させてもらった。

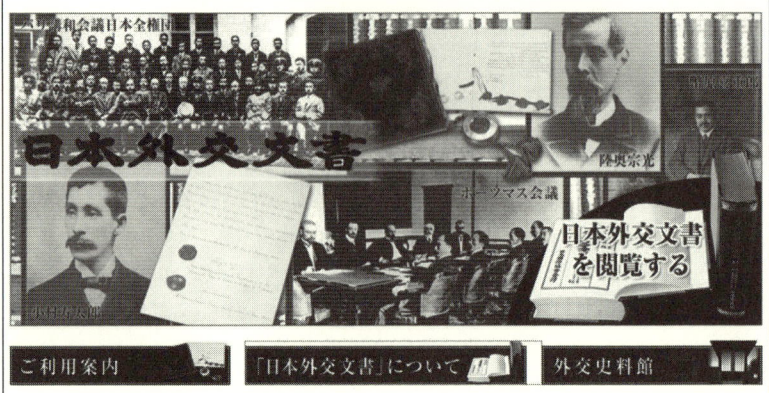

外務省日本外交書デジタルアーカイブ

	国立国会図書館デジタル化資料	国立国会図書館で収集・集積されているさまざまなデジタル化資料を検索・閲覧できるサービスです。次のコンテンツを含んでいます。
	古典籍資料（貴重書等）	当館が所蔵する古典籍資料のうち、貴重書・準貴重書をはじめとした江戸期以前の和古書・清代以前の漢籍を収録しています。
	図書	当館がデジタル化した図書資料（戦前期・戦後期刊行図書、議会資料、法令資料および児童書の一部など）を収録しています。（閲覧は当館内のみ）
	雑誌	当館がデジタル化した雑誌資料（当館が所蔵する雑誌、児童雑誌の一部など）を収録しています。（閲覧は一部を除き当館内のみ）
	新聞	石巻日日新聞社のご協力により、東日本大震災発生後の6日間に発行された壁新聞「石巻日日新聞（号外）」をデジタル化し、インターネット提供しています。
電子図書館	歴史的音源	歴史的音盤アーカイブ推進協議会（HiRAC）がデジタル化した1900年初頭から1950年前後に国内で製造されたSP盤等の貴重な音楽・演説などを収録しています。 ※平成25年3月に、専用ページ「歴史的音源（れきおん）」も開設しました。デジタル化資料の中で歴史的音源のみをご利用になりたい方は専用ページをご覧ください。
	官報	明治16年の創刊号から昭和27年までの官報（法律・条約・府令などの法令のほか、国の公告類等を掲載する国の機関紙）を、インターネット提供しています。
	博士論文	当館がデジタル化した博士論文を収録しています。著者から許諾を得たものについては、インターネット提供しています。
	憲政資料	幕末から昭和までの日本の政治家・官僚・軍人などが所蔵していた書簡・書類・日記等の一部を、インターネット提供しています。
	日本占領関係資料	米国の国立公文書館が所蔵する戦後の日本占領に関する公文書のうち、米国戦略爆撃調査団文書（インターネット提供）、極東軍文書（閲覧は当館内のみ）の一部を収録しています。
	プランゲ文庫	プランゲ文庫（戦後GHQが検閲のために集めた日本国内出版物）のうち、一般図書の一部を収録しています。（閲覧は当館内のみ）
	インターネット資	当館が収集したインターネット上の刊行物（国の機関や地方公共団体、独立行政法人、大学

国会図書館　電子図書館

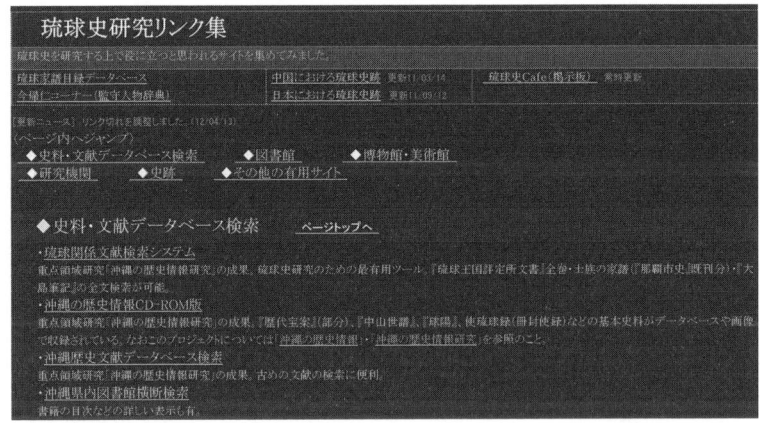

琉球史研究リンク集

また『官報』(明治 16 年創刊) の閲覧・ダウンロードが可能となったことは大変役立った。

④ 琉球史研究リンク集 http://www.geocities.jp/ryukyu_history/useful.html
　渡辺美季・神奈川大学外国語学部国際文化交流学科准教授が管理人となっている。
　あまりに情報が豊富で、私自身は十分活用できていない。

　なお本書は横書きにした関係上、資料の引用にあたって、年月日などの表記は漢数字を用いていたものを、固有名詞に使用される以外はすべて算用数字に統一した。また文献が漢字カタカナ交じり文になっているのを、漢字ひらがな交じり文に直し、句読点も読みやすさに配慮して加えておいた。ルビも必要に応じてつけ加えた。
　以下は 2012 年 9 月 15 ～ 16 日に中日関係史学会、日中関係学会共催のシンポジウム「アジアの未来と日中関係」に提出した論文である。

＊　＊　＊

日中関係　40年前を振り返り、これからを考える

村田　忠禧（横浜国立大学名誉教授）

中国封じ込め政策の破綻

　個人的な思い出から始めさせていただくが、私の中国初訪問は1971年12月23日から翌年1月下旬までの1ヶ月間であった。訪中した当時、林彪一味のクーデター計画が失敗し、ソ連に向けて逃走する途中、モンゴルに墜落死したという「9・13事件」に関する情報はまだ公表されていなかったが、中国の政治は周恩来を中心とする「実務派」に握られていた。しかも同年7月にキッシンジャー・アメリカ大統領特別補佐官がパキスタンから密かに北京入りし、周恩来と米中関係改善についての話し合いをしたことが公表され、世界中を驚かせた。中国はその国家建設の道において紆余曲折があったとはいえ、社会主義の旗を高く掲げ、アメリカ帝国主義に反対し、民族解放闘争を支援する革命国家として無視することのできない存在になっていた。アメリカがベトナム戦争の泥沼から抜け出せずにもがいている間に、ソ連はアメリカとの覇権争いで有利な状況を築きつつあった。ニクソン大統領は、ソ連との対立がイデオロギーレベルだけでなく、国家レベルにまで上昇していた中華人民共和国との関係改善を図ることで、第2期目の大統領選挙に勝利し、形勢を転換させようとしていた。中国としても中ソ国境沿いに100万もの大軍を展開するソ連に対処することは深刻な課題であり、ベトナムからの撤兵に着手したアメリカとの関係改善は必要なことであった。これまでアメリカに従って中国封じ込め政策に加わってきた国々も、ご本尊たるアメリカが変身してしまったので、もはやその指揮棒に従う必要はなくなった。10月25日の国連総会における中華人民共和国の国連復帰が実現し、中華民国に変わって国連常任理事国になった。アメリカにもっとも忠実に従ってきた日本においても、日中国交回復を求める動きが全国各地各界各層の間で澎湃として巻き起こった。1972年2月21日、ニク

ソンがアメリカ大統領として初めて中華人民共和国の首都・北京を訪れ、中国との関係改善を全世界にアピールした。アメリカの中国封じ込め政策は破綻したのである。

国交樹立の意義

1972年5月15日に沖縄返還が実現したことにより、日本の次の政治課題は中華人民共和国との国交樹立となった。田中角栄は7月7日に総理大臣に就任するや、大平正芳を外務大臣とし、内閣成立からわずか85日という短期間で一気呵成に戦後日本の重大政治懸案を解決した。これは日中双方の最高指導層の意向が明確に一致したことにもよるが、林彪一味が崩壊したことと江青等の極左グループがまだ力が結集できていないという特殊な環境のもと、毛沢東の支持を取り付けつつ、周恩来が巧みにまとめ上げた成果である。

中華人民共和国は1949年10月に誕生したが、日本政府はアメリカの中国封じ込め政策に追随し、台湾に逃げのびた蒋介石政権と外交関係を結び、それが中国を代表する政権であるかのように扱ってきた。しかし蒋介石政権の支配が及んでいない大陸部分については実質的には留保扱いにし、台湾と大陸とを分断する政策をとっていた。「二つの中国」あるいは「一つの中国、一つの台湾」である。蒋介石からすれば中華民国は中国全体を代表する政権であって、台湾の地方政権の地位に甘んずることはできなかった。そのため「大陸反攻」を看板に掲げ、世界の反共勢力からの同情・支援を勝ち取る必要があった。虚構にもとづく結託が実現していたのである。

1972年9月29日に発せられた「日中共同声明」において「日本国政府は、中華人民共和国は中国の唯一の合法政府であることを承認」し、中華人民共和国政府は「台湾が中華人民共和国の領土の不可分の一部であることを重ねて表明」し、日本国政府はその立場を「十分理解し、尊重し、ポツダム宣言第8項に基づく立場を堅持する」ことを表明し、いわゆる「台湾問題」は中国内部の問題であることが再確認された。

日本がアメリカに先んじて中国との外交関係を樹立したことは、日本

外交の自主性を内外に示すものとして高く評価すべきである。とりわけ日米安保体制のもとで急速に経済的実力をつけ、GDP世界第2位の経済大国になった日本に対し、かつての侵略戦争の傷痕がまだ深く残っている中国やアジア諸国、また日本国内からも「日本軍国主義復活」への警戒心が高まっていた。日本軍国主義復活に対する内外の懸念を払拭するうえでも中国との外交関係の樹立は積極的な役割を果たした。

評価すべき周恩来の対応

　アメリカの支配下に置かれていた沖縄が日本に返還されることに伴って、日中間には新たな紛争の火種が生まれた。「尖閣・釣魚島」をめぐる領土問題である。ECAFE（国連アジア極東経済委員会）の海洋調査で周辺海域に海底石油が埋蔵されている可能性があると発表されるまで、この小さな無人島の存在が注目されたことはなかった。日本、中国（台湾をも含む）いずれもが自国の固有の領土と主張するようになった。この島の領有権問題で争っていたら国交回復は実現できない。田中内閣成立後、密かに中国を訪問した竹入義勝・公明党委員長との会談（7月28日）において、周恩来は自分から進んでこの問題について語った。

　　「尖閣列島の問題にもふれる必要はありません。竹入先生も関心が無かったでしょう。私も無かったが、石油の問題で歴史学者が問題にし、日本でも井上清さんが熱心です。この問題は重く見る必要はありません。平和五原則に則って国交回復することに比べると問題になりません」（竹入メモによる）

　この周恩来の発言で注目すべきは、尖閣・釣魚島の問題についてこれまで「関心がなかった」ことを率直に語っていることである。竹入にたいする信頼がなければとても言えない。すでにこの時点で公明党を含む日本の議会政党は押し並べて尖閣諸島は日本の領土、という立場を表明していたし、中国政府は中国の領土と表明していた。しかし領土の争いで国交回復の実現を遅らせてはならない、という点で双方は一致してい

たのである。もう一点、注目すべきは歴史学者・井上清の名前をあえてあげて、歴史事実を尊重すべきことを暗に示唆している。この周恩来の対応をわれわれは積極的に評価すべきと思う。

「戦争と革命」から「平和と発展」へ

　日本と中国との国交回復は広範な日本国民に支持された。上野動物園に贈られたランラン、カンカンという二頭のパンダは最高の親善大使としての役割を発揮し、日本全体が日中国交正常化の喜びに沸き立った。
　しかし日中共同声明で提起された平和友好条約の締結には若干の時間を要した。田中角栄、ニクソンいずれも失脚した。ガンに侵されていた周恩来は当時横行していた極左思想の是正を、林彪批判を通じて行なおうとしたが、四人組によって林彪は孔子崇拝者、その極右思想を批判すべし、と矛先をねじ曲げられ、「批林批孔」運動に変わってしまった。しかも孔子批判の内実は「周公」批判、すなわち周恩来にたいする当て擦りであった。
　このような中国の政治の「揺れ」の責任は毛沢東にあった。彼は帝国主義が存在する限り、世界戦争は不可避である、との認識を強固にもっており、戦争が革命を引き起こすか、革命が戦争を抑止するかのいずれかである、とする階級闘争至上主義に囚われていた。「戦争と革命」という枠組みのなかでは、資本主義国との安定的かつ発展的な関係を構築することはそもそも困難であった。
　1976年1月に周恩来が、7月に朱徳が、そして9月には毛沢東が亡くなり、10月には四人組が逮捕され、間もなく鄧小平が三度目の復活をなしとげた。日本側で日中平和友好条約の締結に反対する勢力は「日中両国間の国交正常化は、第三国に対するものではない。両国のいずれも、アジア・太平洋地域において覇権を求めるべきではなく、このような覇権を確立しようとする他のいかなる国あるいは国の集団による試みにも反対する」という条項がソ連を刺激する、との理由を挙げていたが、実に主体性のない主張である。
　1978年8月に日中平和友好条約がまとまり、その批准書交換のため

に鄧小平が来日し、日本の現代化された生産現場や新幹線を自ら体験し、中国国民に自国の立ち遅れを直視し、西側先進国に学ぶ必要があることをアピールした。この年の12月には中共十一期三中総が開催され、毛沢東の階級闘争至上主義から決別し、経済建設を第一とする四つの現代化実現をめざす改革開放政策へと路線を大転換した。1979年1月にアメリカとの国交が樹立した。日中国交回復時の外務大臣であった大平正芳が総理大臣になり、政府開発援助（対中ODA）が開始された。中国の改革開放路線を積極的に支援していくことが日本の発展にとっても必要と見なしたのである。「平和と発展」が時代の潮流になった。

発展途上の経済大国

中国の改革開放路線は「足で川底を探りながら渡る」と鄧小平が称したように、模索しながら開拓していくものであった。中国が改革開放路線に転じたあとの1980年代の10年間は日本と中国との相互協力関係は概してかなり順調であった。インフラ整備が進み、日本や欧米の企業は相次いで中国に進出し、中国は「世界の工場」として位置づけられるようになった。中国共産党の指導を堅持し、経済建設を第一とするやり方は、ソ連のゴルバチョフの「ペレストロイカ（立て直し）」とは異なっていた。ソ連はアメリカとの軍拡競争による勢力圏の確保・拡大に力を入れ、自国の経済建設をなおざりにしていたので、その立て直しは困難であり、1991年に崩壊した。

一方、1989年の天安門事件での「民主化」の動きを鎮圧したことで西側先進国からの厳しい経済制裁を受けた中国だが、1992年春に鄧小平が改革開放のいっそうの展開を指示したことにより、経済発展はむしろ加速化していった。

1980年のアメリカのGDPが世界に占める割合は26.0％、第2位の日本は10.2％。それに対して中国はわずか1.9％に過ぎなかった。それが2009年に日本を抜いてGDP世界第2位の経済大国になった。2011年になるとアメリカは21.7％、日本は8.4％とそれぞれ割合を下げたが、中国は10.5％へと上昇している。因みに日本のGDPのピークは1994

年の18.1％である。13億の人口を抱えた中国のGDPが1億人の日本を抜いたところで驚くことはない。一人当たりGDPでみると、1980年の中国は205ドル、日本は9,309ドルであった。2011年になると中国は5,414ドルになったが、日本の45,920ドルの12％に過ぎない。中国の伸びは大変なものだが、しかしいまだに発展途上の経済大国である。見方を変えれば中国には発展の余地がまだ十分にある、ということでもある。

日本の中国・米国への輸出シェア

輸出シェア	中国	米国
2001年	7.7	30.0
2002年	9.6	28.5
2003年	12.2	24.6
2004年	13.1	22.4
2005年	13.4	22.5
2006年	14.3	22.6
2007年	15.3	20.1
2008年	16.0	17.6
2009年	18.9	16.1
2010年	19.4	15.4
2011年	19.7	15.3

日本の中国、米国からの輸入シェア

輸入シェア	中国	米国
2001年	16.5	18.1
2002年	18.3	17.1
2003年	19.7	15.4
2004年	20.7	13.7
2005年	21.0	12.4
2006年	20.5	11.8
2007年	20.6	11.4
2008年	18.8	10.2
2009年	22.2	10.7
2010年	22.1	9.7
2011年	21.5	8.7

　日本の対外貿易でみると、1979年の中国への輸出、輸入の割合はそれぞれ3.6％、2.7％に過ぎず、アメリカへの輸出、輸入は25.6％、18.4％にも達していた。アメリカが世界経済の中心であることは疑いなかった。それが2011年になると日本の中国への輸出割合は19.7％、中国からの輸入は21.5％、アメリカへの輸出は15.3％、輸入は8.7％となり、輸出、輸入いずれをとっても日本の最大の貿易相手国は中国になっている。日本および世界経済における中国の占める地位はこれからますます大きくなることは間違いない。

経済力の競争が主軸

　後述する通り、1988年までの日本人の対中イメージは非常に良好で

あった。当時、中国は改革開放政策に歩み始め、先進諸国からの経験、とりわけ隣国である日本の経験・教訓を熱心に学ぶようになった。中国から多くの優秀な人材がやってきて、真剣に学ぶ彼らの姿勢に接した日本人は誰もが彼らの真面目さに感動した。日本政府も政府開発援助（ODA）によって中国の現代化政策を積極的に支援した。土地が公有という優位性を持つ中国では日本では考えることもできないスピードで高速道路網や光ファイバー網が整備され、外資導入のための基盤整備がなされ、日本、欧米などの企業がこぞって中国に進出し、中国は世界の工場として位置づけられるようになった。

深圳などを経済特区に指定して資本主義的生産・管理方式を実験的に導入することから始まった対外開放政策は、曲折を経ながら「社会主義市場経済」の建設を目標に掲げるようになり、90年代半ば以降、中国経済は勢いを増した。とりわけ2001年12月のWTO加盟以降の成長ぶりは目を見張るものがあり、2008年9月のアメリカ発の世界金融危機、さらにはユーロ圏の財政金融不安など、西側先進諸国の経済システムが大きく揺らぐなか、BRICs、なかでも成長著しい中国が世界経済の牽引力として、その行方が注目を浴びるようになった。40年前には想像することすらなかった事態の出現である。中国代表権をめぐって争いあった大陸と台湾の関係も今は遠い昔のできごと。宝島・台湾には大陸の各地の空港から直行便で多くの旅行客が訪れている。

GDPの割合の変化（IMF2012年4月データによる）

	2000年	2001年	2002年	2003年	2004年	2005年
先進7ヶ国（G7）	65.7%	65.4%	65.0%	63.8%	62.2%	59.9%
新興・途上国	20.3%	20.6%	20.2%	20.4%	21.6%	23.9%
日本を除くアジア	7.2%	7.7%	8.0%	8.1%	8.4%	8.9%
アメリカ	30.8%	32.1%	31.9%	29.7%	28.1%	27.7%
日本	14.6%	13.0%	11.9%	11.5%	11.0%	10.0%
中国	3.7%	4.1%	4.4%	4.4%	4.6%	5.0%

	2006年	2007年	2008年	2009年	2010年	2011年
先進7ヶ国（G7）	57.8%	55.1%	52.5%	52.9%	50.4%	48.3%
新興・途上国	26.1%	28.4%	31.2%	31.4%	34.3%	36.2%
日本を除くアジア	9.8%	10.9%	12.2%	13.7%	15.2%	16.2%
アメリカ	27.1%	25.2%	23.4%	24.1%	23.0%	21.7%
日本	8.8%	7.8%	7.9%	8.7%	8.7%	8.4%
中国	5.5%	6.3%	7.4%	8.6%	9.4%	10.5%

この表は IMF（国際通貨基金）の 2012 年 4 月のデータによる。

　2000 年の段階では G7（先進 7 カ国）の GDP は世界の 65.7％を占め、アメリカ単独でも 30.8％に達していた。日本は 14.6％、中国は成長著しいとはいえ、まだ 3.7％にすぎなかった。2004 年までは G7 の GDP は 60％を越えていたが、2005 年以降は 50％台に下降し、2011 年には 48.3％にまで落ちた。一方、新興・発展途上国は 2011 年には 36.2％、なかでもアジア（日本を除く）は 16.2％を占めるにいたった。2000 年のアジアは 7.2％を占めるに過ぎなかったのだから、倍増している。2011 年のアメリカは 21.7％、日本が 8.4％といずれも下落したが、中国は 10.5％と 2000 年の 2.8 倍になっている。G20（20 カ国・地域首脳会議）が 2008 年から始まったのも世界経済の実態を反映したものである。

　ソ連との世界覇権争いに勝利したアメリカだが、新たに台頭しつつある中国にどう向き合ってゆくべきか。ソ連との力比べは軍事力の競争が主軸であったため、決着が付けやすかった。科学技術で優位を占めたアメリカが勝利し、ソ連が崩壊し、いわゆる東西対決の時代は幕を閉じた。

　1990 年代に入り、経済のグローバル化とパソコン、インターネットに代表される IT 技術の急速な発展で、ヒト、モノ、情報は地球全体を駆けめぐり、国境という垣根はかなり低くなった。この人類史上の大転換の時機に中国は改革開放を加速させ、急速に経済力をつけていった。アメリカにとって中国とは経済力での競争とならざるを得ず、軍事力は自己の勢力範囲の確保と武器輸出に利用しているのである。急成長を遂げているとはいえ、中国の経済基盤はまだ脆弱で、発展途上の段階にある。しかし伸びる余地（＝吸引力）を多分にもっている。国内の社会基盤がかなり整備されたことと政治が安定しているという要素、および先

進国が重視して来なかったアフリカなど新興・発展途上の国や地域との連携、共同発展に力を入れているからである。

　経済力の競争には相手を出し抜き蹴落とすという側面もあるが、共存、利用、合作など、対立だけに終わらない相互依存、補完関係もある。もはやアメリカと中国は相手の存在を無視することはできない競争的パートナーとなっている。そのため大切なことは相手の状況を正確に把握し、彼我の力量を考え、もっとも有効な方策を出すことにある。「戦争と革命」の時代ではない。「平和と発展」の時代におけるアメリカと中国との関係を正確に把握することが大切である。

　アメリカと中国との関係が大きく変わっているにも関わらず、相も変わらず「日米同盟が基軸」という念仏を唱えるだけの外交方針は、本来発揮すべき日本の独自性を放棄し、日本の地盤沈下を加速させるだけである。

憂慮すべき国民感情

　このような隣国・中国の目覚ましい発展ぶりにたいする日本の反応はどうであろうか。日本政府・内閣府は1978年以降、「外交に関する世論調査」を毎年実施している。http://www8.cao.go.jp/survey/index-gai.html

　その調査結果によると1978年から1988年までの11年間に、中国に対して「親しみを感じる」と回答した人の割合は平均で23.5％、「どちらかというと親しみを感じる」は47.6％、両者の合計は71.1％に達する。同じ時期のアメリカにたいする数値がそれぞれ32.7％、40.4％、合計73.1％であり、当時の日本人の対中、対米親近感にはさほど大きな違いはなかった。

　ところが直近（2011年）では中国に対して「親しみを感じる」とする人は5.5％、「どちらかというと親しみを感じる」とする人が20.8％（両者合計で26.3％）でしかない。「親しみを感じない」が36.6％、「どちらかというと親しみを感じない」が34.8％（両者合計で71.4％）と1980年代とはまったく逆の結果になっている。アメリカについては

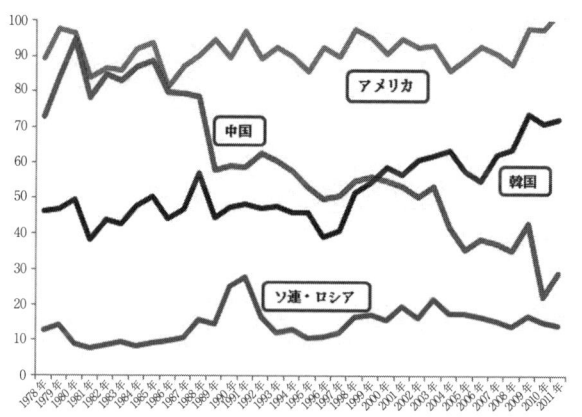

外交に関する世論調査より　4カ国に対する日本人の「好感度」

「親しみを感じる」が41.4％、「どちらかというと親しみを感じる」が40.5％、合計で81.9％とこれまで以上に高い値を示している。

しかもこの現象は一時的なものではなく、21世紀に入って顕著になった傾向である。特に2010年の中国にたいする印象はもっと悪く、「親しみを感じる」は4.6％、「どちらかというと親しみを感じる」が15.4％、両者を合計しても20.0％にしかならない。この値は調査開始以来最低である。2010年9月に中国漁船と日本の巡視船の衝突事件が発生したことがこのデータに影響を与えていることを考えると、今年度も10月に実施されるであろう調査が、日中国交正常化40周年の年にふさわしい結果になることを期待することはできなかろう。中国での日本にたいする印象も類似した結果を示すと思われる。双方の相手国にたいする印象の悪化は憂慮すべき事態であり、原因を解明し、改善に努める必要がある。

ここに紹介するグラフは日本政府・内閣府の実施した「外交に関する世論調査」のデータからアメリカ、中国、韓国、ソ連・ロシアにたいする日本人の「好感度」の変化を示したものである。「親しみを感ずる」の数値を1.5倍にし、「どちらかというと親しみを感ずる」と合計している。中国への「好感度」をみると、1988年まではアメリカと競

い合うほどの高さであったが、1989年に急に下降し、韓国への「好感度」に接近するが、それでも1998年までは韓国より上に位置していた。1999年以降、韓国は上昇傾向、中国は下降傾向が顕著になり、2004年以降は両者の差が拡がり、中国はロシアの値に近づく傾向すら見せている。このグラフはいろいろと考えさせる情報を提供しているが、いわゆる「国民感情」は固定したものではなく、変わりうる、ということも見て取れる。われわれは日本と中国との間の国民感情を改善させるために何をなすべきか、何をすべきでないかを真剣に考える必要がある。

手を取りあっての発展こそ真の発展

いま日本も中国も周辺国との領土をめぐる争いでナショナリズムが昂揚し、相手国にたいする不信、対立の感情が広まりつつある。グローバルな展開を見せる経済や情報が瞬時に地球を駆けめぐる現実とは相反する動きである。アジアはもっとも活力に満ちた地域になっているのに、それをさらに発展させるために手を取りあうのではなく、反目し、対立し合うことになぜ熱を上げるのだろうか。冷静に考えれば奇妙な現象である。アジア人同士が反目し、対立することで漁夫の利を得ようとする勢力がいるからに他ならない。

そのような動きへの警戒は必要だが、われわれ自身の問題として、なぜそうなるのか、どうすればアジア人同士の反目、対立を解消できるのかを主体的に考える必要がある。

いまから40年前、それぞれの国情によって現れ方は異なってはいるが、日本や中国、さらにはアジアで共通して見られたのは、アメリカ帝国主義のベトナム侵略への反対、日本軍国主義復活への警戒の声であった。それは平和を求め、戦争に反対する願いが共有化されていたからである。「戦争と革命」の時代にあってもっとも決定的な役割を果たしたのは、全世界の人々が平和のために手を取り合おう、とする連帯の精神である。

「平和と発展」の時代となった今、自国の富強を願う愛国主義精神の発揚は盛んに提唱されるが、自分たちとは異なる世界への理解、共に手を

取り合って前進しようとする連帯精神は驚くほど希薄になっている。物質的豊かさを享受するようになった中国の若者たちには自己中心的発想が顕著に見られ、過度な愛国主義教育と連動して、外部世界からは脅威と見なされやすい。一方、相変わらず「日米同盟が基軸」という対米従属思考に縛られている日本では、活力あるアジア、中国の現実にきちんと向かい合い、それとの積極的連携によって日本の未来を切り開こうとする開拓精神が欠落している。日本の若者の「内向き志向」は確かに深刻である。

　日中双方に狭隘なナショナリズムを鼓吹する勢力がおり、領土問題は彼らがナショナリズムを煽動する恰好の材料となっている。われわれはそのような動きに踊らされないよう、大局を見極め、理性的、平和的、協調的な態度で対処することが求められている。

　国家間に利益や見解の相違、対立が存在することは何ら不思議なことではない。問題はそのような対立を武力による威嚇、最悪の場合には武力行使という形で自国の利益を貫徹させようとするのか、あくまでも平和的交渉を通じ、冷静に、理性的、建設的に問題を解決するよう努力するのか。後者が望ましいことは明白だが、領土が絡むと「寸土たりとも譲歩してはならぬ」というような建前論が大手を振るい、理性的な対応が難しくなる。

　この点でわれわれは40年前の日本と中国の指導者たちの対応ぶり、とりわけ周恩来の問題の処理の仕方を想起する必要がある。日本と中国との間に国家関係が存在しない、という不正常な状況を終わらせるため、双方は率直な意見交換を行い、相手の立場にも配慮しつつ、小さな問題、すぐには解決できない課題はそのまま残し、国交樹立というもっとも大切な課題の解決に全力を尽くした。その成果を今日われわれは享受している。

　領土問題について日中双方の見解は異なっており、ただちに共通認識に到達することは不可能である。見解は異なっているとしても、双方はこの問題に関する歴史事実の共有化、公開化を進めることは可能であり、そのようにすべきである。両国政府の領土問題についての見解は、いず

れも自国に都合がよいと思われる部分のみを取り上げ、不都合な事実は隠蔽している。このような態度は間違いであり、危険であり、問題を悪化させている最大の原因である。

　双方は事実にもとづいて真実を探求する「実事求是(じっじきゅうぜ)」の精神を提唱し、科学的、理性的、平和的、友好的に問題を解決するよう努力しなければならない。真実が明らかになり、それを尊重する気風が広まれば、自ずと平和的に解決する道が見えてくる。夢を見ているようなことを言っている、と思われるかも知れないが、このような姿勢を堅持して前進する以外に解決の道は存在しない。すでに中国はロシアとの間で黒瞎子島（大ダマンスキー島）をはじめとする多くの領土問題を Win-Win の関係で解決しているではないか。日本との間で同じように解決できないことがあろうか。

　東アジアの領土問題を平和的に解決できれば、他の地域での同様な問題の平和的解決への模範を示すことになる。これらの過程を通じて「東アジア共同体」の構築という課題は夢物語ではなくなるだろう。矛盾や対立が存在することを恐れる必要はない。日中国交正常化交渉が基本的に妥結した時点で田中角栄たちに会った毛沢東は「喧嘩は済みましたか。喧嘩をしないと仲良くなれませんよ」と語ったという。小さな無人島をめぐる日中の喧嘩はまだ済んだといえる段階には達していないが、その平和的解決を共同で模索するなかで「災い転じて福と成す」ことを目指そうではないか。21世紀に生きるものとしての知恵と勇気が求められている。

＊　＊　＊

第2章　琉球・中国・日本の関係

　周知の通り、日中両国政府はいずれも尖閣諸島・釣魚島等の島嶼をそれぞれ自国の固有の領土と主張している。もちろんその論拠は異なっているし、固有といっても日本政府が主張するのはたかだか 1895 年 1 月からのこと。中国政府は明代の『順風相送』(1403 年) に記載されて以来、と主張しているので、そうなると今から 600 年以上前から、日本の 5 倍以上の歴史をもつ。なおこの『順風相送』の作成時期について最新の中国の研究では 16 世紀中葉とすべき、との見解があるとのこと（張栄、劉義傑「『順風相送』校勘及編成年代小考」『国家航海』2012 年第 2 期）。いずれにせよ「固有」の長さだけで競い合うのも大人げない。ここでは少し角度を変えて沖縄県の前身である琉球王国と中国、日本との関係でこの島の問題を考えてみよう。

　琉球王国の歴史に関しては専門書および概説書が数多く存在しており、門外漢の私に論評する資格はない。以下に紹介する書籍を読み、学ぶところが非常に多くあり、知的好奇心を大いに触発された。お世話になった概説書を列挙して感謝の意を表しておきたい。

　高良倉吉『琉球の時代　大いなる歴史像を求めて』（ちくま学芸文庫）
　高良倉吉『アジアのなかの琉球王国』（吉川弘文館　歴史文化ライブラリー）
　高良倉吉『琉球王国』（岩波新書）
　赤嶺守『琉球王国　東アジアのコーナーストーン』（講談社選書メチエ）

　これらの書籍で共通しているのは、「琉球王国」といっても「古琉球」、すなわち 1609 年の島津薩摩藩の侵攻以前の琉球とそれ以降の近世琉球とでは性格がまったく異なるということ。私はこれまで単純に琉球王国を中国（明・清）と日本・薩摩藩に両属していた、という点のみに注目していたの

で、自分の無知、不勉強さを改めて実感した。琉球・沖縄の歴史を知らない、という点では沖縄歴史研究会・新城俊昭『高等学校　琉球・沖縄史』(編集工房東洋企画)という沖縄の高校生向け教科書からも教わることが多くあった。これら概説書およびその他の専門書の研究成果を踏まえ、東アジアの歴史の大枠を整理してみると以下のようなものが見えてくる。

明の対外政策と琉球王国

　大航海時代に入る前、地球上にはいくつかの文明圏をそれぞれの世界とする交易圏が存在していた。東アジア世界の中心はいうまでもなく中国であった。アンガス・マディソン『経済統計で見る世界経済2000年史』(柏書房)によると、世界の実質GDPの国別シェアでは1500年時点での中国の世界総計に占めるシェアは25.0%、1600年になると29.2%を占めていたという。同書による1998年のアメリカのシェアは21.9%に過ぎないのだから、16、17世紀における中国の地位の大きさがそれなりに理解できよう。中国は長い歴史をもち、政治、経済、文化、医薬、科学技術等さまざまな分野で周辺諸国を圧倒し、影響を与える巨大な存在であった。その中国でモンゴル族が支配民族の元朝が倒れ、漢族の朱元璋が1368年に明朝を樹立し、洪武帝と称した。彼は儒教原理に基づく国内外の統治秩序を構築しようとした。

　「対外政策として外国船の来航は進貢船に限る朝貢政策、国内政策として中国人が海外に出ることを禁じた海禁政策を採用した。この2つの政策は海寇集団の横行を防ぐ政治目的のために実施されたのであるが、一面では明王朝の海外貿易独占の財政的目的にも適うものであった。海禁は1371年以降数次にわたって発令され、最初は中国人と外国人の交易を禁止したものだったのだが、のちには中国人の海上活動を全面的に禁止するようになった。この政策には中国大陸沿岸の海賊や密貿易者の行動を封ずるとともに倭寇の活動を制約しようとする意図がこめられていた。14世紀以後、暹羅(シャム)・爪哇(ジャワ)・旧港(パレンバン)等の南方

各地に発展していた華僑や新興琉球王国の商人はこの政策によって大きな打撃をうけた。朝貢以外には中国と直接貿易する方法が断たれてしまったのである。南方諸地域の華僑や琉球商人にとって、日本と朝鮮は新たな通商の対象として浮かびあがってきた」（田中健夫『東アジア通交圏と国際認識』吉川弘文館　20頁）

「洪武帝は、即位した1368（洪武元）年の12月から翌年にかけて、安南、高麗、占城（チャンパ）、爪哇（ジャワ）などに即位を報じて、入貢を促し帰順を求めている。これに対して安南、高麗、占城が、それぞれ使節を派遣して入貢してきたことから、洪武帝はその首長を国王として冊封した。ここに洪武帝は中国が宗主国として、儒教的世界観で周辺国を属国として支配する『宗属関係』ともいうべき君臣関係を成立させた」（赤嶺守『琉球王国』　33頁）

　日本はその当時、南朝・北朝に分裂し、戦乱が絶えなかったが、洪武帝は1369年3月に楊載を日本に派遣し、九州太宰府にいた南朝の懐良（かねよし）親王に倭寇の禁圧と朝貢を求めた。これに対し懐良親王は使者5人を斬り、楊載を3ヶ月にわたって拘留するという対応をした。そのため日本との関係樹立は60年以上後のことになるが、楊載はこの九州にいた時に「琉球のことを聞きおよび、直接中国に戻ることなく琉球に立ち寄り、福建経由で南京に戻り、琉球情報を洪武帝にもたらした」（前同書　35頁）。
　この事前接触があったため、洪武帝が1372年に楊載を琉球に派遣し、沖縄本島の浦添城（グスク）を拠点としていた中山王の察度に入貢を促すと、察度はただちに弟の泰期を進貢使節として明に派遣し、洪武帝は察度に対し明の暦である大統暦及び織金文綺・紗羅各5匹を賜った。この時から琉球の中山王は朝貢体制に入った。琉球には当時、沖縄本島の南部に山南、北部に山北の地域権力が存在し、鼎立していた。それらも相次いで進貢し、朝貢体制に加わるが、1429年に中山王・尚巴志のもとに琉球は統一されていく。
　サンゴ礁の浅瀬が多い琉球において、那覇は数少ない外洋に航海できる大型船の停泊が可能な港であった。那覇という天然の良港を擁していたこ

とが中山王による明国との冊封体制に組み込まれ、琉球統一が実現できた大きな要因といえよう。

　しかもそれは洪武帝による中国人の海外進出を禁ずる海禁政策の実施と密接に関わっていた。周知の通り、マルコ・ポーロは1292年に福建省泉州から海路でイタリアに帰国した。琉球は進貢する際の港としてこの泉州を指定された（日本は浙江の寧波）。その後、1472年からは泉州に替わって福州が琉球専用の港になった。福建は山地が多く平地は少ないが、入り組んだ天然の良港に恵まれており、沿海に生きる人々は海外との交易に活路を求めていた。一方、琉球は「東瀛の島には暹羅、蘇門、満喇加、高句麗、爪哇、日本、交趾、占城等の国が大体十数カ国あるが、その中で琉球は、最も貧困であった。明朝の初めに、始めて封を受け入貢したのも亦、互に貿易して、国用に供するためのものであった」（平田嗣全訳　周煌『琉球国略志』巻之十　317頁）。のち（1392年）に洪武帝は琉球に「閩人三十六姓で船の操縦に長じた者を賜給して朝貢の往来をさせた」（『中琉関係史料与研究』第4章「中琉交往中的冊封与移民」　海洋出版社　78～79頁）。これ以前（1385年）にも洪武帝は琉球に「海舟」（外洋船）2艘を賜給した。明朝は琉球に対し福建人の移民や外洋船の賜給といった優遇措置を採用し、琉球という耕地が少なく貧しい島国を、朝貢貿易という形での国家の厳格な管理にもとづく貿易システムを推進していく港市国家として育成し、活用していった、といえる。

　「明初は政局がまだ不安定なため、朱元璋は対外貿易について慎重な態度をとり、再三にわたり厳しい海禁政策を施行した。そのため中国の東南沿海一帯の民間海外貿易に大きな打撃を与え、民間貿易勢力と明朝の海禁政策が対峙する局面が生まれた。その後、明朝の最高統治者は情勢に応じて上手く誘導する策として、これら操船、航海の術に長けた民を航海技術の立ち遅れた琉球国に賜給することによって、民間貿易を朝貢貿易の軌道に組み込ませ、それを官営化、合法化させるとともに、沿海の民が騒ぎを引き起こす可能性を取り除くことができた」（前同書　79～80頁）

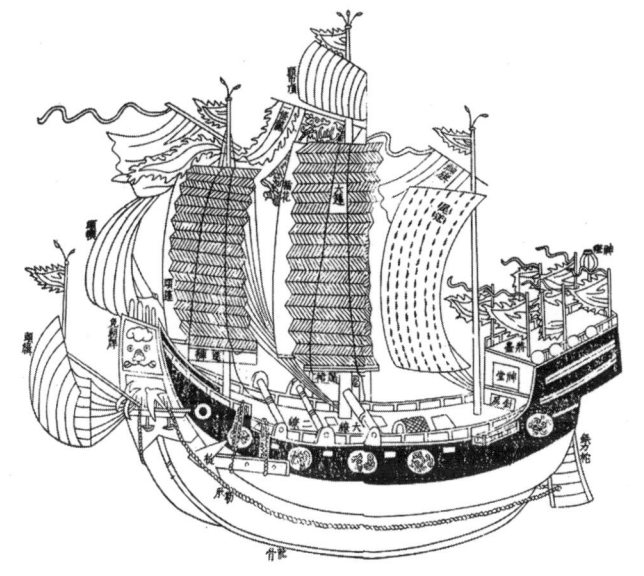

中山伝信録　封舟図

　進貢船による朝貢貿易の実施には、外洋を航海できる船とそれを操ることのできる技術者や水夫が必要であるし、皇帝へ奉ずる表文を作成できる知識を持った人物や通訳も不可欠である。それぞれの専門分野における職能集団の存在なしには実現できない。楊載が1369年に九州から琉球経由で福建に戻ったという事実は、琉球には福建からの中国人がすでに一定程度渡来・定住していたことを示す。また琉球だけでなく、九州をも含む海洋ネットワークが存在していたからこそ実現したのだろう。彼らは那覇の久米村（唐営とも呼ばれた）に集居させられていた。洪武帝の海禁政策により民間交易ができなくなった中国人は琉球や東南アジアの各地に定住するようになり、冊封体制に組み込まれた現地政府の進貢貿易を支える存在になっていった。

明朝の琉球優遇策

　洪武帝は琉球の入貢を優遇する策をとった。

「明朝へ派遣される朝貢使節の往来があまりにも頻繁におこなわれるようになっていた。それに閉口した洪武帝は、貢期を制限する意向をしばしば示している。1372（洪武5）年10月には高麗からの入貢が頻繁であったことから、三年一貢とするよう指示し、そうした貢期の制限は占城・安南・爪哇・仏太泥（パタニ）・三仏斉（パレンバン）・暹羅（シャム）・真臘（カンボジア）などにもおよんでいた。琉球はこの三年一貢の命令が出された直後に入貢しているが、一度として貢期制限を命じられていない。それどころか、琉球については『朝貢不時』、つまり貢期を制限しないことを容認している」（赤嶺　43頁）

「1383（洪武16）年4月、明朝は正規の朝貢船か否かを峻別するために、中国に来貢する周辺諸国に対してきわめて統制的な措置を取り、渡航証明書として『勘合』を与え、入貢の際には必ず持参するように義務づけた。〔中略〕琉球の場合、渡航証明書の役割をもつ『半印勘合執照』という勘合を王府が独自に発給していた」（前同書　45頁）

どうしてこのような琉球に異例ともいえる優遇策が実施されたのか、赤嶺守は次のように説明している。

「当時、中国沿岸地区では倭寇が猖獗（しょうけつ）していたが、その根源は日本にあり、倭寇を根絶するには日本を東アジア社会の礼的体制に組み入れ、跳梁（ちょうりょう）する倭寇の取締りを徹底してもらう必要があった。洪武帝が日本国王にあてた外交文書で、第一に中国を中心とした東アジアの国際秩序に日本が加わること、第二に中国大陸沿岸に暴威をふるっている倭寇を取り締まることを要求したのは、まさにそうした事情をしめすものであった。

しかし、日本に拒否され、この招撫交渉は挫折した。〔中略〕日本が再び朝貢体制に加わるのは1434年、足利義教（あしかがよしのり）が進貢使節を再派遣したことによる。当時、日本を恒常的に朝貢体制に組み入れることは容易なことではなく、最初の招撫使を送ってから朝貢体制に組み留

るまで60余年の年月を要しているのである。明朝の対日交渉、ひいては日本に、その取締りを求めていく対倭寇政策路線は閉塞状態に陥っていた。その間、中国沿岸で倭寇による襲撃の嵐が吹き荒れていたことはいうまでもない。朝貢体制の枠外にいる日本の倭寇勢力や中国の密貿易勢力に対しては、海禁を強化する一方、海防を徹底して排除しようとしたが、倭寇の襲撃や密貿易は、いっこうにおさまる気配はなかった。そこで朝貢体制の中に組み込んだ琉球という新興勢力を、海禁令の下で倭寇勢力の貿易の『受け皿』として、倭寇の襲撃や密貿易をすこしでも多く中国沿岸から削ごうと洪武帝は考えていた」（前同書　46〜47頁）

「琉球は倭寇勢力との交易の『受け皿』以外に、倭寇情報の提供、そして監視役、さらに日本に対する交渉の仲介役も担っていた。〔中略〕さらに当時、長城以北には依然として元朝の残党勢力が存在しており、明朝は北方の防備をおこたれない状況にあった。琉球は硫黄や馬といった明朝が必要とする軍需物資を進貢物として献上する重要な供給源でもあった。琉球はこうした中国の倭寇対策や軍事戦略に関わる重要な属国として、歴史の表舞台に頭角をあらわすようになる」（前同書　48頁）

明朝の洪武帝は東アジア世界において自己を頂点とする安定的な国際秩序を樹立する目的で、民間勢力を極力排除し、国家による統制と管理の下での交易システムを作った。このシステムを運行するうえで重要な役割を担ったのが新興の港市国家・琉球であった。明朝から付与された優遇措置を活用し、琉球はマラッカ、ジャワ、シャムなど東南アジアの港市国家と明国との間の中継交易を積極的に行なった。

「琉球の海外貿易とは、中国（宗主国）―琉球（進貢国）の二国間関係を、琉球―諸進貢国という進貢国間関係に展開したところのものだった。〔中略〕海外貿易の条件として、次に見逃せないのは、琉球

の海外貿易が国王の経営する国営事業であり、首里城がその司令塔、事業本部であったことだ」(高良『琉球王国』 87〜88頁)

　明朝の秩序体系に組み込まれることを拒む日本に対しても、地理的、歴史的特殊性を有する琉球が仲介的役割を発揮し、日本刀などが大量に琉球を経由して明国に渡っていった。
　明朝の目的は前述した通り、安定的な国際秩序の確保、とりわけ周辺諸国との善隣友好関係の確保という政治的目的が第一の目標であったが、倭寇の猖獗は一向に収まらない。倭寇は必ずしも日本人の海賊だけではない。朝鮮人、中国人、あるいはそれらの混成からなるものが増えていった。「官」からすれば「寇」(強盗あるいは侵略者)となるが、それは民間貿易を危険視する立場からの視点。「民」の活力を「官」が権力で抑えようとすれば「民」は迫られて「寇」にならざるを得ない。しかも謝恩、慶賀等の名目による使節の派遣には「附搭貨の交易」という隠された目的があった。「進貢貿易という公的貿易には、それを維持するための私貿易が制度としてふくまれていた」「同様なことが、琉球に向かう中国皇帝の使者である冊封使たちの場合にもいえた。〔中略〕総勢500人に及ぶ冊封使一行が乗る彼らの船にも、公務として琉球を訪れるはずであるのに、大量の貿易品が積まれていたのである。危険な任務ゆえ派遣役人たちに役得を保証しなければならず、そのための個人所持の商品を積んでいたのである。〔中略〕福建人の立場からみれば、冊封使派遣という国家的行事のもとで大手をふって私貿易を行なうチャンスだったことになる」(前同書　95頁)。「その意味でいえば、琉球―中国間貿易は公貿易(進貢貿易)であることを基本とはしていたものの、私貿易を内包し、かつ私貿易に支えられるもの」(前同書　96頁)であった。

東アジアの新たな動きと琉球の変化

　大航海時代の幕が開き、ヨーロッパからポルトガル、スペインがアジアにやってきた。彼らは明朝の朝貢体制に組み込まれることはなかった。ポ

ルトガルはマカオを拠点に、宣教師と鉄砲をアジアに持ち込んだ。鉄砲の製造技術を手に入れた戦国期の日本では戦争の仕方が一変した。スペインはフィリピンのマニラ（呂宋　ルソン）を占領し、福建の漳州月港との間でメキシコ銀を用いた活発な交易を展開した。当時、銀の精錬に灰吹法という新たな技術が朝鮮から導入されたことで、日本の石見銀山で産出される銀が東アジアの交易の場に大量に出回るようになり、その量はメキシコ銀を上回った。日本は明国の冊封体制に組み込まれることを拒み、禅僧を前面に押し立てての交易を行った。琉球にも堺や博多の商人が押し寄せるようになり、禅宗の僧侶が日本と琉球との交易で重要な役割をはたすようになった。進貢あるいは勘合による官営交易の枠に収まらない、民間の私貿易が多方面で活発化していった。

　「16世紀に入ると、ポルトガル・スペインに代表されるヨーロッパ勢力が進出し、明朝も弱体化して海禁政策が実効性を失うとともに中国商人が大量に海外に進出するようになった。このため、琉球の海外貿易はしだいに後退を余儀なくされる。しかも、16世紀の後半になると、日本商人が直接東南アジアに展開するようになったため、琉球の東南アジア貿易は、1570年のシャムへの遣船を最後に記録から姿を消してしまう。東アジア・東南アジア世界が巨大な私貿易・民間貿易のための空間に変容したのであり、それまで琉球が占めてきた中継貿易の地位は失われたのである」（高倉『琉球王国』　105〜106頁）

薩摩による琉球支配の始まり

　1578年に薩摩、大隅、日向の統一を実現した島津義久は、北上して九州制覇を目指すが、豊臣秀吉の介入で頓挫する。しかし南下して琉球を支配下に置こうとする望みは捨てなかった。全国統一を実現した豊臣秀吉は1592年に朝鮮侵略を開始したが、「1593（文禄2）年1月に朝鮮国王宣祖の求めにより、李如松の率いる4万の明軍が来援し、戦線は膠着状態になり、4月には停戦協定が成立、日本軍は南部に撤退して日明間の講和交

渉に入った。〔中略〕日明間の休戦成立を契機にして、〔琉球〕王府は豊臣政権との間に距離を置き、宗主国として君臨する明朝への属国意識を鮮明にうちだしていく。王府の政策転換の背景には、秀吉の朝鮮侵攻に対する宗主国明国の軍事介入があった。〔琉球国王〕尚寧は明国の属国保護を期待して、翌1594（文禄3）年6月10日付で、国力の衰微を理由に薩摩の再度の軍役負担には応じかねる旨の書を送っている。朝鮮における和平交渉は決裂し、1597（慶長2年）2月、再び14万人に動員命令が下り日本軍が侵入した。しかし1598（慶長3）年8月に秀吉が病死したことから、12月、日本軍は朝鮮から撤退し、7年間におよんだ朝鮮侵略は終わった」（赤嶺　87頁）。

　「豊臣政権の五大老筆頭の徳川家康は、1599年に対馬の宗氏を通じて朝鮮に国交回復を打診した。そして翌年、関ヶ原の戦いに勝利し天下を統一した家康は、積極的に『善隣外交』による近隣諸国との外交の正常化と貿易促進政策をとった。そして特に1547年の遣明船を最後に途絶えていた日明貿易の再開を熱望し、琉球による通商回復への仲介を期待した」（前同書　88頁）

　おりしも1602年に琉球船が陸奥の伊達政宗の領内に漂着し、家康は島津氏に漂着者を引き渡し、琉球に護送するよう命じた。

　「家康は漂着者を丁重に護送することによって琉球の心証をよくし、国王尚寧が国交回復交渉に仲介者として積極的に働くことを期待していた」（前同書　88頁）

　島津義久はこの漂着者の送還を利用して琉球を薩摩の従属国に位置づけようとしたため、琉球側は応じようとしなかった。

　「1607（慶長12）年5月に朝鮮使節が来日し日朝国交が回復すると、家康は再び薩摩に琉球との来聘交渉を促し、琉球側が来聘に応じる様

子をみせないと、8月、琉球渡海の軍役令を定める一方、家臣を琉球に派遣し最後の交渉をおこなっている。このとき薩摩は王府に、かつての明出兵の軍役を完納するか奄美大島を割譲するかの二者択一を迫った」(前同書　89頁)

「1609(慶長14)年3月、家老の樺山久高を大将とする100隻・3000人余の軍勢が薩摩の山川を出港した。途中、奄美大島・徳之島を攻略して、4月に入って首里・那覇を攻撃した。軍制のきびしい戦乱の時代に九州制覇を試み、朝鮮侵攻でも武勇をもって知られた島津の軍団を前にして勝敗は明らかで、王府の守備軍は総崩れして、尚寧は降伏した」

「1609(慶長14)年7月、家康は琉球征服の功を賞して島津家久氏に『御内書』を発し、その仕置(支配)を命じた。一方、徳川秀忠は島津家久の案内で謁見した尚寧を江戸城で饗応した際に、『琉球は代々中山王の国であるから、他姓の人をたて「改易」をおこなわず、これまで通り存続させる』ことを伝えている。秀忠も明に進貢する琉球が、対明講和交渉の仲介役を担うことに期待していた。琉球が薩摩に併呑されることなく存続できたのは、まさにこうした日明貿易の仲介交渉が琉球侵略の大前提にあったからである」(前同書　90～91頁)

薩摩の琉球支配の実態

　島津の琉球侵攻の最大の目的は「琉球貿易の独占」にあった。侵攻2年後の1611年9月に中山王尚寧および三司官等に令達した「掟十五カ条」には「薩摩が命じた場合をのぞいて唐へ誂え物をすることを禁ずる」「薩州の御判形(印判)の無い商人を受け入れてはならない」「琉球人の買い取り、日本へ売り渡してはならない」「琉球国より他国へ商船を遣わすことは一切してはならない」などの貿易統制条項が規定されていた(喜舎場

一隆『近世薩琉関係史の研究』国書刊行会　157頁、上原兼善『島津氏の琉球侵略――もう一つの慶長の役』榕樹書林　214～215頁、赤嶺　102～106頁）。

　喜舎場一隆は「島津氏は、琉球国を従来の如く王国として擬装せしめ、明国の朝貢国としての立場で進貢関係を継続せしめたが、この近世の琉中交通こそは、公然たる島津氏の傀儡貿易であり、換言すれば密貿易以外の何ものでもなかった。琉中交通の利権はすべて島津氏の掌中に帰し、その関係を堅持するためには、徹底した隠蔽政策を実施したのである」（前掲書　520頁）、「薩摩統治下の琉球国は、貿易船の船隻、渡唐帰国の時節、唐への誂品の数量とその種類、渡唐銀・輸入品は勿論のこと、或いはまた他国商船や漂流漂着船の取扱いなどに至るまで、すべては島津氏の拘束支配のもとで琉中関係は維持されていた」（前同書　522頁）と、1609年の島津侵攻後の琉球王国は島津の傀儡政権に他ならなくなったと指摘している。

　島津氏による「密貿易」について、徳永和喜は次のような解釈をしている。

　「幕府という上位の権力の貿易制限に対し、土地生産力の低い薩摩藩は琉球口貿易を藩財政確保の生命線ともいうべき貴重な財源と認識していたが、幕府の貿易統制は予期せぬこととして、全くの無策状態であった。〔中略〕ここでは、密貿易とは体制に逸脱した行為を指すことと規定する。薩摩藩の密貿易とは、幕府の貿易体制に対峙することから、言葉を換えれば藩営貿易ということができる。

　しかし、一方もう一面の密貿易も存在した。それは、琉球口貿易は薩摩藩の支配下にあるように認識されがちであるが、進貢船・接貢船を派遣し、貿易を実際に行うのは首里王府である。首里王府こそ、中世東アジア世界の中で最も旺盛な通交・貿易を展開し、その意味では海上国家とでも呼ぶにふさわしい様相を具現し、貿易こそが国家維持繁栄の手段であった。それだけに自らの国家存亡を賭けてきた。その琉球を仲介とした朝貢貿易は薩摩藩の意図通りにはいかない要因を

琉球入学見聞録 針路図

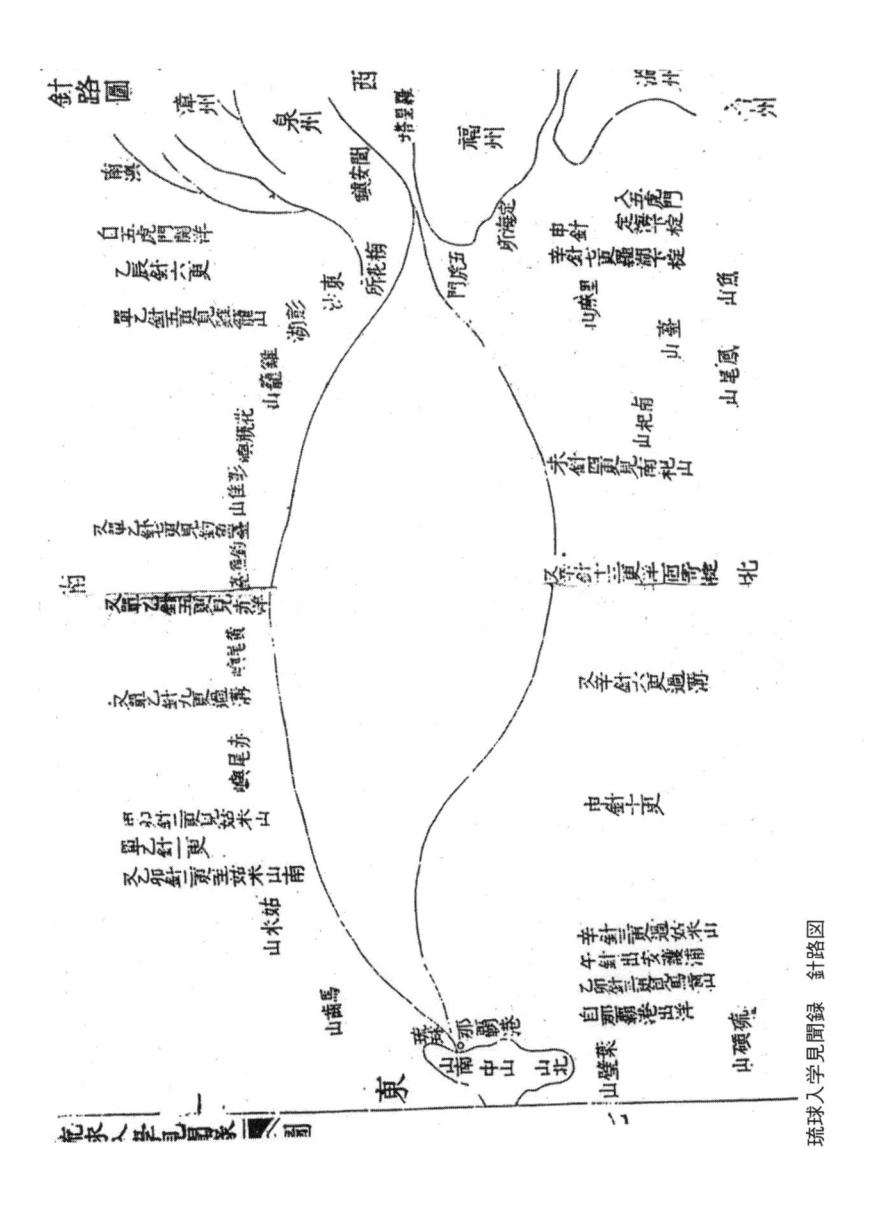

もっていたのは至極当然である。さらに複雑にしたのは、朝貢使節に中世以来の中国の慣例として与えられていた使節者個人に認められていた私交易であり、そして琉球から薩摩へ差上りの商船の所有者（海商）の動向である。

　密貿易の構図は、簡潔にいうと次のようである。幕府の統制から逸脱した貿易品及び数量が薩摩藩の藩営の密貿易であり、薩摩藩認知以外の首里王府の貿易が首里王府による密貿易といえる。そして進貢使節がもたらした私交易品とそれを購入・販売する海商の三者三様の密貿易（抜荷）がある」（徳永和喜『薩摩藩対外交渉史の研究』九州大学出版会　94～95頁）

　宗主国たる明国は徳川幕府、薩摩、琉球のこの動きをどう見ていたのであろうか。明は「朝鮮侵攻とそれにつづく琉球侵攻といった日本の一連の軍事行動に対して、これまでになく警戒心を強めていた。〔中略〕この時期、明は琉球に対しても日本と密通しているものがいるとして不信感をつのらせていたが、琉球を属国として残した。将来華夷秩序に基づく東アジアの安定システムを再構築する上で、宗主国として一定の影響力を琉球において維持しておくことは、明国にとっても防衛戦略上必要なことであったからである」（赤嶺　91～92頁）。

キリシタン禁制と琉球

　長く続いた日本の戦国の乱世に終止符を打つため、対内的には「刀狩」による農民からの武器の取り上げ、対外的には朝鮮、明国との外交関係の回復と通商の再開をはかる必要があったが、もう一つ重要な課題があった。戦国期には武器・火薬（硝石）などがポルトガル、スペインなどによる南蛮貿易によってもたらされ、「切支丹大名」も出現した。豊臣秀吉は1587年に「伴天連追放令」（バテレンとはキリスト教宣教師のこと）を出してキリスト教の宣教と南蛮貿易を禁じた。あとを継いだ徳川政権もキリシタン禁制の方針を出し、「島原の乱」が発生した翌1639年、幕府はポルト

ガル船の来航禁止を断行した。ヨーロッパとの貿易はキリスト教の布教に積極的でないオランダのみとし、九州各地に入港していた中国商船も長崎のみに入港を限定した。また日本人の海外渡航と帰国を全面的に禁止し、対外貿易を完全に幕府の統制下においた。

「キリシタン禁止政策の強化は琉球諸島にも及び、幕府はキリシタン宣教師の侵入を徹底して封じ込めるため、琉球における海防体制の強化をはかった。薩摩藩は『琉球押さえの役』を義務づけられ、長崎防備の番所警護の役からはずされた。幕府が、島津氏に対して『琉球押さえの役』を義務づけた理由は、異国船が寄港しかねない琉球の国家的性格を意識したからにほかならない」

「『鎖国』形成期におけるキリシタン禁令は、全国的な規模で貫徹する幕藩制国家の基本法令であったが、それがこのように『琉球』へも急速に波及した直接的な要因は、カトリック布教の一大中心地であるフィリピン諸島から北上して日本へ至る布教線上に『琉球』が地理上の中継地点として位置していたからである。マニラのスペイン系修道会では、琉球諸島においてキリシタン宣教師を潜入させ、そこをステップとして日本布教を進めようという動きを見せていた。幕府はこうした動きを敏感に察知し、薩摩を通じて琉球の海防監視体制の強化を指示し、琉球においてもキリシタン禁制の徹底をはかるため『宗門改め』や『五人組制度』が実施されることになった」（赤嶺　94〜95頁）

「幕府は1628年にヨーロッパ船の琉球寄港を認めない布達を出して、琉球にもヨーロッパとの交易を禁じ琉球における貿易を日本型海禁政策でもって阻止した。琉球における異国船漂着の際の対応については、幕府から『御条書』が薩摩藩を通して送られた。それにはオランダ船・南蛮船・唐船の絵図、国々の見分け方、その取扱い方・報告の仕方などが定められていた」（前同書　95頁）

> 至福州十一月起工造船係雍正三十九年八月再
> 定龍十一月畢工舟長十五丈寬二丈九尺七寸深一丈四尺
> 五月二十九日梅花開洋過東湧小琉球三十日
> 過黃茅閏五月初一日過釣魚臺初三日赤嶼無
> 風初六日午風見土納奇由刻見古米山幾下葉
> 壁初七日未刻見那霸港初八日暴雨初九日辰
> 刻到那霸共十月十八日開洋二十日夜二鼓
> 柁失抛貨二十一日換柁肚繩斷盤二艗繫柁二
> 十六日至淸水二十七日見障波山二十九日至

琉球国志略巻五

「1644年に琉球国において情報伝達の手段として、烽火の制がとられている。これまで異国船が外島に寄港した場合、使船によってそれを伝えてきたが、この年、琉球本島ならび外島の烽火を揚げる場所に『火立毛(ひだてもう)』を設け、情報伝達の迅速化がはかられた。さらに、緊急を要するときの連絡のために『飛船』とよばれる小型の飛脚船が用意され、南蛮船が付近を通ったり、あるいは漂着したときなどには、日和や風向きにかまわず、必ず王府へ連絡のために遣わされることが決められた。鎖国下の幕府の異国船取締りは琉球でも徹底され、このように琉球王国にも幕藩体制下の幕府法が次々と適用されていった」(前同書 96頁)

1756年に尚穆を冊封する冊封使として福州から那霸に向かった全魁、周煌の航程を記した周煌の『琉球国志略』(『国家図書館蔵琉球資料匯編』中冊 北京図書館出版社 930頁)には「13日、丁午の風、甲卯の針で

行船すること一更、姑米山〔久米島のこと〕を見る。〔中略〕姑米人は山に登って火を挙げ号とする。舟中も火でもってこれに応ずる。14日、単甲の風、姑米の頭目が小舟数十を率いて島の西側にまで牽挽し、錨を下ろす」という記載があるが、琉球の西端の島である久米島に「火立毛」が設けられ、清国からの冊封船が到着した時にも烽火を焚いて那覇に伝えていたことが分かる。

密貿易の隠蔽工作

「琉球から中国への進貢貿易が首里王府財源の主たるものであることは、進貢貿易の成否が国家存亡を賭けた外交政策であり、薩摩藩にとっても琉球支配の最大の重要事であったことは周知の通りである。この進貢貿易の成功は共有する目的であり、目的遂行には薩摩藩の琉球支配を中国に隠蔽することが必須要件であり、隠蔽策の徹底は共有する課題でもあったといえる。この隠蔽策の露顕は2つの場面が想定される。一つは琉球国王継嗣を認証する冊封使による滞留期間における発覚であり、もう一つは中国本土への漂流・漂着による発覚である」（徳永　345頁）

「首里王府は、中国への漂着を回避することが第一義であり、漂着の原因は季節風の時期を違えることであるから、出帆・帰帆の時期を守ることを厳命していた。それでも、漂着船がある事実から、漂着船から薩摩藩の琉球支配が露顕することを恐れ、対処策として中国官憲への問答書を作成し、その徹底を図ったのである」（前同書　356頁）

王府が絶対的に必要とする内容が心得の形で令達され、整備・集大成されたのが「唐琉球問答書」（前同書　357頁）であり、それは1738年に北京大通事饒波親雲上が中国滞在中に、中国・琉球間の由緒聞書をまとめたものである。

この「唐琉球問答書」の第一の問と答は次の通りである（徳永が一覧表

にまとめたものによる。前同書　358 頁）。

　　問　琉球国王支配の領域は？
　　答　中山府・南山府・北山府があり、南は八重山島・与那国島、北は大島・喜界島、西は久米島、東は伊計島・津堅島の三十六島が支配領域である。

　琉球は三府三十六島からなる、というのが琉球王府の一貫した公式見解である。実際にはすでに（奄美）大島・喜界島は薩摩藩の直轄にされていたが、薩摩の琉球支配を隠蔽するにはこれらの島が琉球王国の範囲内であることとする必要があった。実は清国に対してだけでなく、幕府に対しても隠蔽していたのである。もう一つ、この問答で注目すべきことは南は八重山島・与那国島、西は久米島、と清国との境界を明確にしていることである。なお三十六島という表現は「閩人三十六姓」の例にもある通り、必ずしも琉球の島々の数は 36 ということではなく、二桁で表現されるほどの多さ、という意味であり、琉球にはもっと多くの島が存在している。しかし琉球三十六島という場合、それぞれ島名は特定されており、曖昧さは存在しなかった。詳細は第 3 章で明らかにする。
　琉球国内に薩摩、琉球以外の船が漂着することによって隠蔽すべき琉球の国情が露顕する恐れもあった。それへの対策をこと細かに指図している文書がある。「進貢接貢船唐人通船朝鮮人乗船日本他領人乗船各漂着并破損之時八重山嶋在番役々勤職帳」と長いタイトルの文書であるが、われわれは琉球大学図書館貴重資料室デジタルアーカイブからそれを見ることができる。http://manwe.lib.u-ryukyu.ac.jp/d-archive/list?col=111
　しかも資料（嘉慶 15（1810）年成立。本文書は 1864 年の書写本）の内容が現代語訳されている。以下にそのなかからごく一部を抜粋して紹介してみよう。

　　「進貢船・接貢船や中国人の通船、朝鮮人や日本他領〔薩摩藩以外〕の人の乗った船が漂着や破船した時の、八重山の在番や役人の勤務帳

（マニュアル）
唐人が乗った船、朝鮮の船が漂着した時の勤め
附　どの国の船かはわからないが害がなさそうな異国船は、唐船・朝鮮船と同様に扱うこと。
一　漂着人の国または漂着の事情を尋ね、宗教のことは特に気をつけて尋問すること。
一　台湾から出帆した唐船にはキリシタンがいるとのことである。通常の唐船にもキリシタンが乗っていることもあるので、宗教のことは特に気をつけて尋問すること。
一　大和船を係留している港近くに唐船が漂着したならば、すぐに大和船の見えない場所へ移動させること。
一　日本年号または日本人の名を書いたものなどを漂着人に見せてはならない。
一　漂着場の近辺で大和歌を歌わないように厳重に申しつけること。
一　琉球の斗升ならびに京銭〔きん－せん。明代に南京付近で通用した私鋳銭が輸入され、南京銭と称されたものの略称といわれる。悪銭として嫌われた。『広辞苑』より〕を漂着人に見せてはならない。
一　琉球で使用されている銭を尋ねられたら、鳩目銭〔琉球で鋳造・流通している銅銭〕を使用していると答えること。
一　漂着した唐人・朝鮮人へは、着船または出帆の時に餞別（食料）として野菜・肴・焼酎を贈るのが先例となっているので、人数の多少に応じて後半に記してある例にてらして、県官から進呈すると言って贈ること。5、6日ほど滞船する時は着船の時一度でよい。唐人・朝鮮人以外の異国人へは餞別は贈らない。
一　漂着した唐人のうちに役人がいたならば、食事の材料は一般人と異なりそれ相応でなければならないので、それに気をつけて尋ね、確かに役人がいることがわかれば後半に記した例のとおり渡すこと。
一　唐船が漂着した時は、どのような事情でどこから来たのか、人数は何人か、積荷は何かと、別紙の証文の仕様の見本を見せ、同じものを2通作成し王府へ提出すること。朝鮮人や出所を知らない異

国人は証文は不要だが、字を書く者がいたならば漂着の事情について同じものを2通作成し提出させること。
一　唐人・朝鮮人以外の異国人は、人相ならびに船形や漂着場の絵図を作成して薩摩へ提出するので、その心づもりでくわしく作成させ提出すること」

　以上はごく一部分を抜き書きしたにすぎないが、薩摩による琉球支配の実態が発覚しないよう、さまざまな指示をあたえている。しかも「唐人の乗り船、朝鮮船」の場合だけでなく、「日本他領〔薩摩以外〕の船」「南蛮船」「阿蘭蛇船」について、それぞれ「通船」「漂着」「破損」した場合にはどのように対処すべきかを細かく指図している。
　薩摩と琉球の間を往来する船を見られた場合には薩摩船を度佳喇船と称して実態を隠蔽することにも努めた。

「一、大和船を尋ねたら、日本の属島、度佳喇船と答えること。
　一、楷船・馬艦船〔実際には琉球が薩摩へ貢納物を送る官船〕を尋ねたら、琉球の属島の島々へ通航すると答えること。
　一、問。度佳喇島の船は、毎年何艘くるのか。答。毎年13、4艘ほど琉球へくる。
　つけたり。宮古・八重山に行く大和船を尋ねたら宮古・八重山は琉球へ年貢を積んで行く船を作れず、毎年琉球へくる度佳喇島船のうちから雇って運送していると答えること」

　まさに琉球王国の「朝貢」貿易を利用した薩摩藩、琉球王国の結託による公的密貿易であった。

検地の実施と琉球の薩摩属領化

　島津氏は太閤検地に基づいた「琉球国検地」を実施し、喜界島、奄美大島、徳之島、沖永良部島、与論島の「道の島五島」を1629年に薩摩藩の

直轄とした。しかし幕府に対しては「道の島五島」は琉球に属するものとし、その石高を12万3700石余と披露し、1634年、将軍・家光から公式に琉球が島津氏の属領であるとの認知を受けた。

　「琉球高が公式に日本の他の藩領と同様に、知行高としてあらわされ、琉球はここではじめて幕藩体制の知行体系の中に組み込まれた。ただし、琉球は『此外(このほか)』という形の特殊な地位で、琉球の高は幕府軍役の対象外であった。すなわち、琉球は幕藩体制の知行体系の中には組み込まれたが、軍役を課さない無役扱いとされた。非常事態が発生した場合に、本土各藩のように王府は軍兵を派遣する義務を負っていなかったということである」(赤嶺　97〜98頁)

　「江戸幕府は諸国の主要大名に命じて国ごとの地図である『国絵図』と土地台帳である『郷帳(ごうちょう)』を調進させて幕府文庫(紅葉山(もみじやま)文庫)に収納し、それが古くなると改定を重ねていた。幕府の大がかりな国絵図収納は慶長、正保、元禄、天保期の4度にわたって行なわれている」(国絵図研究会編『国絵図の世界』柏書房　7頁)

　薩摩藩は薩摩国・大隅国・日向国の国絵図とともに琉球国絵図の調進を行なっている。1649年にできあがった正保国絵図からは、一里六寸という統一した縮尺(2万1600分の1)で描くことが指定され、港(湊)については広さ、深さ、停泊できる船数、風の影響、主要な港間の距離、朱線で描かれた航路なども細かく記載され、1644年の遠見番制度によってできた異国船遠見番所も描かれている(『国絵図の世界』315〜318頁)

　「明との国交成立に失敗した江戸幕府は、その後『鎖国』政策と並行して、徳川将軍の日本の統治権と外交権の実権者としての地位を表現する対外的称号を、対等な敵礼関係となる国王とせず『日本国大君』と定め、朝鮮・琉球との間に将軍を頂点とする国際秩序を築いていった。朝鮮には1636年に日本に派遣された朝鮮通信使から『日本国大

君』の使用を求め、一方琉球では 1644 年に、尚賢(しょうけん)の継目のお礼を述べる謝恩使が派遣された際にその称号を使用している。琉球から徳川将軍の襲任を祝う慶賀使、また琉球国王に即位の礼を述べる謝恩使の派遣は、1634 年に島津家久が画策した将軍家光に対する最初の慶賀・謝恩の入見が恒例化させる途をひらくものとなった。〔中略〕
　幕藩制的外交関係は、1630 年代の鎖国によって確立するものであるが、朝鮮・琉球は『通信の国』、オランダ・中国は『通商の国』として、中国が周辺の国々を四夷としてみていたのと同様のやり方で、周辺の国々を夷族としてみる、きわめて独善的な日本型華夷秩序として類型化されていった」(赤嶺　99 頁)

「『通信』とは『信を通じる』つまり『誠信の外交』をなし得るといった、本来は善隣友好的な意味を持つ言葉であり、朝鮮側もそうした理解をしていたが、幕府はそれを朝貢的な意味合いで使用していた。しかし朝鮮と同じ『通信の国』といっても、薩摩が支配していた琉球の待遇は朝鮮とは異なり、そこには確かに朝貢的な意味合いがあった」(前同書　99～100 頁)

薩摩が琉球王らに下した「掟十五カ状」には「琉球が薩摩の注文品以外に中国商品を購入することや、以後琉球から薩摩藩以外の他領に商船を派遣すること、薩摩藩の『御判形(ごはんぎょう)』といった許可状を所持していない薩摩藩以外の商人が琉球で交易することなどが禁じられ、その後も貿易の統制について毎年のように通達があり、琉球国独自の対外交易は固く禁止された」(前同書　101 頁)。

中国情報源としての琉球

　薩摩の琉球支配の最大の目的は、琉球が明国、清国へ行っていた進貢貿易を独占をすることによる経済的利益にあったが、中国情報源としての進貢使節の利用という側面も見逃せない。

「海禁政策を実施する清朝は武器の海外輸出を厳禁し、さらに国内の軍事情報を外国人に漏らすことを固く禁じていた。そのため、日本では中国に関する軍事情報は入手がすこぶる困難であった。長崎ルートから日本に伝えられた『唐船風説書』には、そうした清国の軍事に関する情報はほとんどふくまれていない。島津氏は中国に渡る進貢使節を介して中国の軍事事情を入手していた。進貢使節は福州や北京そして往復する貢路でさまざまな軍事情報を入手して帰国すると、『唐之首尾御使者(とうのしゅびおししゃ)』として薩摩に派遣され、こうした軍事情報をもたらし、彼らの情報は藩から幕府へすみやかに報告されていた。〔中略〕

1667年から進貢船を派遣した翌年に接貢船が派遣されるようになるが、この接貢船は当時「左右聞船(そうききぶね)」と称され、中国の様子を探問することが派遣理由の一つにあった。『唐之首尾御使者』は1678年から制度化され、以後進貢使節を介して軍事情報以外にもさまざまな情報が伝えられるようになる。進貢使節は単なるモノをもたらすだけではなく、鎖国日本に多くの中国情報をもたらす情報のメッセンジャーでもあった」(赤嶺　107頁)

「両属」だけではとらえきれない琉球と中国、日本との関係

琉球王国の歴史を知れば知るほど、琉球はかつて一方では中国を宗主国とする冊封体制の下にあり、もう一方で1609年の島津侵入事件を契機に薩摩藩を直接の管理者とする日本の幕藩体制にも組み込まれていた、いわゆる「両属」関係にあった、とする見方が不十分であることが判ってくる。高良倉吉は次のように指摘している。

「実質的に近世日本の国家体制のもとにくみこまれたこの従属的な存在、その一方では中国の冊封体制下にもある王国——、一見曖昧な存在にみえる近世のこの王国をさして、これまで『日支両属』と形容する歴史家が多かった。あながちまちがいとはいえないが、しかし、日

本への属し方が支配─被支配関係を軸とする直接的なものであったのに対し、中国への属し方は外交・貿易を媒介とする間接的なものであったから、両者を『両属』という同一レベルで表現するのは正確とは思えない。それに、日本の封建国家に従属し、中国皇帝の冊封をうけたとはいっても、琉球の土地・人民を直接的に統治したのは琉球王国であり、その統治機構たる首里王府であった。そこで、このような多義的な事情をカウントにいれたうえで、最近の歴史家は近世琉球の基本的性格を『幕藩体制のなかの異国』と表現するようになっている」（高良『琉球王国』177頁）

「日本における廃藩置県（1871年）は、それまで大名が支配してきた各藩の土地・人民を天皇にお返しする『版籍奉還』（1869年）を前提に実施されたが、琉球王国の場合は天皇から土地・人民の支配権を授けられたことはなかったので、『版籍』を天皇に『奉還』する必要はなかった。したがって、沖縄県設置について琉球側が頑強に反対し、また、琉球に対する宗主権を楯に中国側が強く抗議する状況のなかで、明治国家としては軍隊・警察官を本土から動員し、力づくで首里城のあけわたしを迫る行動に出るしかなかった。もし、近世の270年間を通じて王国が完全に日本の『国内』的存在に編入されていたのであれば、このような紛糾した事態は起こらなかったであろう」（前同書178頁）

1871年に発生した琉球船の台湾遭難事件を利用して、明治政府は宮古島の島民を「日本国属民」であり、彼らを殺害したので征伐するということで1874年に台湾に出兵し、琉球に対する清国の宗主権を否定する行動に出る。この年、琉球藩から最後の進貢船が清国に向かった。その後、琉球藩を廃止して沖縄県とする「琉球処分」（1879年）がなされる。幕藩体制下では薩摩藩の支配下にあったが、この琉球処分によって沖縄県として明治政府の中央統一政権下に組み込まれたのである。もちろんこれは宗主国たる清国の了解を得たものではなかったが。

第3章　琉球三十六島をめぐって

琉球国絵図について

　ここでもう一度『琉球国絵図』に立ち戻ってみよう。薩摩藩は『琉球国絵図』として「正保国絵図」（1649年）、「元禄国絵図」（1702年）、「天保国絵図」（1834年）を作成し、徳川幕府に提出した。その際、琉球国を奄美諸島、沖縄諸島、先島諸島の三帖の大きな図面にして描いている。すでに紹介した通り、奄美諸島（鬼界島〔喜界島のこと〕、大島、徳之島、永良部島〔現在では沖永良部島と表記〕、与論島）は実際には1624年以来、薩摩藩に直轄されていたが、幕府に報告する絵図には「琉球国の内」に属するものと扱い、都合石高は3万2828石7斗である。沖縄諸島の部分は「琉球国」とし、沖縄島を悪鬼納島と表記している。悪鬼納島の表記は「元禄国絵図」以降になると沖縄島と改められる。他に計羅摩島、戸無島（現在は渡名喜島と表記）、久米島、粟島、伊恵島、伊是名島、恵平屋島（現在では伊平屋島）があり、都合石高は7万1787石である。もう一帖は先島諸島の部分で奄美諸島同様、「琉球国の内」とし、宮古島、八重山島で、都合石高は1万91961石1斗1升3合と細かな端数まで記述している。これらの『琉球国絵図』は沖縄県教育委員会文化課編『琉球国絵図史料集』として榕樹社から三集本となって出版されていて、現在でも入手可能である。

　筆者が『琉球国絵図』の実物大模写を見たのは東京国立博物館で展示された東京大学史料編纂所所蔵の「正保国絵図」原寸大パネルである。一里六寸（2万1600分の1）という全国共通の縮尺で描かれており、大変精密な地図に仕上がっているのには驚いた。なおこの尺度は伊能忠敬の作成した日本地図のうちの中図の尺度と同一である。宮古、八重山の島々が記

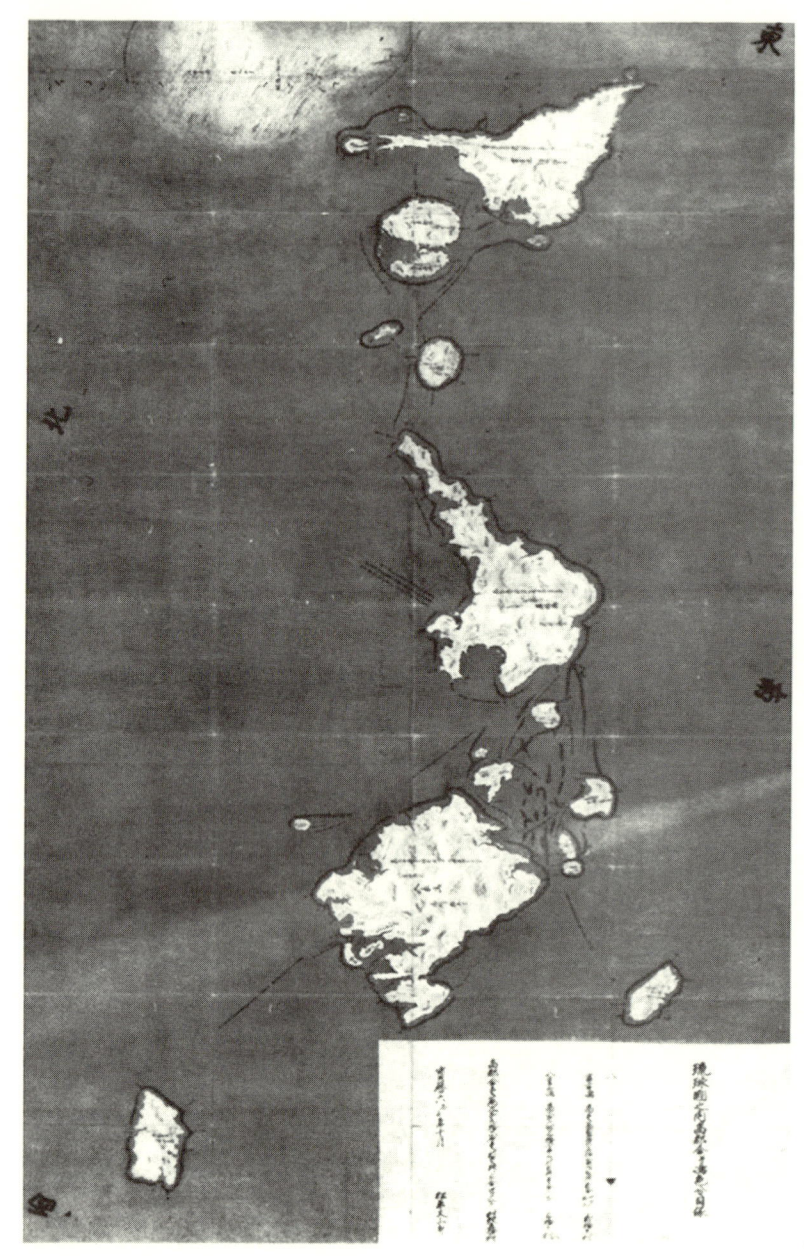

「天保国絵図」琉球国八重山嶋外壱嶋（国立公文書館内閣文庫所蔵）

載されている先島諸島の絵図の場合、縦 340cm、横 625cm という巨大な地図である。宮古島の北方に位置し、普段は海面下にあって大潮の時に出現するサンゴ礁群の八重干瀬（やえびし）もはっきりと描かれている。外洋に出る船舶の航行にとってサンゴ礁は危険な存在である。同時にサンゴや螺鈿（らでん）の材料になる夜光貝など、琉球の貴重な輸出品が採れるため、克明に描かれたのであろう。以下に『琉球国絵図史料集　第3集』に収められた「天保国絵図」（1834年）の琉球国八重山嶋外壱嶋（国立公文書館内閣文庫所蔵）の画像を紹介する。「天保国絵図」を選んだ理由は本書で紹介するのに見やすいからに過ぎない。内容としては他の国絵図も同じである。

　この先島諸島の絵図で注目すべきは宮古島から最南端の与那国島までが一帖に描き込まれていることである。実際の与那国島は入表島（いりおもて）（現在は西表島と表記）から直線距離でも 60km 以上あり、もしこれらの島々の実際の距離を一里六寸の縮尺で正確に表現しようとするのならもっと横長の用紙にしないと描き切れない。絵図の作者は琉球国の範囲内にある島々（宮古島の上部に描かれている八重干瀬のようなサンゴ礁をも含む）を残らず描き込む必要から、もっとも効率よく島々が収まるよう方角をずらして描いている。しかし角度をずらす措置だけでは足りない。島と島との距離は大幅に圧縮し、書き込むべき島をすべて網羅しているのである。ここには釣魚嶼、黄尾嶼、赤尾嶼など、当時すでに琉球国や薩摩藩にもその存在が知られていた島嶼が書かれていないことに注目する必要がある。それらの島嶼が書き込まれていないのは琉球国に属さないからに他ならない。

『琉球国絵図』の描き方のルールは国内領地の正確な情報を把握することにあるため、島嶼間の距離などの記載は必要最小限の情報提供で済ませている。ただし船舶の航行に関わること、例えば湊の広さ、大型船の停泊可能性、干潮時の出入りの可能性、風向きと停泊の関係などの情報はそれぞれの湊ごとに具体的に記載されている。また船舶の航行の安全に関わる重要な情報として、黒潮の流れの強い箇所がある航路には「此渡昼夜共ニ潮東ニ落ル」という注意書きがある。具体的に現在使用されている島名によってその箇所を南から紹介すると①与那国島と西表島の間、②多良間島（たらま）

と宮古島の間、③宮古島と慶良間列島の阿嘉島の間、④沖縄島と与論島の間、⑤奄美大島とトカラ列島との間がそれである。ここを渡る時に注意しないと強い潮のため船は東に流され、戻ってくることができなくなる。

　琉球（沖縄）の島々は周囲を海に囲まれているから船で自由に往来できた、というわけではない。大半の島々がサンゴ礁に囲まれているので座礁しやすく、大型船の出入りが可能な港は限られており、風や潮の流れを十分に掌握しないときわめて危険である。沖縄島には北部に運天湊があり、この湊では大船が5、6艘停泊可能で、しかもどの向きの風でも船を停泊させることができた。この湊の出入り口にあたる沖ノ郡島（現在の表記は古宇利島）があり、そこには異国船遠見番所があった（『琉球国絵図史料集　第1集』　61頁）。それに向かい合う形で与論島にも異国船遠見番所が存在している（前同書　50頁）。他の島にはどういうわけか、異国船遠見番所の記載が見当たらない。沖縄島のもう一つの大きな湊が那覇であり、ここには大船が30艘ほど停泊できる。干潮の時には船が入ることはできず、東風、南風の強い時には湊口に入ることはできなかった。しかし湊の奥まったところに停泊している船はどのような風の場合でも停泊していることができた。那覇湊から長崎までは海上300里の距離と書かれているが、「朝鮮国までは海上450里と申し伝え候」、「高砂かみのはな〔清国の福州あるいは台湾を指すものと思われる〕までは海上250里と申し伝え候」（前同書　71頁）と曖昧な書き方をしている。琉球国による朝鮮、清国との交易の実態を薩摩藩は幕府に隠蔽する必要があったからではなかろうか。

　久米島には兼城湊があり、大船が4、5艘停泊が可能で、どのような風にも繋留は自由であった。那覇湊より兼城湊までは海上48里の距離である（前同書　79頁）。久米島には「火立毛」が設けられていたはずだが、それに関係する情報は国絵図からは見いだせない。

　以下に「元禄国絵図」（1702年）の三帖目にあたる先島諸島のうちの宮古島の部分の画像（榕樹社本第2集　84頁）と、それに対応するGoogle Mapでの地図を並列して表示してみる。

　「正保国絵図」（1649年）も基本的に同じ図であるが、本書をモノクロ

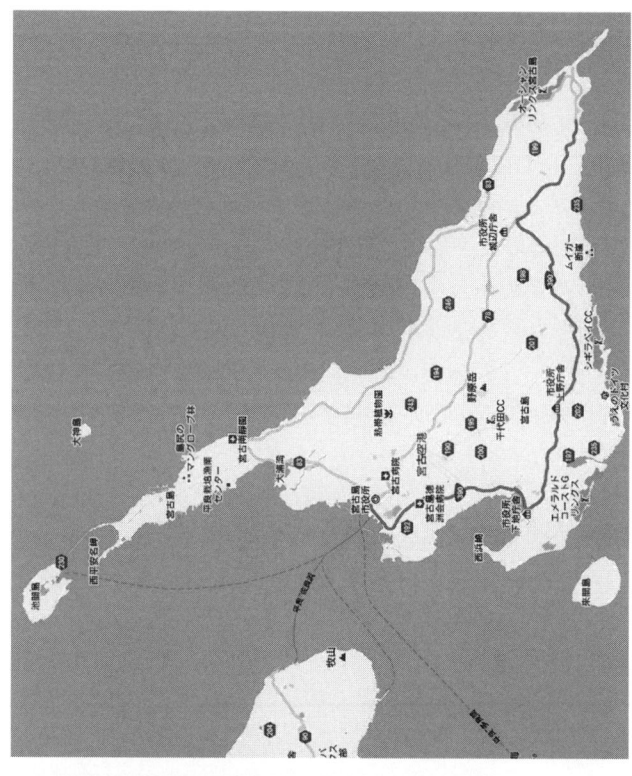

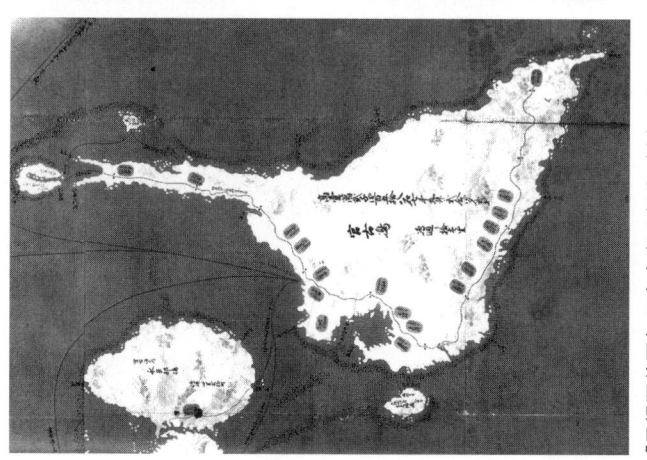

「元禄国絵図」の宮古島の部分（左）、Google Map（右）

第3章 琉球三十六島をめぐって …… 63

で印刷する必要から「元禄国絵図」のほうを採用した。いずれにせよ 300 年以上も前にこのように精密な地図が作られていたとは実に驚くべきことである。

「正保国絵図」に記載されている島々はその後の「元禄国絵図」、「天保国絵図」においても基本的に変わらない。そこで〇〇島と表示されている島々を数えてみると、奄美諸島部分は 13、沖縄諸島部分は 46、先島諸島部分は 21、合計 80 となった。これで琉球の島はすべて、というわけではなく、島という表示のない島も若干ある。いずれにせよ琉球国には琉球三府三十六島と称された数よりかなり多くの島々が存在していることになる。それでは林子平の『三国通覧図説』における「琉球三省並三十六嶋之図」という記載は根拠のないものなのだろうか。

三十六の縛り

そこで日本、中国、琉球における 18 世紀の代表的な歴史文献から琉球の附属島嶼を具体的に調べてみよう。ここで用いる文献は以下の通りである。

1　1719 年　新井白石（日本）『南島志』（榕樹社『南島志』所収の原文および地図による）
　新井白石（1657〜1725）は江戸時代中期の儒学者・政治家。イタリア人宣教師シドッティとの対話をもとに西洋事情を紹介した書『西洋紀聞』『采覧異言』、さらに琉球の使節（程順則・名護親方寵文や向受祐・玉城親方朝薫など）らとの会談で得た情報等をまとめた『南島志』を著した。『南島志』に収められている「琉球国全図」「琉球各島図」は、林子平や周煌の「琉球国全図」と比べて琉球の地形、位置、方角がはるかに正確に描かれている。幕府重鎮である彼は「正保国絵図」「元禄国絵図」を閲覧できる立場にあったからと思われる。

2　1721 年　徐葆光（清国）『中山伝信録』（北京図書館出版社『国家図書館蔵琉球資料匯編』中冊による）

徐葆光（1671～1723）は1720年に琉球副使として尚敬を冊封する。琉球滞在中に『琉球国中山世鑑』を閲読した。

3　1725年　蔡温（琉球）『中山世譜』（北京図書館出版社『国家図書館蔵琉球資料続編』下冊による）

4　1725年　同上の蔡温『中山世譜』での琉球読み（俗叫として表記されたもの）

　蔡温（1682～1762）は久米村の出身で蔡鐸の子。琉球の政治家で具志頭親方を称した。父・蔡鐸の編纂した漢語版琉球正史である『中山世譜』を修訂した。島名の漢語表記とともに琉球音表記が記載されている。

5　1756年　周煌（清国）『琉球国志略』（北京図書館出版社『国家図書館蔵琉球資料匯編』中冊による）

　周煌（1714～1785）は1756年に琉球副使として琉球にやってきて尚穆を冊封する。

6　1785年　林子平（日本）『三国通覧図説』の「琉球三省并三十六嶋之図」より

　林子平（1738～1793）は江戸時代後期の経世論家。彼の著した『海国兵談』とともに『三国通覧図説』は時の政府から発禁処分を受けた。高山彦九郎・蒲生君平と共に「寛政の三奇人」の一人と称される。

奄美群島の部分

南島志	中山伝信録	中山世譜	世譜・琉球読み	琉球国志略	三国通覧図説
鬼界島	奇界	奇界	鬼界	奇界	奇界
大島	大島	烏世麻	大島	大島	大嶋
徳島	度姑	度姑	徳島	度姑	徳ノ嶋
永良部島	永良部	永良部	永良部	永良部	永良部
與論島	由論	由論	輿論	由論	由論
加計奈	佳奇呂麻	佳奇呂麻	垣路間	佳奇呂麻	佳奇呂麻
于計	烏奇奴	烏奇奴	沖野	烏奇奴	烏奇奴
輿路	由呂	由呂	輿路	由呂	由呂

　奄美群島部分に関しては記載に大差はない。この表の上位5島が主たる島であり、下3島は大島に属する小島である。『琉球国絵図』にはこの他に無人島が5島記録されている。

『三国通覧図説』の大嶋の周囲に「奇界ヨリ渡名喜マデ十一嶋、皆大嶋ノ支配也。十一嶋ノ村数都合二百六十村アリ。土人自ラ小琉球ト称ス。南方台湾ノ南ニ小琉球山アリ、与是不同」との注釈を入れている点が他と異なる。林子平は奄美群島が薩摩の直轄になっていた事実を何らかの形で知っていた可能性もある。ただしなぜ「渡名喜までの十一島」であって、ここに挙げた大島八島ではないのか、不明である。

沖縄諸島部分については3つのグループに分けられる。主要な島嶼はその1のグループに示した八島である。

沖縄諸島部分　その1

南島志	中山伝信録	中山世譜	世譜・琉球読み	琉球国志略	三国通覧図説
計羅摩島	東馬歯	東馬歯	前慶良間	東馬歯	東馬歯山
戸無島	度那奇山	度那奇	渡名喜	度那奇	渡名喜
久米島	姑米山	姑米	久米	姑米山	姑米山
粟島	安根𡵅	阿姑尼	粟国	阿姑尼	粟国
伊恵島	椅山	椅世麻	椅山 伊江	椅山	椅山
伊是那島		伊是那	伊是那		
恵平屋島	葉壁山	葉壁	伊比屋	葉壁	葉壁山
鳥島	硫磺島	硫磺島	鳥島	硫磺山	

『南島志』と『中山世譜』では8島すべて記載されているが、『中山伝信録』『琉球国志略』『三国通覧図説』では伊是名島の記載がない。鳥島については『三国通覧図説』に記載がない。

沖縄諸島部分　その2

南島志	中山伝信録	中山世譜	世譜・琉球読み	琉球国志略	三国通覧図説
チケシマ	伊計	伊奇	伊計	伊計	伊計
ハマシバ	巴麻	巴麻	濱比嘉	巴麻	濱嶋
ツケンシマ	津奇奴	津奇奴	津堅	津奇奴	津堅
久高島	姑達佳	姑達佳	久高	姑達佳	久高
座間味島	西馬歯	西馬歯	西慶良間	西馬歯	西馬歯山

第2グループの5島に関してはすべてに記載があるので、違いはないかのように見えるが、『南島志』ではこの5島は本文中では記載されていず、琉球各島図の沖縄島の部分に書き込まれているだけである。座間味島

以外はすべて沖縄島の東岸近くに位置する島々である。なお「チケシマ」は「イケシマ」の誤記である。

　第3のグループとは沖縄諸島のなかで『南島志』にのみ記載されている島々で、それを列挙すると以下の通りとなる。

赤島、水無シマ、沖那シマ、瀬底シマ、屋加島、平安座シマ、宮城シマ、ケルマ、コハ、ヤカヒ、前計羅摩、久米鳥島、天末奈、乃保、具志河、柳葉、ヤフツシマ、アセシマ、アフシマ、ケラシマ、ケイ、大イフ、モカラク

　合計23ある。なぜ『南島志』に他の文献には載っていない島がこれほど多く掲載されているのだろうか。新井白石が江戸幕府の重要な役職にあり、「正保国絵図」「元禄国絵図」を利用できたからであろう。

先島諸島の部分　その1

南島志	中山伝信録	中山世譜	世譜・琉球読み	琉球国志略	三国通覧図説
宮古島	太平山　麻姑山	庇即喇	平良	太平山	太平山　宮古
石垣島	八重山	伊世佳奇	石垣	八重山	八重山
入表島	姑彌	姑彌	古見	姑彌	姑彌
以計米	伊奇麻	伊奇麻	池間	伊奇麻	伊奇麻
久禮末	姑李麻	姑李麻	来間	姑李麻	姑李麻
永良部	伊良保	伊良保	恵良部	伊良保	伊良保
太良満	達喇麻	達喇麻	多良間	達喇麻	達喇麻
美徒奈	面那	面那	水納	面那	面那
堂計止美島	達奇度奴	達奇度奴	武冨	達奇度奴	武冨
黒島	姑呂世麻	姑呂世麻	黒島	姑呂世麻	久里嶋
波照間島	巴梯呂麻	巴梯呂麻	波照間	巴梯呂麻	波照間
鳩間島	巴度麻	巴度麻	鳩間	巴度麻	波渡麻
與那国	由那姑呢	由那姑尼	與那国	由那姑呢	由那姑呢
小濱	烏巴麻	烏巴麻	小濱	烏巴麻	
上離島	阿喇姑斯古	阿喇斯姑	新城	阿喇姑斯古	新城
	烏噶彌	烏噶彌	大神	烏噶彌	烏噶彌

　この先島諸島の第1グループの島嶼で注目すべき点は、新井白石と林子平という2人の日本人の手になる島嶼一覧にはそれぞれ1つ空白があ

るが、琉球、清国の作者の島嶼には16島すべて揃っていて、その漢語表記もほぼ共通している。

　先島諸島の第2グループは「南国志」には記載されているが、『中山伝信録』から『三国通覧図説』までの文献では記載がない島嶼で、それらは以下の5島である。

下地島、下離島、宇也末島〔「国絵図」の「かやま嶋」で、現在では「嘉弥真島」と表記する〕、外離島、内離島

　注目すべきは『琉球国絵図』に記載されている先島諸島21島のうち、『南島志』に記載がないのは「大おかみ嶋」(現在の「大神島」) 1島に過ぎない。『中山伝信録』『中山世譜』『琉球国志略』でも16島 (76%) は記載されている。沖縄諸島の部分では『琉球国絵図』に記載されている島は46あり、『南島志』では36 (78%) と多いように見えるが、それは地図に記載された島をも含めた数であって、文字で記載された島で数えると16 (35%) に過ぎない。『中山伝信録』と『琉球国志略』における沖縄諸島の数は12、『中山世譜』では13、『三国通覧図説』は11である。奄美諸島の部分は『琉球国絵図』には13の島嶼が記載されているが、『南島志』以下すべて8で統一されている。これらを表にして示すと以下の通りとなる。

区分	国絵図	南島志	南島志 文字	中山伝信録	中山世譜	琉球国志略	三国通覧図説
奄美諸島	13	8	8	8	8	8	8
沖縄諸島	46	36	16	12	13	12	11
先島諸島	21	20	20	16	16	16	15
琉球全島	80	64	44	36	37	36	34

　琉球国の附属島嶼は36とよく言われる。たしかに中国の冊封使の書いた書物 (『中山伝信録』、『琉球国志略』) では36島となっている。ただそれは36という数字に合わせるために島数を調整した結果であって、琉球国の島そのものの実態を正確に反映したものではない。注目すべきは奄美諸島については『南島志』も含め8島で一致していること。先島諸島の

島嶼については『南島志』が根拠にしたと思われる『琉球国絵図』記載21島のうち、大おかみ嶋だけが抜けた20島となっている。『三国通覧図説』も小濱島が抜けて15島になっている。これらは単純ミスの可能性が高い。それに対して『中山伝信録』から『琉球国志略』まで先島諸島の数は16島で一致し、『中山伝信録』と「琉球国略記」は琉球附属島嶼全体の数が36島で一致している。一致させている、と表記したほうが正しかろう。琉球国の正史である『中山世譜』では琉球王国第二尚氏王統の初代国王の尚円の出生地である伊是名島を外すわけにはいかないためであろう、一島多い37島になっている。基本的に36という数に縛られているのだ。『中山伝信録』における琉球三十六島は以下の通りの区分である。『琉球国志略』も同じ区分を用いている。

東四島	姑達佳　津奇奴　巴麻　伊計
正西三島	東馬歯　西馬歯　姑米山
西北五島	度那奇山　安根岻山　椅山　葉壁山　硫磺島
東北八島	由論　永良部　度姑　由呂　烏奇奴　佳奇呂麻　大島　奇界
南七島	太平山　伊奇麻　伊良保　姑李麻　達喇麻　面那　烏噶彌
西南九島	八重山　烏巴麻　巴度麻　由那姑呢　姑彌　達奇度奴　姑呂世麻　阿喇姑斯古　巴梯呂麻

　これをもっとも詳細かつ公式の琉球地図といえる『琉球国絵図』と比較してみると以下の表の通りとなる。単純に『中山伝信録』記載の島数を『琉球国絵図』で除したのが記載率である。無人島というのは『琉球国絵図』に「人居なし」「無人居」などと記載されている島の数であり、有人島記載率とは『琉球国絵図』から無人島を減じた数で『中山伝信録』に記載されている島を除した結果である。

区分	琉球国絵図	中山伝信録	記載率	無人島	有人島記載率
東四島	13	4	31%	7	67%
正西三島	17	3	17%	10	43%
西北五島	16	5	33%	6	50%
東北八島	13	8	62%	5	100%
南七島	8	7	88%	1	100%
西南九島	13	9	69%	3	90%
琉球全島	80	36	45%	32	75%

薩摩藩の直轄になっている奄美諸島（東北八島）や宮古島（南七島）、八重山島（西南九島）のような琉球の周辺部ほど記載率が高い。逆にいえば琉球の中心部に近いところほど、三十六島には含まれていない島が多い、という事実が浮かび上がる。無人島の数の多さが影響している点も考慮に入れる必要はあるが、三十六という数に縛られた結果、琉球国の中心部に近い島々は外しても琉球国の周縁、外郭にあたる部分は明確に表示する必要があったからである。つまり琉球国を対外的に紹介する場合、その枠に含まれる範囲、領域は明確にする必要があったからである。

　この点は『琉球国絵図』と『南島志』との関係を調べるともっと明確になる。「天保国絵図」と「元禄国絵図」を利用できる立場にあった新井白石は、必ずしも三十六という数字に縛られない琉球国の島嶼紹介を行っている。前述した通り奄美諸島の部分は他の資料と同じであり、先島諸島の部分も一島が欠落しているだけで基本的に『琉球国絵図』に基づいている。他の資料と大きく異なるのは沖縄諸島の部分である。

表　南島志における沖縄諸島の記載状況

区分	琉球国絵図	南島志		
		地図も含む南島志	本文中に記載	有人島
沖縄　東	13	10	0	6
沖縄　正西	17	12	6	6
沖縄　西北	16	14	10	10
沖縄　小計	46	36	16	22
琉球全島	80	64	44	47

　この表で一番目につくのは沖縄本島の東部にある島々の扱いである。それらは『琉球国絵図』では13島存在し、そのうちの6島は有人島であるにも関わらず、『南島志』の本文での記載はゼロである。「琉球各嶋図」という付録の地図にのみ、それらの島は登場する。この事実は沖縄本島の東部周辺に位置する島々についてはさほど関心が高くなかったことを示している。沖縄本島から西方向（表における正西部、西北部）に展開する島々についての記述は多く、しかも「明人」という表現を用いて中国との関係についての言及が目立つ。久米島については「福建からの三十六姓の子孫が居住しているところである」と書いている。この記述は必ずしも正しい

とは言えないようだが、そのように新井白石は考えていたのである。『西洋紀聞』の著者でもある彼にとって、琉球国そのものの総合的理解ということよりも、琉球をとりまく異国との対外関係に関心が高かったのであろう。そのため琉球国の南部、西南部の島嶼に関しては一島（しかもそれは大神島という宮古島の北 4kmほどにある 0.24km²の小さな無人島）以外はすべて漏らさず記載している。

　なお江戸時代に作成された日本地図として伊能忠敬（1745〜1818）の「大日本沿海輿地全図」があるが、この地図の最南端は屋久島であって、琉球の島嶼は含まれていない。琉球は当時、日本に含まれていなかったからである。この事実からも当時の境界意識が明白であったことが分かる。伊能忠敬の日本全図については東京国立博物館所蔵伊能中図の原寸複製が紹介されている『伊能図』（武揚堂発行）があり、その地図の正確さには驚嘆する。

程順則の『指南広義』

　近世においては国家領域観念は曖昧であった、というような主張をよく目にするが、はたしてそうだろうか。琉球国を構成する島の数は 34 から 37、あるいは 64、80 とさまざまであっても、その違いは沖縄諸島の中心部に所在する島をどれだけ含むかによる。琉球と他国との境界をなす周縁の島々については、どの文献でも一致していることに注目すべきである。

　琉球大学附属図書館に程順則の『指南広義』が所蔵されており、われわれはそれを同大学のホームページから見ることができる。赤嶺守の紹介文をここに転載させていただく。

http://manwe.lib.u-ryukyu.ac.jp/library/digia/tenji/tenji2006/06.html

　　「『指南広義』は、程順則（1663〜1734）が康熙 47（1708）年に中国瓊河の福州琉球館（柔遠駅）で版行した那覇―福州間を往来する貢船の航海に供するための指南書である。針路については、康熙 22（1683）年に冊封のために派遣された冠船の羅針盤主掌蛇工から伝授

された羅針盤を用いた航海針法と、久米三十六姓の伝える針法に基づいている。航海の針路以外に、内容は航海神の天妃に関する『天妃霊応記』、暴風や風向きに関する『風信考』、船荷の装載や船出の吉日を記した『行船通用吉日』、航海の飲食飲酒に関わる『飲食雑忌』『戒波飲酒』等多岐にわたっている。以後、進貢船や接貢船派遣の際の必携の書となった。琉球の海事思想を知る上での一級史料である。（赤嶺守）」

『指南広義』にも「琉球国三十六島図」があり、そこに描かれているのは徐葆光、周煌の文献で紹介されている三十六島と同一であり、『中山伝信録』には福州から琉球に向かう針路について『指南広義』によると、という記載になっている。まさに「那覇―福州間を往来する貢船の航海に供するための指南書」である。『指南広義』には福州から琉球に向かう針路、琉球から福州に戻る針路、漳州（福建省南部、厦門の近く）から琉球に向かう針路などが紹介されている。

　福州から琉球に向かう針路も2種類紹介されていて、一つは東沙外→鶏籠頭→花瓶嶼・彭家山→釣魚台→黄麻嶼→黄尾嶼→赤尾嶼→古米山→馬歯山→那覇港というコース、もう一つは五虎門→官塘東獅→小琉球頭〔小琉球とは台湾を指す〕→釣魚台→赤洋→古米山→那覇港である。漳州から琉球へのコースは太武〔金門島にある〕→烏圻〔湄州島の東にある〕→牛山→東湧山→小琉球の鶏頭嶼→釣魚台→黄麻嶼→赤礁〔赤尾嶼か〕→古米山→馬歯山→那覇港口が紹介されている。これらは冊封船の針路簿からの情報による。

　もう一つの針路簿として琉球の久米三十六姓に伝わる針路も『指南広義』は紹介している。琉球から福州に行く場合、通常は秋から冬至に、まず古米山（久米島）を出て浙江省温州方向を目指して西に向かって進み、中国大陸の沿岸を南下するのが一般的であった。風向および海流の関係のためである。しかし3月（旧暦）に琉球から福州に行くコースの一つとして古米山→釣魚台→彭家山→官塘というのがあった。琉球人が福州から琉球に戻る時のコースとしては、梅花及び東沙から小琉球（台湾）の鶏龍

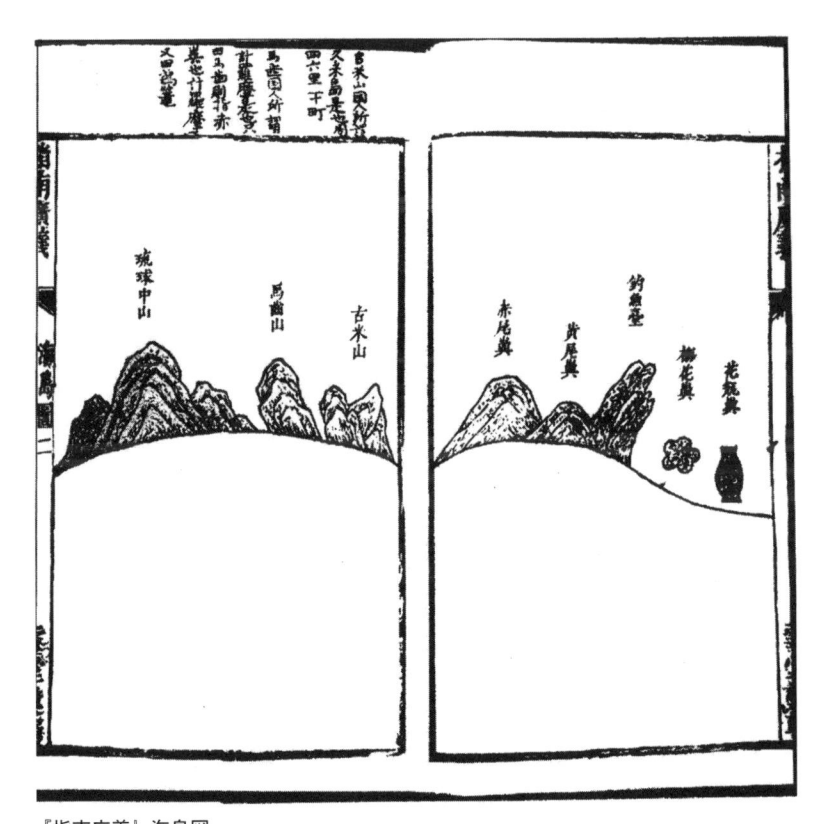

『指南広義』海島図

山→花瓶嶼、彭家山→釣魚台→烏嶼〔不明〕→黄毛嶼→赤嶼→古米山→馬歯山→那覇港というほぼお決まりのコースの他に、東墻山→小琉球頭→花瓶嶼→彭家山→北木山（すなわち八重山・石垣島）に行くコース、東湧山→彭家山→釣魚台から北風の時に→太平山（すなわち宮古島）に行くコース、釣魚台から北風で北木山尾、小琉球頭→沙洲門〔不明〕→太平山→那覇港口というコースも紹介されている。

　航海する際に島の存在は重要な目標である。『指南広義』にはその針路ごとにいろいろな島名が列挙されているが、古米山、馬歯山、太平山（宮古島）、北木山（八重山すなわち石垣島）は琉球三十六島に含まれた島嶼

第3章　琉球三十六島をめぐって……73

である。また『指南広義』における中国と琉球との往来の針路に登場しながら琉球国の地図には登場しない島というのも共通していた。それらは中国に属す島嶼であるため、琉球国の地図には登場しないのである。非常に詳細な『琉球国国絵図』の先島諸島の部分の地図に釣魚嶼、黄尾嶼、赤尾嶼が描かれていないのも琉球国の範囲外だからである。

　前頁に示す図は『指南広義』の「海島図」（鞠徳源『日本国窃土源流釣魚列嶼主権辨』下冊　首都師範大学出版社　図12）であるが、左頁上の書き込みには「古米山国人所謂久米島是也。周四六里一十町」とある。国人とは書き込みをした琉球人の自称である。『琉球国絵図』では久米島は「嶋廻六里廿町」とあり、若干の誤記があるが、この書き込みをした人物が『琉球国絵図』を見る立場にあったものと思われる。

中国の文献から『順風相送』

「釣魚嶼」が文献のうえで最初に登場するのは1403年の『順風相送』である。ただし第2章の冒頭で紹介した通り、張栄、劉義傑の研究によると『順風相送』の作成時期は16世紀中葉にずれ込むとのことで、「最初」に登場するという栄誉は返上する必要がありそうだ。この原本は未発見で、イギリスのオックスフォード大学のボドリアン図書館に所蔵されていた抄本を、現在は「中外交通史籍叢刊」の1冊として向達の校注により『両種海道針経』と題されて中華書局から1961年に第1版が、1982年に第2版が刊行されている。両種とは『順風相送』とともに『指南正法』という清初に出された航海指南書とを併せて出版したからである。

『順風相送』には航海に関する当時のさまざまな知識、情報とともに、中国と東南アジアからインド洋のカルカッタ（古里）やホルムズ（忽魯謨斯）など、当時の中国の言葉による西洋、そして琉球、日本など東洋との往来のルートが紹介されている。そのうちの福建から琉球へのルートは、太武〔漳州・厦門の近くにある金門島〕→烏坵〔湄州島の東〕→東墻〔向達の校注では鄭和の航海図によると烏坵及び南日島の北〕→小琉球頭→木

『両種海道針経』第 1 版 1961 年　表紙

山〔福建の海上の東湧付近〕→北風の時には東湧から開洋〔この「開洋」と次の「放洋」の違いが筆者には不明〕→彭家山→釣魚嶼に、南風の時には東湧から放洋→小琉球頭→彭家山、花瓶嶼に至る。正南風で梅花〔閩江口の長楽にある梅花所〕から開洋→小琉球→釣魚嶼の南辺→赤坎嶼〔赤尾嶼〕→枯美山〔久米島のこと〕→古巴山、すなわち馬歯山、麻山赤嶼→琉球国というコースが紹介されている。明初には泉州に市舶司が置かれ琉球との朝貢事務の窓口になっていた。その頃のコースである（『両種海道針経』 95〜98 頁）。

　この『順風相送』で興味深いことは福建と琉球との往来のコースが紹介されているだけでなく、琉球と日本の兵庫港との往来のコースも紹介されていることである。琉球国が薩摩藩の支配下に置かれる前の状況を正確に反映している。

　『両種海道針経』には校注者の向達の手になる地名索引が載っていて、非常に役立つと同時に、この地名索引そのものに注目すべき記述がある。私は 1961 年 9 月の第一版『両種海道針経』をたまたま所蔵していた。第 2

版(1982年12月)は以下のサイトからpdfファイルをダウンロードしたものである。

　　http://ishare.iask.sina.com.cn/f/14230202.html?from=like

　第1版(1961年)と第2版(1982年)を比べてみると地名索引の記述に変化があることが判明した。違いは以下の通り。①が第1版、②が第2版である。

「釣魚嶼」の説明
　①「釣魚嶼は台湾基隆から琉球に至る途中の尖閣群島の中の一島であり、今は魚釣島といい、また釣魚島ともいう」(253頁)
　②「釣魚嶼は台湾基隆の東北海中にあり、わが国台湾省附属の島嶼であり、今は魚釣島といい、また釣魚島ともいう」(253頁)
「釣魚台」の説明(ベトナムにも同名の島があるがそれについては略す)
　①「これは琉球群島の中の尖閣群島の魚釣島を指し、一般には釣魚嶼とし、釣魚台ともする」(253頁)
　②「これは台湾基隆の東北海上の釣魚島を指し、一般には釣魚嶼とし、釣魚台ともする」(253頁)
「黄尾嶼」の説明
　①「黄尾嶼は台湾から琉球に至る間の尖閣群島の内にあり、一名は久場島」(259頁)
　②「黄尾嶼は台湾基隆の東北の海上にあり、わが国台湾省附属の島嶼である」(259頁)
「赤坎嶼」の説明
　①「すなわち台湾基隆の東北の尖閣群島の中の赤尾嶼」(230頁)
　②「すなわちわが国台湾省東北の海上にある釣魚島の東部の赤尾嶼」(230頁)

　つまり向達が用いたのは日本側の地図であり、それには「尖閣群島」という記載があり、「釣魚島」は「魚釣島」と書かれていたので、その記述に従っている。第2版を出版する1982年には、すでに日中双方が領有権

を主張していたので、校注者（向達ではない。彼は 1966 年に亡くなっている）が書き換えたのである。私は最初、第 2 版のほうだけを見ていたので、第 1 版も同じ内容であろうと思い込んでいた。手元に第 1 版があったので両者を比較できたことは幸運であり、領有権問題を考えるうえでも重要な発見と言えるだろう。

『順風相送』の発見者　向達について

　本論からはいささか脱線するが、オックスフォード大学ボドリアン図書館で『順風相送』を発見した人は誰かについて紹介しておく。それは『両種海道針経』序言を書いた向達である。そのことを自分が発見者であることを序言のなかで明らかにしていないが、「百度百科」で「向達」を検索すると、彼の生涯、業績について詳しい情報が入手できる。
　http://baike.baidu.com/view/51292.htm
　簡単にその内容を紹介すると以下の通りとなる。
　向達（1900 〜 1966）、湖南省淑涌人、土家族、1919 年に南京高等師範学校に入学、1924 年以後、商務印書館編訳員、北平図書館編纂委員会委員、北京大学講師などを務め、1935 年秋にオックスフォード大学ボドリアン図書館に勤務、大英博物館で敦煌の写本や漢籍の検索をし、ドイツでの調査も行い、1938 年に帰国後、浙江大学、西南聯合大学教授、抗日戦争勝利後は北京大学歴史系教授、北京大学図書館長、中国科学院哲学社会科学部委員などを歴任。文化大革命期に残酷に痛めつけられ、それがもとで 1966 年 11 月に逝去。1980 年に名誉回復。1957 年の反右派運動では史学界の「五大右派」の一人とされ、不当な扱いを受けたが、1958 年〜 1960 年に『順風相送』を含む『中外交通史籍叢刊』の刊行は彼が中心となって実現できた。詳しくは上記「百度百科」をご覧いただきたい。

海防図

　中国と琉球との間に、どちらにも属さない、中間地帯があったわけでは

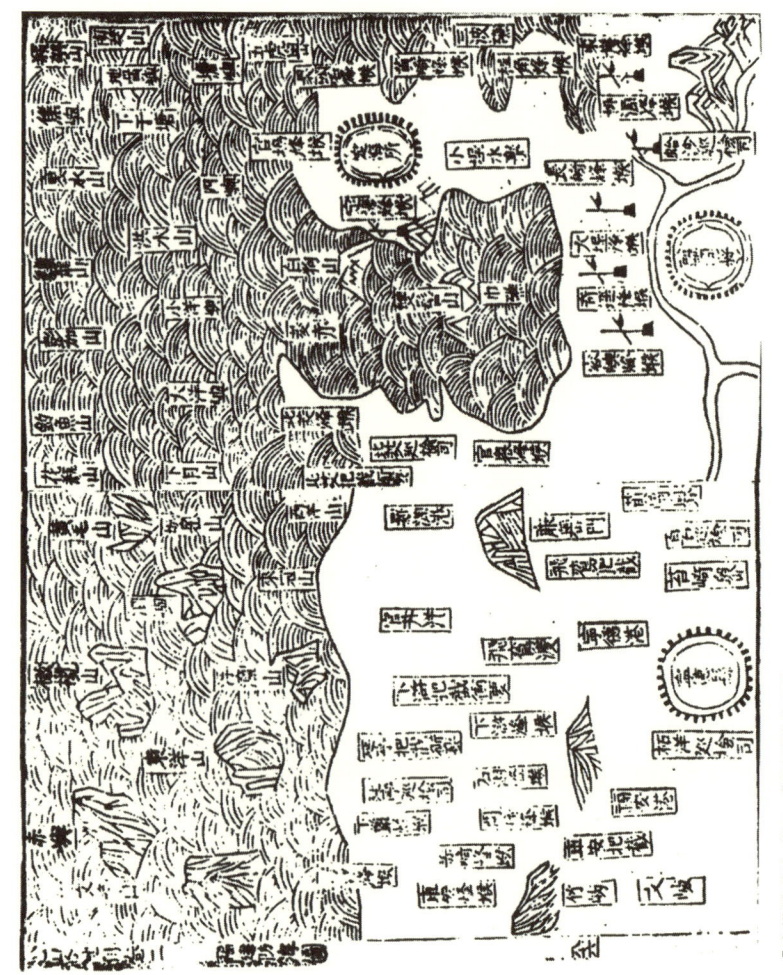

『武備秘書』巻二「福建防海図」

ない。この点は中国の海防図を見れば一目瞭然である。倭寇が盛んな時期であった明代、各種の海防図が出版された。なかでも浙江総督の胡宗憲が編纂した『籌海図編』（1562年）に収められている、鄭若曽が描いた「福建沿海山沙図」が有名で、当時の海防図としてもっとも権威があるものとされている。そこには福建の海域に属する島嶼が描かれており、赤嶼（赤尾嶼のこと）、橄欖山、黄毛山（黄尾嶼）、化瓶山（花瓶嶼のこと）、釣魚嶼、彭加山、鶏籠山などがある。図に示したのは施永図が編纂した『武備秘書』巻二（1621～1628年）の「福建海防図」である。鄭若曽の「福建沿海山沙図」を引き継いでいるが、化瓶嶼が花瓶嶼に改められている。海防図に描かれているのは中国に属する島であって、琉球に属する島は載っていない。これは『琉球国絵図』に琉球国に属さない島嶼が書き入れられていないのと同様である。

冊封使の記録から

　琉球国と中国（明国、清国）との境界は曖昧であったとか、釣魚島などの島嶼は単なる目標島に過ぎなかった、という主張が事実に合わない俗論に過ぎないことはもはや明白であろう。
　本章を終えるにあたって徐葆光の『中山伝信録』と並んで著名な周煌の『琉球国志略』の一部分を紹介しよう。幸いなことにこの『琉球国志略』は沖縄県那覇市出身の平田嗣全によって翻訳出版されている。出版社は三一書房。1977年の出版である。訳者まえがきからまず紹介しよう。

　　「私は、十数年前から琉球に関係のある中国文献を渉猟しておりましたが、その中で周煌の琉球国志略が史実に忠実、且つ、実証的で、日本の歴史、民俗学、言語等の研究にも裨益する所が多大であることを思い、昭和50年4月大阪教育大学を退職する機会に浅学菲才をも省みず、敢えて本書の訳注を志し、幾度となく推敲を重ねた末、この程、訳注を完了致しました。
　　著者周煌は四川省涪陵県の出身で、字は景垣、号は海山、文恭と諡

された乾隆の進士であり、官は左都御史まで栄達しております。
　かつて、翰林院編輯の時、副使として、琉球を冊封する正使翰林院侍講全魁とともに来琉し、約7カ月間琉球に滞在し、その間、親しく琉球の人情風物に接し、既往の琉球に関係ある文献を比較考証し、これらを総括したのが、この琉球国史略であります」

　日本語版で469頁に及ぶ大著なので、そのうちの冊封使が悪戦苦闘して琉球に到着する部分を以下に紹介し、翻訳という地道な仕事をされた訳者に敬意と感謝の意を表したい。
　なお周煌の『琉球国志略』は英訳もされており、1853年に琉球、日本を訪れ、日本の開国を実現させたペリーは日本を訪れるにあたり、周煌の『琉球国志略』から琉球についての知識を得ている。『ペリー艦隊遠征記』については次章で紹介する。

　「乾隆19年（1756年）に琉球国中山王世子尚穆が、その臣毛元翼、蔡宏謨等を遣わし、表を持って恭しく襲封を請うた。20年（1755年）5月初七日に、大学士と翰林院とが掌院等が会同し、選抜したのを引（ママ）率して謁見された。勅旨に『侍講全魁を正使に任じ、編輯周煌を副使に任ずる。此に欽めよや』との聖旨を承った。〔中略〕〔1756年〕4月24日に閩〔福建省のこと〕につき、そこで督臣喀爾吉善、撫臣鍾音は、已に、福州の民船二座を用に充てるため、選んで用意してあった。船の長さは11丈5尺、寛さは2丈7尺5寸、深さ1丈4尺で、上に柵6尺をつけ足してある。前に9艙、中に8艙、後に7艙あり、水櫃一、水桶二があって、全部で水620石を受容出来る。6月初二日を択んで、恭しく詔勅を捧げ、官艙の正中に奉安し、南台江で乗船した。初五日には太平港に着いた。初六日に江を祭り、水を積み込んだ。申刻（午後3時〜5時）に怡山院に着き、海神を諭祭し、天后宮に焼香し礼拝した。初七日に金牌門に着き、そこから出発した。初九日巳刻（午前10時）に五虎門に着き、未時（午後2時）に海を祭った。初十日の早潮で、五虎門を出発し、官塘進士門を通過してから、海へ

出て、単午よりの風に乙辰針を用いた。日没まで6更行船した。夜は単午の風に単乙針で5更行船し、鶏籠山頭が見えた。11日の午前に、坤未よりの風に、単乙針で2更、午後は、単酉風に単乙針を用いた。日が落ちるまでに4更航行して釣魚台が見えた。連日、大魚が舟の左右を夾んで3、4匹游いでおり、又、海鳥が宿り、檣を繞って飛んでいた。夜は単丙風に単乙針で4更航行した。12日には、単午の風に、単乙針で赤洋を見、風が単丁に変わったので、単乙針を用いた。日が落ちるまでに5更航行した。夜は単午よりの風に、単乙針で4更した。是の夜に黒水溝を通過し、海を祭った。13日には、丁午風に、甲卯針で2更航行して、姑米山が見えた。風は軽やかに吹き、単午に変わったので、単乙針にし、日が落ちてから1更航行した。夜になり、丁午風に、乙卯針で2更航行した。姑米人が山に登って火をあげて信号しているので、舟中でも火を以て、之に応答した。14日は、単甲風で、姑米の頭目が小舟数十を率いて牽挽し、島の西に行き碇を下した。15日には、単卯よりの風が吹いたので、小舟が、又、挽っぱり、島の北に行き、岸から約3、4里許り離れた所で碇を下した。開洋してから姑米の北岸に至るまで5日を計えている。礁石はごつごつし、鉄砂が蕩激しているので、舟は未だ岸に近づくことは出来ない。16日には、風が凪ぎ、舟は膠着した。17・18日は、両日とも東北よりの逆風であった。20日卯刻（午前6時）に虹が見え、東北よりの風が吹き、辰刻（午前8時）には雨が降った。21日卯刻（午前6時）には、小雨で、東北より風が吹いた。22日は、東北より大いに吹きまくったので、接封大夫鄭秉和が小舟に乗り換えて、岸に上り、暫く風を避けるように申し出た。私達は、そうすることで、多くの人々が驚くのが心配で、その申し出を許さなかった。23日は暴風が甚だしく、船身が揺れ動き、そのため、嘔吐した者が、枕を並べて伏せていた。鄭秉和が岸に上がるように申し出たので、私達は『詔勅が舟の中にあるので、暫くの間でも離れることは容されないのである。かりに、詔勅を奉じて岸に上がれば、舟にいる多くの人々は、はた、何を恃みにしたらよいのかと。このまま舟にいることで、人々が安心するので

ある』と諭した。縄を腰に繋ぎ、縄にすがりついて小舟に乗り移らんとの動議もあったが、そういうことは、最も取るに足らない考え方であるので、これも、亦、極力止めることにした。24日には、風が益々吹き暴れ、碇索(びょうさく)が、たびたび切断され、ぶら下がったので、ここは礁石(しょうせき)が多いから、帆を張って風にまかせて漂流した方がよいと口々に云い出した。私達は、その利害得失を要約して、これらの人々に説明した。神に占って見るに、神のおおせは、専ら此の地に泊まるようにすれば、終には大吉を得ることが出来ると。そこで、これらの人々に『風の勢は、こんなに強い、島に近づくことはしないので、未だ帆は起てないのである。一度、帆を起して、この危険から脱しようとすれば、瞬時に、舟は木葉微塵となり、こわれてしまい、なお且つ、柴・蔬菜・水・米等も全部なくしてしまうが、その時には、果して、何に乗って往くのか』といって、そのことを思いとどまらせた。この夜の四鼓（午前２時頃）に、碇索十余本が、一度に皆切断され、柁(かじ)が外れ、竜骨が礁に触れて折れ、船底に水が浸水して来た。その時には、あたりは既に暗くなっており、それに加えて、大雷雨があり、帆葉・厨柵なども吹き飛ばされて、殆どなくなってしまった。その時、俄かに、神火が現われ、帆柱の天辺に向って飛んで行き、招風旗を焼いておとし、又、海面には、烟霧が一燈を籠罩の中に入れてあるような状態で浮いて来るのが見えた。そこで、人々は皆『天妃がお助けに見えた』と叫んだ。暫くしてか、船身が真直ぐに岸に向って行き、一礁石に船腹が衝き当たって、動けなくなったが、それでも沈まなかった。そこで杉板〔本舟の小舟〕を解き放して海中に下し、私達は、直ちに、詔勅・節・印を捧持して、次々に、岸に向って行った。舟に乗っている200余人の人々の命が助かった慶びに沸き、皆が、我が皇上を頼みにしていることは、天佑を信ずるのと同様であるので、岸に近づいてから危うく落ちそうになった時でも、安心していたのである。その上、また、皆が天后の広庇の徳をたたえたので、それに感じて助かったのである。この日から、島の人が毎日、蔬菜(そさい)、米を公館の中に送り届け、ますます、謹んで供応した。29日には、王の世子が耳目官等を遣わ

して御機嫌伺いに来た。7月初四、初五日には、王の世子が国中の海船をつらねて迎えに来た。初七日には、私達は謹んで詔勅・節・印・賜物を船上に奉安し、いつもの通りに天后の神像をお迎えし、遂に、西南風に乗じて出帆し、夜になってから馬歯山を通過した。初八日に那覇港に着いた。風に遭難してから、海船を乗り換えて那覇に着くまで計23日である」(平田訳『琉球国志略』 215〜218頁)

　福州から那覇までの航海が危険に満ちたものであることがこの記述からも分かる。とりわけ釣魚台を過ぎ、赤洋(赤尾嶼と思われる)を過ぎ、黒水溝を過ぎる時に「海を祭った」とある。この黒々とした海を渡らなければならず、そこには常に黒潮の強い流れがあり、操船を誤ると遠く流されて戻って来られないものと思われてきた。それを乗り越え、久米島が見えると、無事に難関を越え、琉球の領域に入ったことが実感できたのである。
　久米島には接封大夫(冊封使を出迎える役職)の鄭秉和が待ち受けていた。汪楫の『使琉球雑録』には、1683年6月24日に出発した船がスピードに乗り黄尾嶼も見ないうちに赤嶼に到着したのち、薄暮に過溝の儀式を行い、わずか三昼夜で26日には馬歯山についてしまい、接封大夫の鄭永安を驚かせてしまった様子が描かれている(匯編上冊　801〜803頁)。

沖縄トラフが天然の障壁

　われわれが新聞報道などで見る地図には、海底の地形や海流の情報は表示されていない。釣魚島などの島嶼と南西諸島を構成する島嶼との間を距離だけでとらえてしまいがちである。そのため直線距離で見ると、釣魚島からの距離は西表島のほうが台湾や福建よりも短いので、琉球・沖縄に関係した島であった、と考えやすい。
　しかし『琉球国絵図』には釣魚島、黄尾嶼、赤尾嶼は描かれていない。なぜなら南西諸島と釣魚島等の島嶼との間には「沖縄トラフ (trough)」(中国語では「沖縄海槽」)という、ところによっては2000mを越す深い窪みが存在していて、それが天然の障壁となっていた。そこを流れる

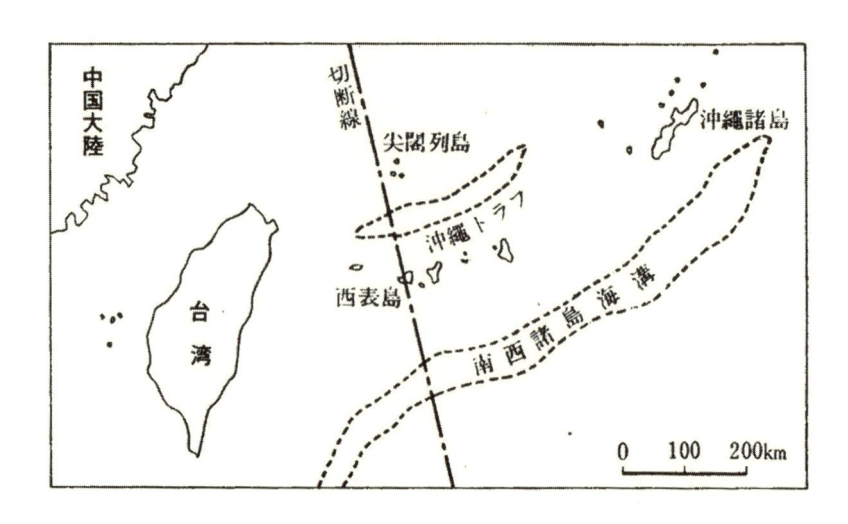

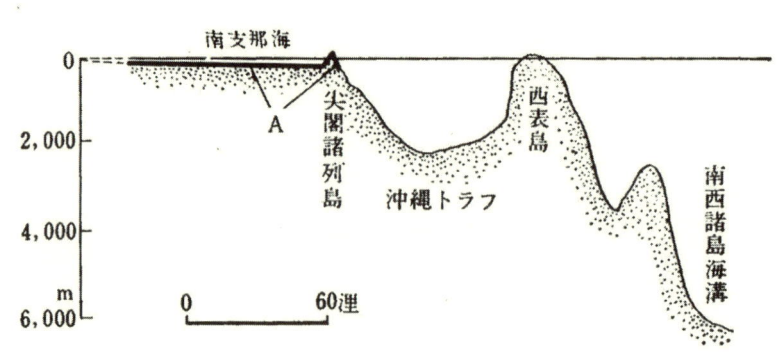

沖縄トラフ図（東大公開講座『海』（東大出版会刊）より）

サバニ

　黒潮のエネルギーは非常に強いものがあり、『琉球国絵図』でもそのような箇所については「此渡昼夜共ニ潮東へ落ス」との記載をしている。『元史・外夷伝三・瑠求』に「西南北岸皆水，至澎湖漸低，近瑠求則謂之落漈。漈者水趨下而不回也」（海水は澎湖に至ると徐々に低くなり、琉球に近づくとそこは落漈といい、水は急に落下して戻って来られない）とある。『漢語大詞典』は「漈（ji）」を海底の深く陥没したところ、と説明している。まさにトラフである。ウイキペディアによれば、トラフ（trough）は、細長い海底盆地で、深さが6000m以下のもの。舟状海盆。細長くないものは単に海盆と呼び、深さ6000mを超えるものは海溝という。

　一方、サンゴ礁に囲まれた島々を行き交うには「サバニ」と呼ばれる平底の丸木舟が適しており、これでは沖縄トラフを越えることは難しい。したがって琉球の漁民が釣魚島などの島々に漁にでかけることは不可能といえる。海外との交易・交渉に関わる人にとっては釣魚島などの島嶼はきわめて重要な存在であったが、一般の漁民にとってはほとんど無縁であったと言えよう。生活者の視点から問題を見ることが大切である。

第4章　東アジアの激動と琉球王国

　18世紀後半、イギリスで始まった産業革命の流れはヨーロッパから徐々にアジアにまで影響を及ぼすようになる。工業化が進んだとはいえ、1820年段階におけるイギリスの実質GDP世界総計に占めるシェアは5.2％に過ぎない。その時の日本は3.0％、中国は32.9％と圧倒的な地位を占めていた。それが50年後の1870年になると、イギリスは9.1％と急増するのに、日本は2.3％、中国にいたっては17.2％と急落してしまう。一人当たりGDPの推移で見ると、イギリスは1820年では1,707ドル（単位は1990年国際ドルに基づく）であったのが、1870年には3,191ドルと87％も増加しているのに、中国は600ドルから530ドルへと下落している。しかし同じ時期の日本は669ドルから737ドルへと10％増を示し、中国とは異なる動きを示している。中国と同じ動きを示すのは、日本を除くアジアであり、実質GDPのシェアで見ると、1820年には日本を除くアジアの合計は56.2％を占めていたが、1870年には36.0％に減少し、一人当たりGDPでも575ドルから543ドルへと下落している。つまり日本を除くアジア諸国は全体として下降線をたどるようになる（マディソン　310～311頁）。

列強の餌食になる清国

　1820年から1870年までのわずか50年間にこのような分岐を生んだ原因はどこにあるのか。中国（清）はイギリスとの間で勃発したアヘン戦争で敗北し、1842年の南京条約において多額の賠償金と香港島の割譲、それまでは広州のみに限定していた西洋諸国との交易を、新たに厦門、福州、寧波、上海をも開港させられ、翌年の虎門追加条約では治外法権、関

税自主権放棄、最恵国待遇条項承認などの不平等条約締結を余儀なくされた。1844年にはアメリカ（望厦条約）、フランス（黄埔条約）とも同様に不平等条約を結ばされた。

　清の弱体ぶりを目の当たりにしたイギリスは、追い打ちをかけるべく、フランスと手を組んで1856年にアロー号事件を口実に第二次アヘン戦争をしかけ、1860年には北京にまで攻め上り、円明園を焼き払い、北京条約を結ばせて天津の開港、九竜半島のイギリスへの割譲、中国人労働者（苦力）の海外渡航許可、イギリス、フランスへの多額の賠償金を認めさせた。そのうえ調停に入ったロシアもウスリー江以東のおよそ40万km^2の土地（現在のロシア沿海州）を割譲させた。

　国内においてもキリスト教の影響を受けた洪秀全の指導する農民反乱が拡大し、1853年には太平天国樹立を宣言するほどにまで発展した。この太平天国の農民反乱は1864年、湘軍の攻撃により天京が陥落することで幕を閉じた。

　日本の江戸幕府は清国という病んだ巨象に襲いかかるオオカミのごとき欧米列強の動きや農民反乱のなりゆきに非常な関心を寄せていた。1862年6月、幕府の御用船千歳丸で上海に向った薩摩藩の五代友厚や長州藩の高杉晋作らは、内憂外患に苦しむ清朝の実態を自らの眼で見ることによって、日本の将来を真剣に考えることになったのであろう。

アヘン戦争と琉球

　アヘン戦争での敗北は宗主国たる清国の華夷秩序に基づく世界支配体制が揺らぎ始めたことを示しているが、その影響を真っ先に受けたのはこの冊封進貢体制を存立基盤とする琉球国であった。以下、西里善行『清末中琉中関係史の研究』（京都大学学術出版会　東洋史研究叢刊之六十六）に依拠してその概要を紹介したい。内容が豊富なので簡潔な紹介は難しい。正確な内容は同書を読まれることをお薦めする。

　1839年11月に広東の珠江河口で攻撃を開始した英国艦隊は、翌年7月には厦門を攻撃、さらに北上して舟山島の占領へと戦果の拡大を図る。8

月の舟山島占領作戦に参加した輸送船インディアン・オーク号が台風の影響で沖縄島に漂着、座礁する事件が発生した。琉球側の救助活動により船員は全員救出され、46日間の手厚い待遇を受けたあと、ふたたび同輸送船は戦線に復帰していった。

　「琉球が『敵国人』を手厚く待遇したことは、客観的には宗主国への背信行為ということになる。しかし、琉球当局にとっては、英国人の不興を買って後日の難題を招くよりも、オーク号遭難者を一日も早く平穏に退去させることが『自国の安全』のために必要とされた。宗主国への忠誠よりも当面の『自国の安全』が優先されたのである」（西里　77頁）

　戦争の長期化により英国艦隊にとって香港に代わる安全な後方基地の確保が課題になるとともに、「当面、直接の戦場となった清国の沿岸地帯の外で生鮮食料品を確保することも、英国艦隊にとって重要な課題となったようである。アヘン戦争の期間に、英国艦隊と思われる異国船が琉球近海に頻繁に姿を現すようになった」（前同書　80頁）。

　「清国のなかで琉球と最も密接な関係にあったのは福州であるが、福州はアヘン戦争の渦中で直接戦火を蒙ることはなかったものの、講和交渉の過程ではたえず『開港』の対象として浮上した」（前同書　83頁）

　「英国側は福州が武彝〔現在は武夷と表記する　村田〕茶の集散地であること、福州には琉球人の貿易拠点＝琉球館があることに注目し、琉球人と『同一の例』として貿易の恩典を与えるように要求し、福州の開港に固執した」（前同書　85頁）

　道光帝は福州開港を避けたかったが、さもなくばお膝元の天津開港を迫られるとのことで、最終的には南京条約において福州も開港させられるこ

ととなった。

「アヘン戦争の延長線上において英国側が採った第二の措置は、福州の琉球館を通じて琉球当局へ南京条約の条文を送付し、通商を要求することであった」（前同書　89 頁）

英国政府は軍艦「サマラン (SAMARANG) 号」を 1843 年から 1845 年までに 3 回にわたって琉球に派遣し、琉球列島の全域での探査を行う。『サマラン号航海記』"Narrative of the voyage of H.M.S. Samarang, during the years 1843-46" と題した航海記が 1848 年にロンドンで出版された。2 回目の探査では八重山 (Patchung-san)（石垣島のこと）から釣魚嶼 (Hoa-pin-su)、黄尾嶼 (Tia-usu)、赤尾嶼 (Raleigh Rock) を探査して那覇に向っている。Pinnacle Islands という表記もこの航海記に載っており（『サマラン号航海記』　317 頁）、それがのちに「尖閣諸島」あるいは「尖頭諸嶼」などと訳されて日本で採用されることになる。サマラン号航海記に収められた地図の表記のうち、Hoa-pin-su は花瓶嶼（嶼のローマ字表記は現在では yu だが、旧読では xu）のことであり『籌海図編』「福建沿海山沙図」（1562 年）において化瓶山（花瓶山）を釣魚嶼と黄毛山との間に描いていることから、航海記の地図制作者が勘違いしたものと思われる。Tia-usu という表記がむしろ釣魚嶼に相当する。

ここでわれわれが注目すべきはこの表記ミスのことではない。サマラン号が釣魚嶼等への調査をするため八重山（石垣島）から出航するに際し、八重山の船頭たち（pilots）に釣魚嶼などの島の名称を尋ねたが、彼らはそれを知らなかった、という事実である（『サマラン号航海記』　315 頁）。琉球、とりわけ八重山周辺でサバニという小型漁船を操って漁をする人々にとって、黒潮の強い流れを渡り切らないと到達できない釣魚嶼などの島々は縁遠い存在であったことがここからも分かる。

図は http://www.tanaka-kunitaka.net/senkaku/narrative-voyage-1848/26.jpg による。

Samarang号航海記の地図

第4章 東アジアの激動と琉球王国 …… 91

フランスの対応

　アジア進出においてイギリスに一歩遅れをとったフランスは、イギリスの香港領有に対抗するためにも「当初から琉球を貿易・布教の拠点とすることを意図していただけではなく、琉球占領の意図をも秘めていたものと思われる」(西里　105頁)。
　1846年になるとフランスは3隻の艦船を沖縄島北部にある今帰仁の運天港に集結させ、琉球当局に「和好・貿易」に関する条約締結を迫った。琉球当局の引き延ばし戦術により、この時点での条約締結にはいたらなかったが、琉球に居残ったフランス人とイギリス人の宣教師にどう対応するかが、琉球、その背後にいる薩摩藩、さらにその上にある江戸幕府にとって重大な対外問題となった。

　「薩摩藩と江戸幕府は、協議の結果、この際、琉球を明確に幕藩制国家の域外に位置づけ、修好・貿易の2件を黙認して万一の患害を琉球のみに局限し、幕藩制国家の『鎖国』＝海禁の祖法に影響を及ぼさないようにするという方針で一致し、江戸幕府は薩摩藩に『琉球の処分』を全面的に委任したのである。かくて、琉球は切り捨て可能な『異国』として位置づけられ、幕藩制国家の危機回避装置＝安全弁として再定義されることになったわけである。
　もっとも、江戸幕府の止むを得ざる消極的『開国』方針とは別に、薩摩藩は藩財政立て直しの手段として琉球貿易を積極的に位置づけ、幕府の内諾を得た直後から隠密裏に行動を開始する。〔中略〕運天港を貿易港に指定し、薩摩藩の資金を投入して幕藩制下の禁制品をも含む大々的な対仏貿易を展開すれば、琉球国にとっても薩摩藩にとっても利益になるというわけである。〔中略〕琉球側は薩摩藩の開港・貿易構想に反対し、フランスの要求を断る努力が成功しない場合でも、交易はできるだけ小規模にとどめ、交易品も琉球産に限ることを主張して抵抗した。その際、琉球側は開港・貿易による琉球内部の窮乏加

速化、現実の薩琉関係の露顕による『進貢之故障』を論拠に挙げ、清国との宗属関係を梃子として薩摩側の要求を拒否していることに注目すべきであろう。フランスの和好・貿易要求に対しても、琉球側は開国・貿易には宗主国＝清国の許可が必要であることを、拒否回答の一つの理由に挙げている」（前同書　123〜124頁）

アメリカにとっての太平洋横断航路

　1783年にイギリスからの独立を勝ち取った新興国アメリカも、1844年に清国と「望厦条約」を締結した。西方への領土拡張政策を進めたアメリカは1848年、メキシコとの戦争に勝利し、カリフォルニアを取得し、国土が太平洋側にまで到達した。しかもこの1848年にはカリフォルニアで金鉱山が発見され、いわゆる「ゴールドラッシュ」が始まり、アメリカ国内だけでなく、世界各地から人とモノがアメリカ西部を目指してやってきた。

　それまではアメリカの国土は大西洋側にのみ面していた。したがって東アジアに向かうには他の西洋諸国の船と同様、大西洋を南下し、アフリカ大陸南端のケープタウンを回り、シンガポールを経るしかなかった。カリフォルニアの取得で、サンフランシスコから中国に向かう太平洋横断の航路が実現することになった。

　1852年、厦門から410名の中国人労働者（苦力）を乗せ、サンフランシスコ（当時「金山」と言われた。今日でも中国語では「旧金山」とも表記する。旧がつくのは後にオーストラリアに新たな金山が発見されたため）に向けて航行していたアメリカの輸送船ロバート・バウン号で、乗船していた中国人の反乱が発生。同船は石垣島に漂着し、380人の中国人が上陸するという事件が発生した。これら中国人を捕獲するため、イギリス、アメリカの艦船が石垣島にやってきて、一部を射殺、一部を捕獲・連行していった。連行を免れた人の一部は病没し、残りの170名の中国人は琉球側が福州まで護送することになったが、護送途中に海賊に遭遇し、中国側に引き渡すことができたのは120名ほどになってしまった。

この時に捕獲作戦に出動したアメリカの軍艦サラトガ号は、翌年ペリー艦隊として日本にやって来る。「薩摩藩や幕府当局者の目には、サラトガ号兵士の石垣島への武装上陸はペリー艦隊の日本上陸の予行演習のようなものに見えたのではなかろうか。ペリー提督の要求を拒否した場合、どのような事態が生じるかを、幕府の当局者はサラトガ号などの石垣島来襲で十分予測できたものと思われる」(西里 237 頁) と西里善行は書いているが『ペリー艦隊日本遠征記』(万来舎) を読むと、いささか違う印象を持つ。なお「ロバート・バウン号事件」については、異なる視点から描いた田島信洋『石垣島唐人墓の研究――翻弄された琉球の人々』(郁朋社) もある。

ペリー艦隊の日本遠征

イギリスが武力によって清国の五港開港を実現させた後、列強の次の大きな目標は 200 年以上も「鎖国」政策を続けている日本であった。当時、欧米では照明ランプ用に鯨油を用いており、工業化の進展とともにその需要は高まり、捕鯨船が日本近海に頻繁にやって来るようになった。太平洋側にまで国土を拡張し、しかも蒸気船の登場とゴールドラッシュの到来に湧く新興国アメリカにとって、サンドイッチ諸島（今日のハワイ諸島）と香港・上海との間に食料、水、石炭の補給が可能な港を確保することが重要課題となった。長崎でのオランダ、中国のみの来航を認める日本の鎖国政策を改めさせ、琉球および太平洋に面した開港地を確保することはアメリカにとってとりわけ緊急の課題であった。

その任を帯びたアメリカ東インド・中国・日本海域合衆国海軍司令官のペリーは 1852 年 11 月 24 日、アメリカ東海岸のノーフォーク軍港からミシシッピ号で出港し、ケープタウン、モーリシャス、セイロン、シンガポール、マカオ、香港に立ち寄り、1853 年 5 月 4 日に上海に到着した。

以下は基本的に『ペリー艦隊日本遠征記』(オフィス宮崎編訳　完全翻訳版　万来舎　上下巻　本書では以下『ペリー遠征記』と略記する) に基づく。同書はアメリカ議会上院文書所収の『アメリカ艦隊の中国海域及び

日本への遠征記——1852年～1854年』"Narrative of the Expedition of an American Squadron to China Seas and Japan, in the year of 1852, 1853 and 1854." 全3巻のうちの第1巻（1856年刊）の日本語版である。ペリーから資料を提供された牧師で歴史家のホークスが物語風に編纂して議会に提出したものである。詳しくは同書に収められた加藤祐三「日本語版によせて」を参照のこと。ペリー来航と日本開港についてはすでに多くの書籍が出ており、本書では琉球や釣魚諸島に関係すると思われる箇所のみを紹介する。

　上海で旗艦をミシシッピ号からサスケハナ号にしたペリー艦隊は、5月17日に上海を出航し、5月26日に琉球の那覇沖に停泊する。「イギリスとの戦争の終結後、外国との商取引は飛躍的に拡大しており、有利な条件がそろっている上海は、やがては中国貿易の大部分を占めることになるだろうというのが大方の見方である」（『ペリー遠征記』上巻　330頁）という評価を下しながらも、ペリーは中国の問題には立ち入るようなことはしなかった。彼の支配下にある軍艦をすべて日本遠征に集中する必要があったからである。上海を出航するに際し、琉球で使うための中国の銅銭（キャッシュ）を5トンあまり積み込んだ（前同書　334頁）。那覇、首里の王宮をも訪問し、沖縄本島の調査を行う。調査任務の一つは石炭の産する土地の有無であった。

　ペリー一行はボニン諸島（後述）への探検をするため、一時的に琉球を離れることになる。その時に琉球側との間で供給を受けた物資の支払いを行う。

　　「琉球人は過去の習慣に習って、供給物資に対する報酬を受け入れるのをためらっていたが、それは許されないことであり、アメリカの軍艦は物資の供給を受けたすべての国の国民に必ず支払いをすることを理解させた。しばらく説得ののち、船舶に提供したあらゆる物資に対する報酬を琉球の財務官に受け取らせ、贈り物も手渡すことができた。提督は、船舶に提供した物資に対する支払いを受け取らないという古い習慣を（たぶん初めて）破ったことは、一つの重要な点だと考

えた。今後、来訪者と受け入れ国は対等な立場に立ち、どちらも優位性を主張することはできず、また外国人に恩恵をほどこしてやったという理由から排他的政策を実施することもできなくなるだろう」（前同書　436頁）

　これは中国と琉球とを結びつけている冊封進貢体制の本質を見抜いたうえでの対応といえよう。ペリーはアメリカを出発する前に東アジアの社会を紹介する沢山の文献を読んでいたが、その中には周煌の『琉球国志略』も含まれていた（前同書　489～491頁）。「琉球群島は三十六の島から成るといわれ、互いに相当の距離をおいて九州と台湾との間に横たわっている」（前同書　340頁）という知識は『琉球国志略』から得たものであろう。『ペリー遠征記』上巻338頁には「大琉球島および周辺諸島海図」と題する地図が掲載されている。それは『サマラン号航海記』の地図によく似ているが、『サマラン号航海記』では「MEIA-CO-SHIMA ISLANDS」と表記されているのが「MAJICO SIMA GROUP」になっているように、若干の表記の違いが存在する。最も大きな違いは釣魚嶼 (Hoa-pin-su)、黄尾嶼 (Tia-usu)、赤尾嶼 (Raleigh Rock) が描かれていないことである。琉球国の範囲を示す海図であるから、ペリーはそれらを省いたのであろう（前同書　338頁）。

ボニン諸島の探検

　1853年6月9日、ミシシッピ号とサプライ号を引き続き那覇に停泊させ、旗艦サスケハナ号はサラトガ号を曳航してボニン諸島に向かい、6月14日に「ボニン諸島の一つピール島にあるロイド港の港口沖合に到着した」（『ペリー遠征記』上巻　439頁）ペリー一行は6月19日までボニン諸島の探検を行う。

　「提督が当地を訪れたのは、ボニン諸島が持つ通商上の重要性をはやくから確信して、自分自身でこの島々を調査し、また、遅かれ早かれ

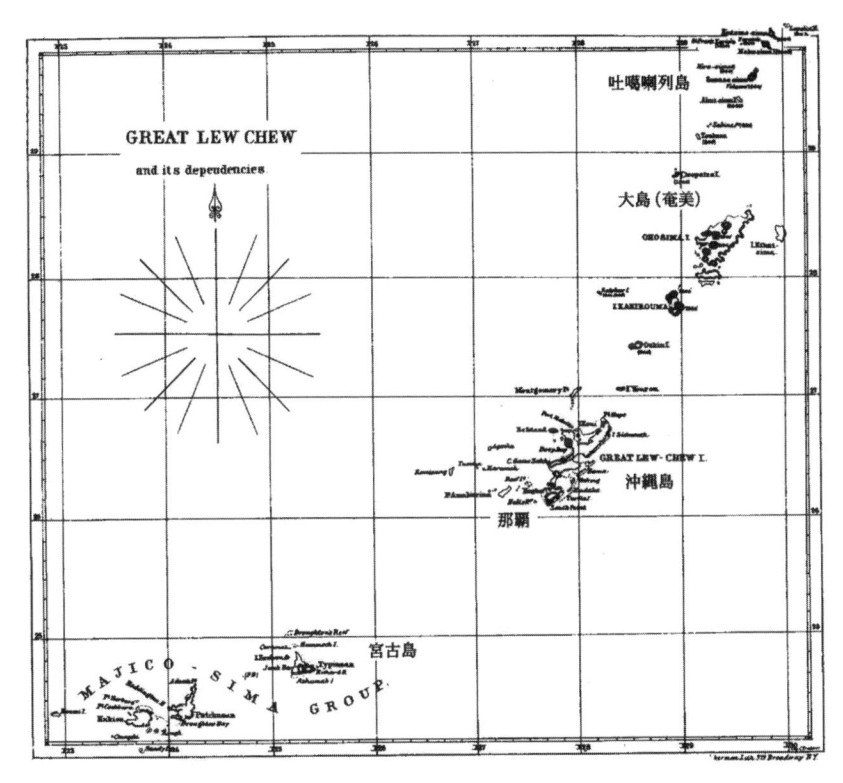

ペリー艦隊日本遠征記上巻338頁　大琉球島および周辺諸島海図

　カリフォルニアと中国との間に確立されるに違いない蒸気船航路の停泊地として、ピール島を推薦したいとの思いに駆られてのことであった。この目的のため、提督は同島を踏査させ、港を測量させ、ボニン諸島の2つの島に数頭の動物を放して、将来の需要のための供給の準備を開始したのである。さらに、あらゆる種類の野菜の種が現在の移住民に配布され、今後は耕作器具やもっと多数の動物が供給されるという希望が提督によってもたらされた。蒸気船の補給地として必要な事務所、波止場、石炭倉庫を建設するのに適した場所も選ばれた。提督が希望する目的とみごとに合致する一画の土地の所有権も入手した。この土地は湾の北側の湾奥近くにあり、1000ヤードにわたって海に

臨み、海岸付近の水深は幅500ヤードにわたって良港で、50フィート海にのびる埠頭を建設すれば、最大級の船舶でもたやすく接岸できるだろう」（前同書　466頁）

　このボニン諸島とは東京都に属する小笠原諸島のことであり、ピール島は父島、ロイド港は二見港のことである。ペリーは太平洋を横断する船舶のための避難港、供給港として琉球の那覇港とボニン諸島のピール島のロイド港は適切である、との確信を持ち、それらを活用した郵船航路の開設に期待をかけ、その事業が実現された暁には「アメリカと世界の通商にとって最も重要な出来事として特筆されるであろう」（前同書　467頁）と夢を膨らませて、再び琉球の那覇に向かった。

江戸湾での10日間

　周知の通り、ペリーの最大の目的は日本に開国を実現させることにある。6月23日に琉球の那覇に戻ったあと、旗艦のサスケハナ号とミシシッピ号という2隻の蒸気艦とサラトガ号、プリマス号というスプール型砲艦の4艦で、長崎にではなく、江戸に向け7月2日に那覇を出航する。サプライ号は琉球に残し、カプリス号は上海に派遣する。
　7月8日に江戸外湾の浦賀沖に投錨、7日目の7月14日にペリーは久里浜に上陸し、アメリカ大統領ミラード・フィルモアの1852年11月13日の日本国皇帝陛下〔徳川将軍〕宛て親書を浦賀奉行に渡す。
　フィルモアは江戸幕府が中国、オランダ以外の外国との貿易を認めない政策を改めるよう求める。その政策をすぐに改めることができないとしても、5年ないし10年間、実験的にアメリカとの交易を行うことを勧める。イギリスが中国に対して行った武力によって門戸をこじ開け、日本の鎖国政策を放棄させようとするものではない、ということを印象づけようとしている。そしてアメリカにとって当面必要なことは、自国の船舶が中国との航海の途中で難破する可能性もあるので、そのような事態が発生することに備え、アメリカ国民の保護、石炭、食料、水の供給を、対価を支払う

ので提供してほしいこと、またそのために「わが国の船舶がこの目的のために停泊できる便利な港をひとつ、帝国の南部に指定されることを要望する」(前同書　564頁)と表明する。日本側から「中国における革命〔太平天国革命を指す〕についても言及がされ、通訳がその原因をたずねてきた。この質問に対して提督は『政府が原因である』と答えたが、この問答は日本の二侯には通訳されなかった」(前同書　572～574頁)。

　ペリーは大統領の親書を江戸幕府に手渡すことができたので、あとは次回の訪問に備え、江戸湾をさらに奥深くまで入って測量し、次回(来春)にやって来る時には鉄道用蒸気機関車、電信機などの贈り物を用意すると日本側に伝え、7月17日に10日間の日本滞在を終えて琉球に向かい、7月25日に那覇港に投錨した。3度目の琉球入りである。

　ペリーは那覇に到着すると直ちに琉球政府当局者との間で、1年間の家屋の賃貸料を決定し、支払うこと。600トンの石炭を貯蔵しうる倉庫として適当かつ便利な建物を提供するか、あるいは琉球政府がその建物を建設し、ペリー側に賃貸する取り決めをするよう、交渉を始めるが、「自分のすべての要求に対する満足な回答が得られなければ、200名の兵士を上陸させて、首里に行進して王宮を占領し、問題が解決するまでそこを占拠する、と言明した」(『ペリー遠征記』下巻　18頁)。

　この武力をちらつかせた脅しが功を奏し、琉球当局者は翌日にはペリーの要求に応え、石炭貯蔵所を確保することができた。「提督は日に日に親しさを増していく琉球人とアメリカ人の間の友好的な好奇心や好感情を維持するためには、艦隊中の一隻がほぼ常時琉球にとどまることが最も重要と考え、ケリー中佐の指揮するプリマス号を残すことにし」(前同書　26頁)、ペリー自身は8月1日に那覇を離れ、8月7日に香港に到着した。

ボニン諸島領有をめぐる争い

　ペリーは琉球に残したケリー中佐の指揮するプリマス号に、台風の季節が過ぎたらボニン諸島南部の島々を調査するよう訓令を与えておいた。

「プリマス号がボニン諸島に着くと、同群島の主島ピール島〔父島〕の入植民が『ピール島植民地』_{コロニー・オブ・ピール・アイランド}という名称で、自ら自治政府を組織していることが分かった」（『ペリー遠征記』下巻　28頁）

『ペリー遠征記』には「文明および未開の多数の国々から訪れた放浪者による憲法制定の独創的な試みに関する興味深い見本として、以下の文書を付記する」という前書きをつけて「ピール島入植者の組織」と題する8名の連名による「自治管理組織」が1853年8月28日に成立したことを宣言する文書を付記している。

このペリー艦隊のボニン諸島調査は、同諸島を最初に発見したとするイギリス側の反応を呼び起こす。香港で再度日本に向かう準備をしていたペリーは、1853年12月21日に香港駐在イギリス首席貿易監督官ボンハムから面会を求められる。9年前の1842年12月27日にサンドイッチ諸島駐在イギリス領事代理のアレックス・シンプソンが「この群島〔ボニン諸島のこと〕は1825年に一隻のイギリス捕鯨船によって発見され、1827年にイギリス艦ブロッサム号のビーチー大佐により正式に占領されたもので、イギリスに属している。この群島には原住民は見当たらず、かつて存在した形跡もない」（前同書　75頁）と書いていた書簡を掲載した文書が存在し、それに基づいたイギリス外務大臣クラレンドン卿からの説明要求が来ていることを伝える。翌日、ボンハムから同じ主旨の公式覚書が届く。

ペリーにとってはイギリスからの抗議は折り込み済みのこと。翌23日に彼は「シンプソン氏による記録は正確とはとても言いがたいものと、申し上げざるをえません」と反論を書く。われわれがとりわけ注目すべきはペリーの以下の記述である。

「最初に発見したという権利に基づいて統治権を要求しうるという点に関しては、同諸島が早くも16世紀の中頃には航海者に知られており、1675年には日本人が来航して『ブネシマ』と命名したことを証明する証拠が多数あります。（同封の抜粋文を参照）〔ただしこの抜粋文は『ペリー遠征記』のここでは紹介されていず、上巻第10章「ボ

ニン（小笠原）諸島の踏査」に掲載されている。筆者注〕

　1823 年、ビーチー大佐が、イギリス艦ブロッサム号で来航する 3 年前に、アメリカの捕鯨船トランジット号のコフィン船長なる人物がこの群島を訪れています。

　かくして、イギリス政府は、初めて発見したという根拠で統治権を主張できないことは明らかであります」（『ペリー遠征記』下巻　77 頁）

　ペリーは「日本人がボニン諸島の最初の発見者であることはまったく明らかである。おそらく日本人は同諸島を植民したが、後に放棄したのだろう」（『ペリー遠征記』上巻　446 頁）と書いている。

ボニン諸島の発見者はだれか

　ボニン諸島の最初の発見者は日本人、と明言する根拠として、ペリーが紹介しているのは林子平の『三国通覧図説』の「無人嶋」に関する記述であり、ペリーはクラプロートによるその訳文を詳細に紹介している（『ペリー遠征記』上巻　470 〜 473 頁）。

　幸いなことに現在、われわれは「九州大学デジタルアーカイブ」に公開されている『三国通覧図説』の本文および付図を見ることができる。クラプロート（『ペリー遠征記』の原著 198 頁によると Klaproth "San Kokp Tsoir Ran To Sits"）訳の「無人嶋」部分によると「これらの島々の本来の名はオガサワラ・シマであるが、一般にはモン・ニン・シマ（中国語では Wu-jin-ton）〔tou の誤記と思われる。筆者注〕つまり人のいない島と呼ばれていて、この著作の中で私〔林子平〕はこの名称を使うことにする」（上巻 470 頁）。

　当該個所の原文と対照してみると、非常に正確に訳されていることが分かる。なおペリーが「ボニン諸島」と表記するのは、中国語では「波寧島」（Boning）と表記されていた（中根叔『改正兵要日本地理小誌評注』（明治 11 年印行））ことによるものと思われる。「ブネシマ」というのも

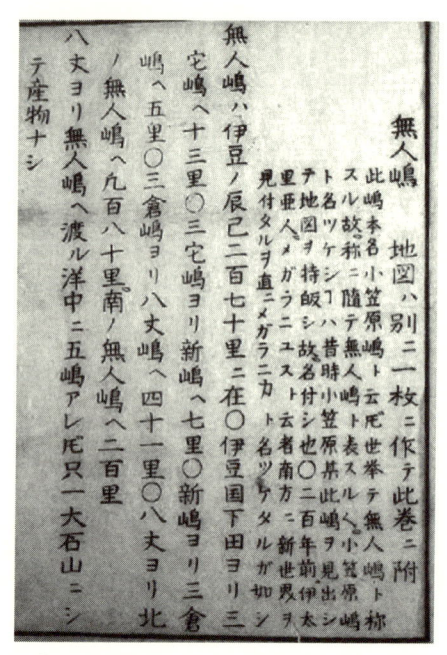

林子平『三国通覧図説』「無人嶋」部分（九州大学図書館）

「波寧島」によるものであろう。
http://record.museum.kyushu-u.ac.jp/sangokutu/

九州大学デジタルアーカイブ『三国通覧図説』「無人嶋」の部分
http://record.museum.kyushu-u.ac.jp/sangokutu/page.html?style=b&part=2&no=6

ペリーにとって太平洋を横断するうえで、サンドイッチ（ハワイ）諸島と琉球・上海との中間に位置するボニン諸島の確保の重要性はとりわけ強調しておきたいことであった。彼はたびたびそのことを指摘している。
『ペリー遠征記』の編者ホークスは「東洋における通商上の利益の進貢にとって、ボニン諸島の重要性は甚大なので、帰国後も何らかの形でこの問題は提督の心を占めていた。また、その重要性は、この章を書いたのち、

ペリー提督が編者に渡した次の文書にもきわめて明瞭に見てとれる」(『ペリー遠征記』上巻　473頁)と記し、付注として収められているペリーの「ボニン諸島に関するメモ」の最後は次のように書かれている。

　「同諸島の主権は疑いなく同諸島のいちばん古い占有者である日本に属する。この権利を除けば、現在の移住民に法律上の優先権があることは明白である」(前同書　475頁)

　それではペリーは2度にわたる日本訪問の際に「主権は疑いなく同諸島のいちばん古い占有者である日本」との間でこのボニン諸島の帰属をめぐって意見交換をしたのだろうか。
　1回目の日本来訪は基本的に大統領の親書を手渡すことが任務であり、話し合うことはなかった。1854年2月7日から9隻の軍艦で日本を再訪し、3月8日に横浜に上陸し、林大学頭など日本側委員との間で開港場をめぐっての会談(3月17日)を行うが、ペリーはあくまでも長崎を開港場とする幕府側の提案には受け入れる考えはない、と断言したうえで「提督は委員たちに、いずれアメリカの船舶のために5つの港が開かれることを期待すると通告した。しかし当分は3港、すなわち1港は日本島内の浦賀か鹿児島、もう1港は蝦夷の松前、3つ目は琉球の那覇で満足するつもりであると述べた。残りの2港についてはすべての論議を近い将来までのばすことにした」。
　それに対して日本側は「提督が断固として長崎の承諾を拒み、彼ら〔日本側〕のほうは浦賀に反対なので、下田を正式に提案すると回答した。琉球については、遠隔の属領であり、日本の皇帝の支配は限られているので、自分たちには何も言うことができないし、松前も日本政府に対する関係は琉球と同様である、と委員たちは言明した」(『ペリー遠征記』下巻　191頁)。「主権は疑いなく同諸島のいちばん古い占有者である日本」と自身の書いたメモに明記しているにも関わらず、ペリーは日本の南方海上にある「ボニン諸島」(小笠原諸島)の「ピール島」(父島)のロイド港(二見港)を開港場として提供するよう日本側に求めていない。主権は日本にある、と

ペリーが言うのは、イギリスの領有権主張を否定するために表明しているのであって、日本のそれを尊重するためのものではない。8名の住民による「自治管理組織」を作らせ、アメリカの実効支配を既成事実化させ、あわよくばアメリカの領有としたいとの狙いがあるからこそ、彼が実地踏査してきた「ボニン諸島」の帰属について、日本側には伏せて知らせなかったのである。

大槻文彦の『小笠原島新誌』

ではなぜ「ボニン諸島」、すなわち小笠原諸島が現在、日本の領土として世界で公認されているのだろうか。この経緯を知るうえで貴重な書籍として明治9(1876)年に大槻文彦が著した『小笠原島新誌』がある。この図書は国立国会図書館の電子図書館にデジタル化資料として閲読可能になっている。http://dl.ndl.go.jp/info:ndljp/pid/763679

それによると文禄2(1593)年に小笠原貞頼が「家康に従ひ、〔肥前名護屋から〕東帰の後、即ち南海へ出で、伊豆八丈の南に当て、三箇の島を見立て、巡見せるに、土地広く、人家なし。開国最上の地たるに因り、島毎に名を付し、帰て、其地図物産等を献ぜしかば、家康、大に其功を賞し、総称を小笠原島と賜ひ、永く之を領せしむ」（原文はカタカナ表記）（『小笠原島新誌』25頁）ということから小笠原島という名称になったという。

「天明5年（1785年）、仙台の林子平、『三国通覧』を著はし、海防を説き、末に、此島の事を記し、開拓の利を唱ふ。是、当時、此島に慷慨せる者の初なりしが、子平、依て禁錮せらる」

『彼理日本記行』（『ペリー遠征記』のこと）において、ドイツの学士クラップロット（『ペリー遠征記』ではクラプロートと表記されている）によって訳されたことから、「西洋各国、久しく我国人の此島発見を疑ひしが、彼理は、此文に拠て、之を確証するに至れり。子平、地下の喜、知るべし」（前同書　19頁）と林子平の功績を讃えている。

「其後、此島の事を唱ふる者は、子平と同時に、平賀源内あり。天保9年〔1838年〕、羽倉外記、伊豆七島を巡回し、此島を探らんとして、果さず。其明年、渡辺登崋山、高野長英等、此島の事を議し、併せて、海外の事を言て罰せられし。其13年〔天保13年、1842年〕、東條信耕琴台、伊豆七島全図を著し、併せて、此島海防の事を説き、亦之に依て罰せらる」（前同書　19頁）

ここに登場する人物を簡単に紹介しておくと、
平賀源内（1728～1779）が「無人島」とどのような関わりがあるのか、筆者には不明である。
羽倉外記（はぐらげき）（1790～1862）は「江戸後期の幕臣。名は用九。簡堂、天則、可也などと号し、外記は通称。尚歯会のメンバーとして渡辺崋山らの洋学者と交流する。1838年にはイギリスによる小笠原諸島占領のうわさにより、幕命をうけて伊豆諸島、小笠原諸島方面の巡視に赴く」（世界大百科事典 第2版より一部抜粋）
渡辺崋山（1793～1841）と高野長英（1804～1850）は幕府の鎖国政策を批判したとして「蛮社の獄」（1839年5月）で弾圧された。
東條琴台（1795～1878）は『伊豆七島図考』（1848）が発禁処分になり、越後高田藩へ謫居処分された。『増訂伊豆七島全図　附無人島　八十嶼図／相武房総海岸図』がある。

「欧米の此島を知りしは、6、70年前独逸学士クラップロット、仏国学士アベル、レムーサ等が著書中に、此島の事に就き、三国通覧等、我国人の説を挙げたるを初めとす」（『小笠原島新誌』　20頁）

「弘化3年（1846年）より、幕府、此島を開くの論起りしが、其後外国人往来すと聞き、文久元年（1861年）9月に至り、外国奉行水野筑後守忠徳、目付服部帰一常純等に命じて、此島を開かしめ、11月、其旨を英米等の公使に告ぐ。是に於て、忠徳等属官30人許を率いて、12月4日、軍艦咸臨丸に駕し、其19日、父島に着し、島人を

集めて、開拓殖民の意を諭すに、島人皆攸然我政府の保護を領受すべきの証状を出す。依て、明年正月、定書、港規則等を制し、英文にも訳して、島人に頒てり」（前同書　24頁）

「維新後、明治2年（1869年）、外務省、此島再拓の事を発せしが、国事、尚多端にして、延遷す。〔中略〕明治8年（1875年）6月に至て、諸制規は、文久の者を斟酌し、島人を我政令に帰せしめ、港を開て輸出入を無税とし、海軍の分屯を設け、且人を移殖する等の見込に、一決せしが、島人の向背、殊に、ピースの事情も知り難く、且英公使パークスも、稍此事に就き、言へることあり。依て、10月先ず探偵として、吏員を発するに決せり」（前同書　28頁）

そこで同年11月に明治丸で外務、租税、地理、海軍等の吏員を父島の二見港に派遣する。

「24日、二見港に着し、即日、島人を船に会し、全島再拓の旨を諭し、其戸口原籍等を糺し、又器什を恵与す。是に於て、島人攸然命を領し、尋て皆我管理に帰すべき証状を出す。同時、英国領事ロベルトソンも、亦英艦カレー号を以て、22日横浜を発し、26日二見港に会す。是は、島人の事情を探らんが為めにて、且、米公使の依頼に因り、ピースの事を糺せり。而して、我国、全島を管理するの事に就きては、絶て異論無し」（前同書　28頁）

　以上のような経緯で、イギリス、アメリカにも了承され、小笠原諸島は日本の領土となった。
　小笠原諸島はすでに延宝3（1675）年に発見されていながら、徳川幕府の海禁政策のため、日本人の開拓は進まなかった。一方、西洋諸国の捕鯨が盛んになると、同島に漂着し、定住する人々も現われた。イギリスは「発見」の事実を根拠として領有を主張し、アメリカのペリーは自国の利益からそれを否定し、最初にこの島を発見したのは日本人であり、主権は

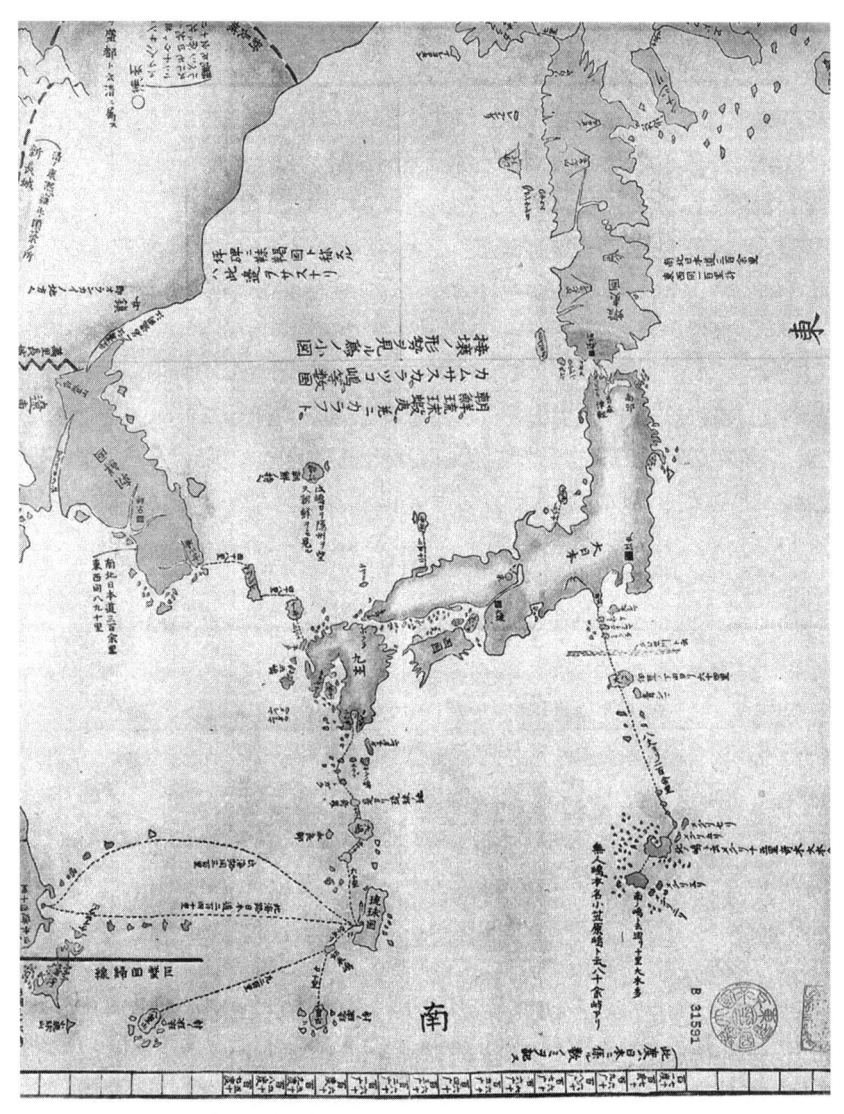

30 三国通覧輿地路程全図　林子平　天明5年　木版筆彩　72.5×50.5cm
Sangoku Tsūran Yochi Rotei Zenzu　Map of Japan and its Neighbourhood, by HAYASHI Shihei　1785 woodcut

林子平『三国通覧図説』全図の部分

第4章　東アジアの激動と琉球王国 …… 107

林子平『三国通覧図説』無人嶋部分地図（九州大学図書館）

林子平『三国通覧図説』付図 琉球（九州大学図書館）

日本にあることを主張した。日本がことの重大さを認識し、再開拓と領有権の確立の大切さを知ったのは、アヘン戦争における清国の敗北を契機として欧米の船舶が頻繁に日本周辺にやってくるようになり、海防が大問題になってからである。とりわけ『ペリー遠征記』のなかで林子平『三国通覧図説』を取り上げたことが直接的な契機といえる。

『三国通覧図説』には付図として「朝鮮、琉球、蝦夷并ニカラフト、カムサスカ、ラッコ嶋、数国接壌ノ形勢ヲ見ル為ノ小図」と書かれた、日本の近隣諸国の状況を一枚に描き込んだ全図が存在する。

また「無人嶋大小八十余山ノ図　本名小笠原嶋ト云」という小笠原諸島についての詳細な地図もある。

いずれも九州大学デジタルアーカイブ『三国通覧図説』で見ることができる。URL はすでに紹介した通り。

『三国通覧図説』では日本は緑色、小笠原嶋は薄紅色、琉球は黄色、中国は桃色と色分けして描かれている。「琉球三省并ニ三十六嶋ノ図」も付図として存在するし、その色分けの方針は一貫している。もしかしたら『ペリー遠征記』において「大琉球島および周辺諸島海図」(本書　97頁)に釣魚嶼等を描くことを省いていたのは『三国通覧図説』の付図を見ていたからかも知れない。

小笠原諸島を日本の領土とする根拠として『三国通覧図説』を挙げるのなら、同じく釣魚台、黄尾山、赤尾山を中国の領土として色分けしている事実をも尊重しなければならない。筆者が「ボニン諸島」をめぐって長々と論証してきた目的の一つもここにある。

日米和親条約の持つ意味

話をペリー遠征隊に戻そう。1854年の春に再度日本を訪れる予定にして香港に滞在していたペリーは、ロシア艦隊のプチャーチンやフランスの提督の日本に対する働きかけが活発になってきたとの情報を入手し、彼らより先んじて日本に行く必要性があるとして、1854年1月14日に香港か

ら琉球に向かった。1月20日に那覇に到着し、2月7日に那覇から江戸に向かい、2月11日には江戸外湾に到達する。日本側は会見場所を浦賀に指定したが、ペリーはそれを無視し、江戸湾の奥にまで艦隊を進め、神奈川沖に停泊した。最終的に日本側が折れて横浜村で行うこととなった。

「同地の状況はあらゆる面で適切であり、江戸に近く、海岸から1海里隔たった沖に安全で便利な停泊地があり、皇帝への贈り物〔電信機、銀板写真機、実物の4分の1の大きさの蒸気機関車など〕を陸揚げして陳列するのに十分な余地もあった」(『ペリー遠征記』下巻　137頁)

1854年3月31日に12カ条からなる「日米和親条約」が調印されるが、その第2条で伊豆国の下田港と松前領の箱館港が、アメリカ船舶の受け入れ港として認められ、薪水、食料、石炭、その他の必要な物資の供給を受けることができ、その物品は日本側が提示する価格表にもとづき、金貨または銀貨で支払われることとされた。アメリカ側が当初提起していた那覇については「遠隔の属領であり、日本の皇帝の支配は限られているので、自分たちには何も言うことができない」(前同書　191頁)との理由から、日米和親条約からは外された。通商に関する取り決めはなく、ただ2港の開港とアメリカ国民の保護を約束した内容に過ぎない。しかしその第9条は重要な意味を持っている。

「他日、日本政府がこの条約において合衆国およびその市民に許容していない特権と便益を、他の一国民または諸国民に許容する場合には、なんらの協議も遅滞もなく、合衆国およびその市民にも同じ特権および便益を許容することを取り決める」(前同書　218頁)

これが片務的最恵国待遇条項であり、アメリカは以後、日本が他国との合意をなした場合、アメリカは自動的に自国に有利な条件を享受できることになる。
　アメリカ政府にとって「他のすべての文明国民とは異なって、日本は自

発的に永続的な孤立状態を堅持してきた。ほかの世界との交通を望みもせず、求めもせず、逆にそうなるのを極力避けようとしてきた」(前同書222頁)。

「そういうわけで、ペリー提督が担った使命の性格に新規なものがあったことが右の事情から容易に見てとれるだろう。わが国の過去の外交の経験や活動から引き出せる指針は皆無と言ってもよかった。いちばん指針になりそうなものは、1844年に結んだ中国との条約の中にあった。そこで提督はこの条約を綿密に研究した。それは、『平和、親睦、および通商の条約または一般規約』と称するもので、『両国の通商において遵守すべき』ことを取り決めたものである。『通商』に関する限り、この条約は、中国の5港に『合衆国市民が常時往来』することを許可し、『そこに家族とともに居住して通商する事、随意に船舶および商品をもって外国の港と往来すること、当該5港のうちのいずれかの港から他のいずれかの港に赴くこと』を認めている。輸入商品への関税に関しては、条約の一部になっている関税表に従って支払うこととし、いかなる場合にも、他の国民が同じ条件で支払う関税よりも高く賦課することはできない。領事が、5つの開港場に在住することが規定され、開港場での交易業務については、『この5港をへて中国に輸入すること、および港内で売買すること、また条約によって輸出入を禁じられていないすべての商品を5港のうちのいずれかに輸出することを許可』されている。要するに、この5港に関する限り、わが国と中国との間には一般的通商条約が存在しているのである。従って、第22条には、『合衆国と中国との和親関係』は『この条約によって確立され、合衆国の船舶は外国との取り引きのため開港されている中国の5港で自由に交易することを許可する』と明記されている。

できるならば、日本からも同種の特権を獲得することが大変望ましいことは確かだった。提督は、そもそも日本人が交渉に応じるならば、まずこの目標に邁進すべきだと決心した。そこで提督は、中国語で書

いたこの条約の写しを用意させ、日本に適合するよう字句を改変して、交渉開始に成功したら、日本の帝国の委員に提示するつもりだった。中国との条約をそっくりそのまま日本に採用させることができると期待するほど提督は楽天的ではなかった。提督は、中国の住民と、自主的で、自負心が強く、剛健な日本列島の住民との民族性の差異に無知だったわけではなかった。日本人が中国人を多少軽蔑していて、通商においてはオランダ人とほぼ同じように扱っていることも知っていた。そのうえ、中国人は条約を締結する際に、他国との交通から何らかの利益が生じることを知っていたが、日本の方は、長く続いた孤立のせいで、そんな利益を知りもしなければ望みもせず、たとえ知っていたとしても、数世紀前のポルトガル人のように、帝国の転覆を企てかねない外国人を入国させるのは、利益を贖うには代償が高すぎると懸念していることも分かっていた。従って、日本人が条約の全条項にわたって中国人にならうと思うのは期待しすぎというものだった」（前同書　224～225頁）

アメリカが1844年に中国との間で結んだ「望厦条約」をサンプルとして提出し、日本側がそれを検討したうえでの回答は「貴国がいま中国と営んでいるような通商を開始することについては、われわれのいまだなしうるところではありません。わが国の民情と風習は諸外国と非常に異なっており、たとえ貴下が望まれても、にわかに旧法を改めて他国のそれにならうことはきわめて困難でしょう」というものであった（前同書　226頁）。

「要するに、条約全体を見ると、日本人の目的は、わが国と中国との間にあるものと同じような広範かつ密接な交通を実施する前に、わが国との交流の実験を試みることだったということが分かる。これが、そのときの日本人の企図したもののすべてだが、まさにこの程度の譲歩を引き出したことでも、わが交渉当事者にとっては大成功を収めたことになるのである」前同書　235頁）

なぜペリーは「大成功を収めた」というのか。それは前述した通り、アメリカの最恵国待遇を認めた第９条が存在するからである。

> 「日本は西洋諸国に開国された。そして、日本と条約を締結した文明諸国がひとたび参入すれば、もはや後退するとは思われず、数世紀にわたる多くの無益な努力の末に、ようやく幸運にも達成したことを、無分別に失うとも思われない。諸国民は日本に対し、自分たちとつき合うことが日本の利益の増進になることを示さなければならない。そして偏見が次第に消えるにつれて、わが国のみならずヨーロッパの全海洋諸国の利益のため、日本の進歩のため、人類共通の人道の向上発展のため、将来はもっともっと自由な通商条約を協議するようになると期待してよいだろう。〔中略〕日本は通商諸国の仲間うちで一番年下の妹である。年上の国々はやさしく手を取り、そのおぼつかない足取りを助け、自力でしっかり歩けるような活力を持てるようにしてやらなくてはいけない。いま慎重にやさしく扱えば、やがて望みうる限り自由な通商条約を結ぶことになるだろう」（前同書　236〜237頁）

日本が中国との間で結んだのと同様の条約をアメリカと締結することを拒んだ理由は、ここでペリーが指摘しているような、外界との交流を制限している政策を日本が転換するには時間が必要ということの他に、もっと大きな理由がある。

「望厦条約」はイギリスが戦争で勝利して結んだ「南京条約」を、アメリカがそれをさらに拡張させた不平等条約である。日本側がその日本版を受け付けなかったのは、同条約には日本の主権を侵す不平等、不公平な部分が多く含まれていることを見抜いていたからであろう。

琉球との協約

このあと、ペリー艦隊は下田、さらには箱館を訪れ、７月１日に琉球の那覇に到着。７月８日には副官が協約案を琉球王国の摂政に提示して話し

合った。すでに日本側との交渉において「琉球については、遠隔の属領であり、日本の皇帝の支配は限られているので、自分たちには何も言うことができない」との回答を得ていたので、琉球側に提出した協約案の「その前文には、琉球を独立国として認めていた。この認定に摂政は反対し、琉球は中国に服従する義務を負っているため、このような不遜なことをすれば、中国との間に紛争が起きかねないと述べた。協約の諸条項については喜んで同意し、また忠実にそれを履行し、ためらうことなくこの協約書に調印もするが、あからさまに完全な独立を求めるような主張やそぶりは避けた方がよいだろうということだった」（『ペリー遠征記』下巻465頁）。

7月11日に琉球王国との間での協約が調印されるが、そこには前文に相当する部分が含まれていない。調印の日付も「1854年7月11日すなわち咸豊（かんぽう）4年6月17日」と、中国の暦法に基づく表記になっている。これは冊封体制下にある琉球の正式文書の記載方法である。

ペリーは日本政府が交渉を拒絶した場合には、その「属国である大琉球島を、アメリカ国旗の監視下に置く準備」（前同書 107頁）として、艦隊から2人の准士官と約15人の水平を派遣しておいたが、武力に訴える必要もなく、所期の目的を達成したことになる。

アメリカはこのあと、南北戦争（1861〜1865年）という国内問題に直面したため、アジアへの関与は一時的に後退し、イギリス、フランス、ロシアが活発に動き出す。

清国は、1856年にアロー号事件を口実にしてイギリスが戦争をしかけ、そこにフランスも加わり、両国の軍隊は北京にまで到達して荒し回り、1858年には天津条約、さらに1860年には北京条約と立て続けに主権を奪われる条約を結ばされ、亡国への道をいよいよ下っていく。

一方、半ば強要されたとはいえ、敗戦による条約締結ではなかった日本は、徳川幕藩体制の崩壊、大政奉還、明治維新による天皇制中央政権国家が誕生し、「脱亜入欧」を目標に積極的に欧米先進国から学び、富国強兵、殖産興業という近代化政策を採用していった。中国よりも劣るとされた「一番年下の妹」の日本が、東アジアでの覇権争いに積極的に加わる国家にまで「成長」することを、ペリーは予想していたのであろうか。

第4章 東アジアの激動と琉球王国

第5章　徳川から明治へ

　1854年3月31日にペリーが来航し、アメリカとの和親条約に調印させ、徳川幕府の鎖国・海禁政策に風穴を開けることに成功すると、同年10月14日にはイギリスが、翌1855年2月7日にはロシア、1856年1月30日にはオランダが相次いで日本との間で和親条約を調印した。1858年7月29日にはアメリカが日米修好通商条約・貿易章程に調印すると、同年8月にはオランダ、ロシア、イギリス、1860年8月にはポルトガル、1861年1月にはプロシャとの間でも修好通商条約・貿易章程を調印した。フランスも1858年10月9日には修好通商条約を調印した。琉球国も、ペリーが日本との間での和親条約締結を実現した帰途の1854年7月、那覇に立ち寄りアメリカと修好条約を調印して以後、フランス（1855年11月）、オランダ（1859年7月）との間で修好条約を調印した。

　欧米列強による門戸開放の流れを押しとどめることはできず、日本を含む東アジア諸国は次々と条約締結＝「万国公法」の原則にもとづく国家関係の樹立を強いられ、清国を頂点（宗主国）とする旧来の東アジアの国際秩序は大きく揺らぎ始めた。宗主国としての清国の地位を認めず、独自の鎖国・海禁政策を実施してきた日本も、条約締結＝「万国公法」にもとづく対外開放を受け入れざるを得なかった。

　急激な対外開放策への転換は日本国内の政治対立の激化を招き、最終的に1867年10月に第15代征夷大将軍徳川慶喜がその職を朝廷に返上（大政奉還）し、徳川幕府は崩壊した。1869年1月、薩摩・長州・土佐・肥前の藩主連名による版籍奉還の上表を契機に、全国274藩の領地と人民の版籍奉還がなされ、さらには1871年7月に明治政府による廃藩置県の詔書が発せられ、旧藩主が知藩事として旧領地に留まることが否定され、

東京への移住を命じられた。曲折を経ながらも日本は明治政府による中央集権体制が構築されることとなった。

日清修好条規の締結をめぐって

　誕生したばかりの明治政権がまず直面した課題は、近隣諸国との関係をどう構築するかであった。徳川政権にあっては清国とは長崎での通商関係が存在するのみであった。その清国と明治新政権はどのような関係を結ぶのか。薩摩藩による隠蔽した形での琉球統治を行ってきた琉球の日清「両属」関係をどう解決するかも明治政権にとっての大きな課題となった。那覇の開港を求めるペリーに対して「琉球については、遠隔の属領であり、日本の皇帝の支配は限られているので、自分たちには何も言うことができない」（『ペリー遠征記』下巻　191頁）と答えることで徳川幕府はこの問題を曖昧にしてきたが、版籍奉還、さらには廃藩置県を経て、中央集権国家が誕生し、薩摩藩は鹿児島藩から鹿児島県となり、もはや旧来の隠蔽支配の継続は不可能となった。しかし500年にわたって続いてきた宗主国・中国との関係を琉球国に断絶させることは容易なことではない。清国との条約締結と琉球国の処遇は密接に関連していた。

　「成立後まもない明治政府は、朝鮮に対する名分論上の優位を確保する必要から、日清対等条約の締結を企図し、その下準備のために柳原前光を清国に派遣した。柳原は70年9月30日に天津に至り〔中略〕、李鴻章とも面談している。その際、柳原は『英・仏・米の諸国は強いてわが国に通商を偪り、わが国の君民はその欺負を受けたれば、心に不服を懐くも、力独り抗し難く、允すべき者においては之に応じ、その允すべからざる者は之を拒むと雖も、惟だ思うに、わが国は中国と最も隣近たれば、宜しくまず通好して以て同心協力すべし。擬して貴衙門の示下を俟ちて再び進止せんとす』と述べ、欧米に不平等条約を押しつけられている日清両国の『同心協力』を李鴻章に訴えている」（西里　205～206頁）

「71年1月21日の上奏においても、李鴻章は柳原の『同心協力』・日清提携論を引用し、『無論、是れ真心には非ず』と看破しながらも、『立言、また体を得たるに似たり』と認め、『之〔日本〕を籠絡すれば或は我が用と為らん。之を拒絶すれば必ず我が仇と為らん』との観点から、日本を敵にまわすことなく、むしろ同盟国として利用するためにも新たに条約を締結すべしと力説している」（前同書　286頁）

　李鴻章が清国側全権大臣となり、日本側は伊達宗城・柳原前光らが全権大臣となって条約締結交渉が始まったが「交渉の主導権は終始李鴻章に握られ、所属邦土の保全、日清提携・相互援助、最恵国待遇条項の排除を骨子とする清国側原案が討議の基礎に据えられた。会議においては、最恵国待遇条項の挿入をめぐって激しい攻防が展開されたが、結局清国側の主張に押し切られ、〔1871年〕9月11日、両国全権は天津山西会館において日清修好条規18条、通商章程33款、海関税則に調印した」（前同書　287頁）。

　日清修好条規はその第1条において「この後、大日本国と大清国は弥(いよいよ)和誼を敦くし、天地と共に窮まり無るべし。又両国に属したる邦土も各礼を以て相待ち、聊(いささか)侵越する事なく、永久安全を得せしむべし」（外務省条約局『旧条約彙纂』第1巻第1部　394〜395頁）と両国の対等友好、領土保全、相互不可侵を表明していた。この時点では琉球国の扱いについては双方とも提起することを避けていた。

　第2条は「両国好を通せし上は、必ず相関切す。若し他国より不公及び軽蔑する事有る時、其知らせを為さば何れも互に相助け、或は中に入り程克く取扱ひ、友誼を敦くすべし」と相互援助規定が明記されており、「近代における日清両国間の最初に締結された自主・対等・同盟条約」であった。

　しかし日清修好条規、とりわけ第2条の規定は「攻守同盟」に該当するものと欧米列強が見なしたため、日本側は調印した翌年に早くもその削除を求める交渉を清国に対して申し入れている。実際には条文の修正はなされず、1873年4月30日に批准書が交換され、日清両国の国交が正式に

開始されることとなった。しかし両国の「同心協力」はすでに色あせたものになりつつあった。

琉球人遭難事件

　調印して間もない日清修好条規第2条の廃棄を実現すべく1872年3月、清国に赴いた柳原前光は、5月19日に天津から副島外務卿に宛てた報告のなかで「琉球人清国領地台湾に於て殺害に逢ひ候事に付、閩浙総督より清政府へ伺書京報（京報は我国の太政官日誌の類）にて一見候ゆへ、自然鹿児島県心得に相成候も難計ゆえ、訓点を附し差上候」（『大日本外交文書』5巻　258頁）と琉球人遭難事件発生を伝え、同治11年4月初五日〔5月11日〕付け『京報』を付記して送っている。しかし日本側は天津にいる柳原はもとより、東京の副島外務卿もこの時点では琉球人殺害事件について、清国側に事情説明の要求、ましてや抗議などを行っていない。

　台湾東南部の八瑶湾に漂着した琉球人66人のうち、殺害を免れ、清国側に救助された12名は福建省福州にある琉球館に送り届けられ、1872年6月7日に那覇に戻って来た。

　　「事件の経緯を聞いた那覇滞在中の伊地知貞馨によって、ただちに鹿児島県参事大山綱良に報告された。急報を受けた大山は台湾征伐を訴える建言書を作成し、その建言書を慶賀使節受け入れ準備のため上京した伊地知貞馨が、8月14日に外務卿副島種臣に面会して提出した。また鎮西鎮台第二分営長の陸軍少佐樺山資紀も急遽上京し、8月9日に陸軍元帥兼参議西郷隆盛に報告し、また隆盛の実弟陸軍少輔西郷従道に意見書を提出して、事件への積極的な対処を訴えている。
　　琉球藩設置は大山・伊地知・樺山といった旧薩摩藩出身者が積極的に台湾出兵を建言するなかでとりおこなわれていた。中国にたいする〔薩摩の支配の実態〕隠蔽は依然と継続していたが、琉球藩設置で王国の支配権をうしなうことが確実視される中で、鹿児島県参事大山綱

良らは隠蔽策を放棄し、報復措置によって皇威を海外に示す形で、王国の日本国家への編入を模索しはじめていた」(赤嶺　193頁)

　同治帝の大婚親政祝賀のため北京に滞在していた柳原前光・一等書記官は1873年6月21日に総理衙門を訪れ、総理大臣吏部尚書毛昶熙、戸部尚書董恂に会った際、1871年11月30日に琉球国八重山の住民が台湾の先住民に殺害された事件について議論を行う。そのやりとりの記録は『大日本外交文書』第6巻177〜179頁にあるが、『日本外交文書　明治年間　追補　第1冊』97〜100頁にも若干表現の違う記録が掲載されている。後者の記録によれば、柳原は「貴国台湾の地は往昔我国人及和蘭人、鄭成功など嘗て占拠したりしを、貴朝の版図に帰せしに、従前其東部に在る土蕃なる者一昨年冬、我国の人民、彼地に漂泊せしを殺害せり。故に我政府の義務として其罪を処分せざるを得ず。惟蕃域は従来貴国の府治に服せざる由なれども、貴国属領の地と犬牙接連したれば、我大臣の意は未だ貴国に告ずして此役を興さんに、万一貴轄の地に聊も波及する事ありて、端なく其猜疑を受けなば両国の和好を傷はん事を恐れ、故に預じめ此義を貴政府に説明せらるる也」と琉球国の人民を、日本国人民であるとし、しかも台湾の東部領地を清国の支配の及んでいない地、ただし台湾そのものは中国の領土と認めざるを得ないため、「犬牙接連（互いに入り組んでいる）」しているが、そこの「土蕃」を征伐する意向を表明した。

　これに対して中国側の回答は「前年、生蕃が暴殺せしは琉球国民にして、未だ貴国人なる事を聞ず。抑琉球人は我属国なれば、其横難に遭たる時も、我福建の総督より殺余逃命の民を救恤して、仁愛を加え本国へ帰へしたるなり」と日本国に関わる問題ではないとの立場を表明する。柳原は琉球の両属問題を論じていては埒があかないことを知っているため、その論議は避け、福建総督が「暴殺を行へる生蕃をば如何処置せられるや」と問う。中国側は「此島民に生熟両種あり。熟蕃は漸々我王化に服したれども、只生蕃は我朝、実に之を奈何するなく、化外の野蛮なれば、甚だ之を理せざる也」「生蕃の暴悪を制せざるは我政教の逮及せざる所なり」(『日本外交文書　明治年間　追補　第1冊』99〜100頁)と回答する。なお王芸生

編『六十年来中国与日本』第1巻65頁によれば、中国側はこの時に「殺人するものはみな『生蕃（せいばん）』に属す。故にしばらくは化外のままに置き、窮治（罪状を徹底的に調べ論ずる）することは難しい〔原文は「殺人者皆属'生蕃'，故且置之化外，未便窮治」〕。日本の『蝦夷』、アメリカの『紅蕃』もみな王化に服していない。これはどの国においてもあるものである」とアイヌやアメリカインディアンの例を挙げて「生蕃」を説明している。

しかし柳原にとっては「生蕃」は「化外」であり、その地は「政教の逮及せざる所」という文言を清国側から引き出せたことで十分であり、そこは清国の政治支配の及ばない所と意図的に曲解する。

1874年2月に大久保利通、大隈重信両参議が作成した「台湾蕃地処分要略」第1条になると、「無主の地と見做す」として侵略者の論理はよりいっそう明確化される。

　　「台湾土蕃の部落は清国政府政権逮（およ）ばざるの地にして、其証は従来、清国刊行の書籍にも著しく、殊に昨年前参議副島種臣使清の節、彼の朝官の答にも判然たれば、無主の地と見做すべきの道理備れり。就ては我藩属たる琉球人民の殺害せられしを報復すべきは日本帝国政府の義務にして、討蕃の公理も茲（ここ）に大基を得べし」（『日本外交文書　明治年間　追補　第1冊』122〜123頁）

台湾は清国の領土であり、そこには福建や広東から移民した漢族以外に先住民族も住んでいる。その居住地は明らかに中国の領域内であるにも関わらず、「無主の地と見做す」ことによって日本に「討蕃の公理」があるものとした。

事件の発生は1871年11月だが、台湾出兵の決定は1874年5月4日である。実は明治政権内部において当時、朝鮮問題への対応のほうが大きな地位を占めていた。西郷隆盛は1873年8月に征韓論を強く主張し、閣議決定にまで持ち込むが、欧米視察を終えて帰国した岩倉具視が、日本の現状は外征などをするような状況になく、国内建設に力を注ぐべしと主張し、その主張が採択されたため、同年10月に西郷隆盛、副島種臣、後藤象次

郎、板垣退助、江藤新平などが相次いで下野し、江藤新平は1874年1月に佐賀で反乱を起こす（佐賀の乱）など、日本国内の政治矛盾が激化した。「此際政府は何とか其鋒を転ずる工夫を擬せざるべからずの場合と為る。是に於て朝鮮問題一転して台湾蕃地処分の議と為り」（『日本外交文書 明治年間　追補　第1冊』122頁）、つまり征韓論に始まる国内対立の矛先を台湾出兵に転化させたのである。

　上述の大久保、大隈の「台湾蕃地処分要略」が制定され（1874年2月6日）、西郷隆盛の弟の西郷従道が台湾蕃地事務都督に任命された（同年4月4日）。このような日本の動きに欧米諸国から警戒の声が上り、とりわけそれまでは台湾出兵・懲罰をそそのかしてきたアメリカも中立の姿勢を示したため、政府はいったん出兵中止を決める。しかし西郷従道はそれを無視して5月2日に3650名の部隊を台湾に向け発進させ、明治政府もそれに追随する。

　英国公使パークスは6月18日、寺嶋外務卿に会見し、日本政府の行動を批判する。

> 「未だ各国公使へ公けに御報知無之先に、私（ひそか）に兵隊出発せり。此挙動、文明国には有之間敷事也（あるまじき）。貴政府、動もすれば能（よく）万国公法を引て論ずるに、此挙のみ公法に反す。支那政府之を処する如何と関係無之事ながら、貴国の万国公法を犯すは明か也。支那は不論、万一他国へ3000の大兵を送る時は必ず戦争と可相成候（あいなるべくそうろう）。今貴国如此挙動を支那政府へ向て為せば、他国より貴政府え向け、如此事をなすも異議あるべき理なし。万一、他国の兵3000、北海道に向て来らば、貴国夫之（それ）を何と歟するや」（『大日本外交文書』7巻　127頁）

　遠征軍は6月に入って数日で付近数十の原住民集落「蕃社」をつぎつぎに征服し、軍事行動は終了した。そして「蕃地領有」を企図する日本軍は征討後も中国側の撤退要求を無視してそのまま占領しつづけた。

> 「日本政府は柳原前光駐清公使に中国との交渉を命じ、7月12日に

は、琉球問題を内政問題としての位置づけが可能になるよう、琉球藩を外務省の所轄から内務省に移管して、那覇の外務省出張所を内務省出張所にあらためた」(赤嶺　195頁)

　大隈台湾蕃地事務局長官は柳原公使に対し「清国との談判要領竝に心得べき条件等訓令の件」(7月15日)を発し、「今日に至るまで清国政府其接壌の地に在りて、其人を化するの義務を怠りたるにより、我日本政府不得止これを勦撫懐柔するに至り、我日本政府にて糜する所の財貨、所費の人命も亦清国政府よりこれが相当の償を出させしめん事を要す」として「清国談判に付可心得条件」を11条にわたって挙げるが、その第2に「談判の要領償金を得て攻取之地を譲与するに在りと雖も、初より償金を欲する色をあらはすべからず」、第3に「談判漸く償金に渉り其額数を論ずるに至れば、固より所費の外を要せずといへども、力めて我より其額を言出す事なく、彼の云々する所を我政府に電報して其若干額を伺定むべし」(『大日本外交文書』7巻　155～156頁)と日本の本音が清国からの賠償金取り立てにあることを明らかにしている。

　イギリス公使が斡旋に入ったことで、10月31日に「互換條款」を交わし、清国側は「台湾生蕃がかつて日本国属民等を妄りに加害した」という文言で、被害にあった琉球八重山島民を「日本国属民」と認めるとともに「日本国の今回の行動は、もともと保民のための義挙として起こしたものであるから、中国は過ちであるとは指摘しない〔原文は「日本国此次所辦，原為保民義挙起見，中国不指以為不是」〕」(前同書　317頁)と、出兵を「義挙」とする日本側の主張に譲歩を強いられ、見舞金として10万、台湾における道路や造物の建設費として40万、合計50万両を支払うことになった。

　台湾出兵は明治新政権の歩む道が、東アジア近隣諸国との「同心協力」による連帯ではなく、一日も早く欧米列強の隊列に伍して、近隣諸国を支配することを目指す第一歩となった。

琉球国の併合

　1871年に廃藩置県が実施され、薩摩藩は中央政府直轄の鹿児島藩になったが、琉球国の版籍の取扱いについては翌年になって検討を始めた。正院は琉球国からの使節の接待及びその国の処遇について1872年6月2日、左院に下問する（正院は太政官職制の最高機関、左院はその下にある立法諮問機関）。左院は「琉球国使者接待併其国を処置するの議」と題して答議するが、次のような見解が示された。以下はその要約である（『日本外交文書　明治年間　追補　第1冊』 225～227頁）。

①琉球国は我と清とに両属せしは、従前より其国の形勢にて的然し〔明らかであり〕、更に論ずるを俟たず。

②琉球国は明より始まり清に至ても、其封冊を受け正朔を奉ず。然るに其名は封冊を受け正朔を奉ずれども、其実は島津氏累世之を支配し、士官を遣し其国を鎮撫する而已ならず、使臣を率て来朝せしむる事、旧幕府よりの制たり。由是観之ば、琉球の我に依頼する事、清より勝るは、清には名を以て服従し、我には実を以て服従すればなり。

③琉球国の両属せるを以て名義不正となし、今若し之を正し我が一方に属せんとすれば、清と争端を闘くに至らん。縦令争端を闘くに至らざるも、其手数紛紜にして無益に帰せん。何となれば名は虚文なり、実は要務なり。清の封冊を受け正朔を奉せしむるの虚文の名にして、島津氏の士官を遣し其国を鎮撫するは要務の実なり。我其要務の実を得たれば、其虚文の名は之を清に分ち与え、必しも之を正さゞるべし。

④別紙大蔵省申立の如く琉球使を接待する、西洋各国の使節を接待する如く看做すべからざるは勿論なれども、又国内地方官の朝集すると同日に論ずべからず。維新後、今般使人〔琉球国からの使節〕始て来朝すれば、其事件も地方官の朝集するより重大ならん。故に各国の応接に熟し、且つ其官員も全備したる外務省にて権りに其事を掌る、寧ろ大蔵省よりも便なりとす。

⑤外務省にて琉球使人を待遇するに限り、内国事務の心得を以て、欧米各国の特派使節とは格段の事と為し、敵国の礼を用ひず、属国の扱を為さしむるを可なりとせん。
⑥外務省申立琉球取扱ふ3ヶ条の中、外国と私交を停止するは較や可なりとすべし。其華族併琉球藩王の宣下は異議なきにあらず。左に掲ぐが如し。
　○華族宣下の不可なる所以は国内形勢沿革の自来るに従て、人の族類を区別して皇族華族士族と称謂を定めたるは、国内人類に於て自然に斯く名目を設けざるを得ざるに勢立至りしものにして、今般更に琉球国主に華族の称を宣下すべき謂れあらず。琉球国主は乃ち琉球の人類にして、国内の人類と同一には混看すべからず。
　○琉球王とか又は中山王とかに封するは可とす。琉球藩王にては藩号穏当ならず。内地は廃藩置県の令を布て、琉球に更に藩号を授る名義を以て論じても、前令と相応せず。且つ琉球は民力単弱にして、皇国に藩屏たる能はざるは世の知る所なれば、実際を以て論じても、藩号の詮なし故に、藩号を除て琉球王の宣下あるを可なりとす。
⑦皇国は東西洋一般に知る所の帝国なれば、其下に王国あり侯国あるは当然の事なれば、琉球を封じて王国と為すとも侯国と為すとも、我為んと欲する所の儘なれば、藩号を除き琉球王と宣下ありても我帝国の所属たるに妨げなし。
⑧右の如く我より琉球王に封したりとも、更に清国よりも王号の封冊を受くるを許し、分明に両属と看做すべし。
⑨琉球は従来、島津氏より士官を遣し鎮撫したれば、其例に循て九州より鎮台の番兵を出張せしむべし。我同盟の東西洋各国に於て、我より信義を以て公然たる交際をすれば、彼も亦其信義を毀りて我所属たる土地を犯すべきの道なし故に、番兵は外寇を禦ぐの備へにあらず、琉球国内を鎮撫せんが為めなれば、必ずしも多人数を要せざるべし。

　以上のように、1872年6月の左院の認識としては、琉球国が日本と清との両属関係にあることは現実であり、いま清との関係を断たせようとす

れば清との争いを引き起こすことになり、無益である。琉球国と清との関係は虚文に過ぎず、島津氏の時代から士官を派遣して支配してきたという実を重視すべきである。琉球は日本の属国だから、外国と条約を結ぶことは停止させるべきだが、琉球は国内人類とは異なるため、琉球国主を華族に、また琉球藩王にする必要はない。皇国・日本より琉球王と宣下することに問題はなく、清国からも琉球王の封冊を受けることをも認めてよい。琉球に軍隊を派遣するのは外敵を防ぐという視点からではなく、琉球国内を鎮撫するためであり、人員を多くする必要はない、といった立場である。

　しかし現実の歩みは左院の答議とはかなり異なったものとなった。琉球の八重山の漂着民が台湾で殺害されたという情報を福州から那覇に戻った琉球船の乗員から知らされた鹿児島県参事・大山綱良、外務省七等出仕・伊地知貞馨等が討伐のための台湾出兵を建言するとともに、維新慶賀のための琉球からの使節派遣を申し出た。

　1872年10月16日、琉球服を着用した正使尚健、副使向有恒、賛議官向維新が天皇、皇后に拝謁し、琉球国王尚泰の上表（ただし「明治5年壬申7月19日　琉球尚泰」と、琉球国の正式な暦法表記としての壬申の前に明治5年が付け加えられ、琉球国王尚泰から国王が削除されている）が献上され、天皇からは尚泰を「琉球藩王」とし「華族」に列するとの詔書が渡された。これを待ち受けていたかのように、米国公使から外務省に、1854年7月に締結した米国琉球間条約に関する照会が10月20日付けで発せられ、それを受け10月30日に太政官は外務省に「琉球藩と各国との間の交際事務移管の件」についての御沙汰書を発し、琉球から外交権を取り上げた。

　しかしいくら明治政権側で琉球問題を内政化する措置をとったところで、それは一方的な措置に過ぎず、清国、さらには当事者たる琉球の合意、了承なしには進まない。明治政府の1874年の台湾出兵の真の目的はそこにあった。前述した1874年7月15日の「清国談判に付可心得条件」の第十は「這回の機会を以て琉球両属の淵源を絶ち、朝鮮自新の門戸を開くべし、是則朝廷の微意当職の奥計なり」（『大日本外交文書』7巻　157頁）と述べている。ただし「琉球両属の淵源を絶ち、朝鮮自新の門戸を開く」

には抵抗する動きが強く、一挙には実現しない。

1875年5月14日に太政官は内務大丞松田道之の琉球藩派遣を命ずる。松田は尚泰に琉球藩王として謝恩のため上京するよう説得するが、病気と称して応じようとしない。隔年に行われてきた清国への進貢交易、福州にある琉球館の廃止にいたっては、琉球の存立基盤を失わせるものであると同時に、清国との交際にも関わることなので容易には実現できない。松田は大久保内務卿にあてた報告（7月29日）で「今般御達書の内、彼に於て最も至難とする所は清国の関係謝絶云々の事にして、此等の大事に至っては藩王及び藩吏等のみにて決定する事を得ざる趣にて、之を王子諸按司及び諸親雲上等に至る迄意見を問ひ、藩論紛紜、今に返答無之候。因て藩庁又は首里、那覇等の形況、街説等を熟視候に、内実は余程困難なる事情も有之、遂には一度両度猶三度迄も哀訴嘆願に及び、従前の通に致し置度所存乎とも被察申候」（『大日本外交文書』8巻　332頁）と琉球側の抵抗の実態を伝えている。琉球藩王尚泰も松田への上申書において、皇国と支那の両国は「父母の国」であり「自今支那へ之進貢、慶賀並彼の封冊を請候儀、被差止候ては、親子の道相絶候も同前〔然か〕、累世の厚恩忘却、信義を失申事にて必至」（前同書　336頁）と清国との関係を絶つことは親子の関係を絶つことと同様であり、受け入れがたいことを表明する。

「しかし『達』の通達後、中国への朝貢は事実上停止され、1874年に派遣された進貢使節を迎えるための接貢船も出航できず、また1876年派遣予定の進貢船も欠航のやむなきにいたっていた。折しも王府による藩政維持の請願が繰り返される中、福建から戻った漂着船に託して、福建布政使から接貢船の未着と、光緒帝即位の慶賀使を派遣しない理由を問う咨文が届いた。中国にとって即位の儀は宗主国の威信を誇示する国家的典礼であったため、王府はそれに返答すべく政府に申し出たが、それが拒否されたことから、1876年12月に尚泰は奉行クラスの高官で姉婿であった向徳宏（幸地親方朝常）を密かに中国に派遣し、日本政府による進貢の阻止について訴え出る手段に出た。向徳宏の密航は進貢使者の経験のある蔡大鼎（伊計親雲上）、官生で

あった林世功（名城里之主親雲上）ら中国事情に明るい人物を引き連れてのものだった」（赤嶺　198頁）

朝貢の禁止

　森有礼は薩摩藩出身で1847年8月生まれ。幕末期にイギリス、アメリカへ留学し、啓蒙・学術結社「明六社」の創設者。初代文部大臣となり、「小学校令」を制定し、義務教育制を導入した。彼は急進的西洋思想主義者と見做され、大日本帝国憲法が配布される1889年2月11日に文部大臣官邸において暗殺され、翌日42歳の若さで亡くなった。
（http://www.japanupdate.co.uk/　掲載の「英国留学偉人伝」第5回　森有礼より）
　その森有礼は1871年から1873年にはアメリカ駐在代理公使を務め、1875年11月10日には清国駐在特命全権公使に任ぜられ、翌年1月4日に北京に着任した。
　着任して間もない1月13日、彼は寺島外務卿に報告を書く。彼が1月10日に総理衙門に赴き、朝鮮問題の交渉をした際、朝鮮を属国とする内実について清国側に問うたところ、沈桂芬大臣は「所謂属国とは我が所有の地にはあらずして、其の時を以て進貢し、我冊封頒暦を奉ずるを以て云うなり。若し其の国を以て我が疆土内に属するものと為ば、関係せざるを得ずと雖ども、其国疆域内に在らざるを以て、其国事を管することなし」と回答する。森公使が、朝鮮以外にどのような属国があるかを問うと、沈大臣は「アンナン〔安南〕、リユキユ〔中国語訳では琉球ではなく、嚦㘣となっている〕例、朝鮮と同じ」と答える（『大日本外交文書』9巻　146〜7頁）。この時に森公使は沈大臣が口にした「リユキユ」を「琉球」のこととは思わず、「我琉球藩の外、清国には別に『リウキウ』と云う属国も有ると泛然聞流し」（前同書　471頁）てしまったことから、琉球という呼称は紛らわしく、不都合が生ずることを実感する。同年3月30日の報告では、清国総理衙門の総辨周家楣に面会し、日本政府が「新令を行ふよりして、右使節派遣の例廃止に至るべくに付、貴国は之を不問に付せら

れ、其商業は従前の通被差許、日清両国の交際に不便を生ぜざる様有之度、此旨内々諸大臣に御伝被下度旨」(前同書　473 頁)を非公式(内談)に伝える。琉球から清国への朝貢は廃止させるが、民間交易は存続を認めるというものである。また琉球藩民は航海公証を持つ条件が整っていないので、航海公証を所持するか否かに係わらず日本人民と認め、従来通り交易を認めるよう、清国側から内諾を得ていることを報告するとともに「顕わに琉球の名を出たさず、支那の体面を害(そこ)なわしめず、以て双方事を妥平に相治めんとの意より出て、支那の所謂属国なる琉球を無形の空物に帰せしむるの方法に有之。仍(よっ)て今より琉球を沖縄の如き名称に改め、其の人民の支那に至る者に我海外行免状を与るに於ては、清国と故障を生ずるの事有之間敷(これありまじき)、琉球談判の大略右の通に候也」(前同書　473 頁)と琉球所属問題に関して清国側の体面をも尊重した妥協の道の提言を行う。それが「琉球を無形の空物に帰せしむる」ものとして「沖縄」へと改称すべきと提言しているのも注目すべきことである。

　清国の体面を損なわず、双方が丸く収まる方向での解決法が見えるかに思えたが、日本国内は 1873 年 3 月の「廃刀令」、8 月の「金禄公債証書発行条例」発布により旧武士の特権が奪われたことから、同年 10 月に「神風連の乱」、「秋月の乱」、「萩の乱」と相次いで反乱が起こった。その最大にして最後の「西南の役(西南戦争)」が 1877 年 2 月に南九州で発生、明治政府はこの鎮圧に全力を集中せざるを得なかった。同年 10 月に西郷隆盛が自決することで内乱は収まったが、すでに 1 年近くの歳月が過ぎていた。

　清国の初代公使として日本に派遣された何如璋は 1877 年 12 月に東京に到着する。着任後、東京滞在中の琉球の陳情特使たちと会って、琉球問題について理解を深め、その解決策を模索する。1878 年 9 月 3 日に寺島宗則外務卿に会見し、琉球の件について対話を行う(『日本外交文書』11 巻　269 ～ 270 頁)。

　何(か)は次のように問う。「同国〔琉球〕は近来貴国〔日本〕の附属と相成たる趣なれども、従来弊国〔中国〕へも致納貢候儀は、因より貴政府にても御承知之事なるべし。然るに頃(ちかごろ)弊国へ進貢する事に付、厳敷(きびしき)御下命有之

由にて、同国人甚迷惑之趣に候間、右は従前仕来之通り御据置相成候様致度事に候」。

　対して寺島は「右は小国の大国に仕へる因より其例有之候へども、近来にては独立之渉力を保たざる者は他国に併有せらるるの患有之。琉球の如き以前は其国に任せ他国と交際なせしめ候へども、右辺之差支不少を以て之を差留め、外国との交際（すべ）て我政府にて引受候間、最早同国にては外交をなすに不及。尤も貿易は素より之に拘らず候」と回答する。何が「然れば琉球は貴国の属地なりや」と問うと「然り」。何が「琉球人も亦自ら貴国人なりと云歟（いうや）」と問うと「譬えば拙者も若〔若も、か？〕日本を好まざれば他国に至り、我は日本人に非ずと云うが如し。琉球人の内、其本国を嫌ふ者あれば、或は日本人に非ずと云者あらん」と回答する。何公使が10月7日に「琉球は元来清国の藩属自治の国なるに何故日本は其進貢を差止めたるか質問の件」（前同書　271頁）を発すると、11月21日に寺島外務卿は「貴国政府は我政府の此禁令〔進貢禁止のこと〕を発したる所以を未だ熟知せざるの前に方て、忽然我政府に向て如斯仮想（かくのごとく）の暴言を発す。是豈（あに）隣交を重じ友誼を修むるの道ならんや。若し果して貴国政府閣下に命じ此等の語を発すべしとならば、貴国政府は已後、両国和好を保存するを欲せざるに似たり」（前同書　272頁）と感情を露わにした回答をする。双方とも感情的表現が目立ち、交渉によって解決の糸口を探ることは難しい。

　「12月27日、政府は松田内務大書記官に再び琉球出張を命じるとともに、1873年3月以来、東京に置かれていた琉球藩の東京在藩を廃止し、何如璋や外国公使と接触して救援を求めていた琉球藩在京藩吏に対して帰藩命令を出した。翌1879年1月、在京の琉球藩吏をともなって那覇に到着した松田道之は、以後上京または藩地外に旅行する際は、内務省出張所を通して内務省の許可を得るように伝え、再び『達』の遵奉を琉球王府に迫った。王府は何如璋が外務省に対して厳しく抗議していたことから、中国を後ろ盾に、これまで通りの両属体制のもとの藩政維持を求め、『達』の遵奉を拒否した」（赤嶺　199〜

200頁）

沖縄処分の強行

　明治政府は1879年3月11日に琉球藩を廃して沖縄県を置き、旧藩王尚泰を東京に移住させる決定を出す。この情報に接した何如璋公使は翌3月12日、日本の琉球派員を差し止めるよう寺島外務卿に申し出る。3月15日に寺島外務卿は「該地人民保安の為にて早く調辨をなさざるべからず事に有之候」（『日本外交文書』12巻　177頁）と回答して差止要求を無視する。

　「政府は処分官に松田道之を任命して、警部巡査・歩兵半大隊の武力威圧をもって、3月27日に首里城で琉球藩に『首里城の明け渡し』『藩王の上京』『土地人民及び官簿其他諸般の引き渡し』等を命じた『達』を渡して処分を強行」「3月29日に藩王尚泰の首里城退去が開始され、その日の夜に藩王は夫人らとともに城を出た。首里城は、その後、政府に接収され、熊本鎮台沖縄分遣隊の駐屯地に転用されている。そして4月4日には琉球藩を廃して、全国的な中央集権体制の中に沖縄県として組み入れる、『廃藩置県』を宣布した。琉球における廃藩置県は、王府の抵抗にあったことから、本土とは異なり『土地』と『人民』を返上する版籍奉還を同時に強要する形で実行された。こうした琉球を完全に中国から引き離し、日本の国土に編入する一連の政治的措置は『琉球処分』としておこなわれた」（赤嶺　200頁）

　藩王尚泰の東京移住命令を、藩側では病気を理由にして延期を求めていたが「松田は4月27日に、世継ぎとなる長子尚典を上京延期の嘆願を目的に先に上京させ、5月27日には尚泰を強制的に上京させ」た（前同書201頁）。

　琉球への廃藩置県強行に対し、清国総理衙門から5月10日に照会が発

せられる。

　「琉球一国は冊封を受け、中国の正朔を奉じ、中国に入貢すること今までですでに数百年、天下の国の共に知る所なり。中国はその職貢を受ける他にはその国の政教禁令は悉く自ら為すに任せている。中国は蓋(けだ)しその自ら一国を為すことを認めており、即ち中国と並びに貴国とも条約を交わしており、各国もまた琉球と条約を交わしている。琉球は中国に服するとともに貴国にも服しており、中国はこれを知っているが、いまだかつてこれを罪したことはない。これすなわち中国がその自ら一国を為すを認めている明証である」（『日本外交文書』12 巻178 頁）

　琉球が清国および日本に両属している事実を認めるとともに、その内政については自治に任せてきた、という観点であり、それは 1876 年 1 月の時点で森有礼公使が朝鮮について清国から回答を得た属国概念と変わらない。そして「今琉球が何の罪を貴国に得て廃され郡県となるのか、これは修好条規第 1 款に云うところの両国の属する所の邦土は礼を以て相い待つ等と云った語に符合しない」として日清修好条規の両国和好の精神にそぐわぬものである、と指摘する。

　5 月 20 日には清国公使から寺島外務卿に「琉球案件交渉中なるに日本政府に於て廃藩置県の処分をなしたるは承認し難き」旨照会の申出がなされるが、寺島外務卿は 5 月 27 日に「我内政の都合に因り処分相成りたる」と回答する。清国公使は寺島外務卿の「内政の都合による処分」との回答に 6 月 10 日、「その名義から論ずれば我〔中国〕に服属する国であるが、その政事を論ずれば琉球は実は自ら一国をなしているのに、このたびの文書で忽(こつ)と内政ということに本大臣は実に理解できない」と反論。寺島外務卿はその指摘に対して「琉人初て中国に通せしは薩摩守、其島人の自ら中国に往き貿易するを許せしに由る而已。今也日清両国既に条約を立て交相往来するは、此等曖昧の跡を改変するを緊要となせば此事は必らず行うべき義」と両属といった曖昧な関係を絶ち、日本政府の主権の下に置くこと

の必要性を主張する。双方のやり取りは8月12日に伊藤博文内務卿が北京の宍戸駐清公使に宛てた私信で「文字喧嘩」「水かけ論」（前同書 185頁）と評する通り、建前論の域を出ていない。

　日本政府は1609年の島津氏侵攻以来、琉球国が実際には薩摩藩の支配下に置かれていた事実を「法章十五条」（「掟十五ヵ条」のこと）や琉球国王尚寧の「誓文」などを根拠として挙げて琉球所属の由来を清国側に説明するが、そのような薩摩の実質的支配を隠蔽し、あたかも琉球が独立国であるかのように振る舞わせ、清国との冊封進貢関係を維持させ、長崎以外のもう一つの窓口として琉球国を利用してきたという現実には触れない。ましてや中国、日本という2つの宗主国との関係を維持しながら、小さいとはいえ独立した国家として存続してきた琉球王国が、明治政権の誕生とともに、その独立性を奪われ、消滅させられることに何らの抵抗もしないことは考えられないことであった。

　　「置県処分後、本土とは異なる社会体制を形成してきた琉球社会での急激な変革で人心が乱れることを防ぐため、政府は王国時代の土地制度・租税制度・地方制度も改めないといった県政の基本方針を布達し、旧慣温存政策を実施した。旧慣温存政策は琉球処分に対して厳しく抗議していた中国を刺激しないといった外交上の配慮と、行政組織の解体により支配的地位を失った旧王府支配層への慰撫策をともなって実施され、有禄士族への金禄支給も続けられた。
　　初代県令鍋島直彬が県庁に着任し、首里・那覇・久米・泊、その他間切・村々の役人に対して従来の職名をもってそのまま勤務につくことが命じられていたが、処分官・県令心得の命令に対して、王府役人は一切出勤せず、租税徴収書類などの提出を拒み各役所はすべて閉戸した。王府役人層は血判誓約書をもって県政に協力しないという不服従・ボイコットの抵抗運動を各地で展開していった。しかし、県当局の徹底した逮捕・拷問という厳しい弾圧により、旧王府首脳はやむなく不服従・ボイコット運動を終息させた。以後、中国へ密航して、宗主国中国の介入による王国の復旧を訴える嘆願運動へと、抵抗運動の

形態を大きく方向転換していった」(赤嶺　201～202頁)

グラントの調停と琉球分割

　琉球藩の抵抗、清国側の抗議を無視して日本が強行した琉球への廃藩置県(琉球処分)は日本と清国との関係を硬直状態に陥らせてしまった。双方ともこのままではよろしくないことは自覚しているが、公式論の枠から抜け出さない限り解決策は見つからない。
　折しも前アメリカ大統領のグラント(Ulyssess Simpson Grant)が世界旅行の途中、中国、日本を歴訪した。

> 「グラントが上海経由で天津に到着したのは同年〔1879年〕5月27日のことで、翌28日李鴻章と対談、31日天津を離れ、6月2日北京到着。翌3日総理衙門の恭親王奕訢らと会見した際、正式に琉球問題の調停を依頼され、6月2日再び天津に戻っている。琉球問題を主題とする李鴻章・グラント会談が行われたのは、天津へ戻った当日の6月12日のことであった」(西里　324頁)

　グラントは「北京で恭親王と2回会見した処、親王は極めて謙譲温和であった。第2回目は長時間の面談をなし、同時に日本琉球事件に談及した」ことを伝え、李鴻章も「余は正に貴大統領と此の事件を談らうと思っていた」と述べる。グラントが「清国は果して朝貢の有無を争う意なりや」と問うと、李は「朝貢の有無は問題に非ざるも、惟だ琉球王は従来清国の封冊を受けて居たのに、今日本が故無くして之を廃滅するのは、公法に違反せし、実に各国にも比例の無い事である」と、清国は琉球の朝貢を復活させることを求めているわけではないことを示す。なお西里著325頁においてグラントと李鴻章の会話を王芸生『六十年来中国与日本』の長野等訳『日支外交六十年史』にもとづいて紹介しているが、グラントが「琉球王は其の三十六姓の人なりや」との問に李が「琉球王は姓を尊ぶので三十六姓中には入ってゐないが」と答えたことになっているが、原文は

「琉王尚姓，不在三十六姓之中」なので、「琉球王は尚という姓で、三十六姓の中には入っていない」が正しい。

　李は「余は日本が琉球を廃滅したのは主として薩摩人の策動であって、皇帝は寧ろ之を制せられたりと聞いて居る。又東京等の与論も琉球の廃滅を甚だ不正だと為すものがあると聞く。若し貴大統領が日本に到って、公論を力持し得られたなら、皇帝も統領の名声を倚重して薩摩人を屈伏せしめらるる事が出来やう」と、琉球処分を薩摩人の策動であって、日本政府全体としての行動ではない、と見ている。グラントは「琉球は元来一国であるのに、日本は併合して以て自ら広しとしてゐる。清国の争ふ所は土地であって、朝貢に非ずというのは甚だ道理である。将来は特別条項を設くる必要がある」との見解を示し、李は「貴大統領の所見は甚だ正大である。宜しく御依頼する」と、グラントに調停を依頼する。

　　「かくて、琉球の土地を争うという清国の要求を踏まえて日清両国の妥協を計るとすれば、南北に列する琉球列島を分割して国境線を画定するための『特別条項』の設定が必要となることは当然であろう。ここに、琉球列島の分割による琉球問題の解決という発想が胚胎したわけであって、李鴻章はグラントの琉球分割構想に少なくともヒントを与えたといえるのである。
　　もっとも、『琉球の朝貢の有無を問題とせず』と発言した李鴻章の意識のなかには、郭嵩燾(かくすうとう)提案の朝貢免除・琉球自立の構想も含まれていた可能性はあるけれども、『清国の争う所は土地であって朝貢にあらず』と強調することによって、グラントには清国の領土獲得要求として受けとめられたのも、また当然というべきであろう」（西里326頁）

　李鴻章・恭親王らから琉球問題の調停を依頼されたグラント一行は、7月3日横浜に入港し、日本の朝野の盛大な歓迎を受けた。7月22日、日光において伊藤博文・西郷従道らと会談としたグラントは、伊藤・西郷らから琉球問題に関する日本側の主張と要求を聴取する。7月31日に東京

に戻り、8月20日、浜離宮において明治天皇と会見し、琉球問題について経緯の報告と彼の見解を開陳する。いささか長いが、重要な内容を含んでいるので、そのまま紹介する。読みやすさを考えて段落を加えた。

「余曩(さき)に清国に滞留中屢々(しばしば)李鴻章竝恭親王と面会の際、余に夫の琉球事件を詳細に語られ、余より日本政府廟堂の人に説き、此事を公平穏当の処分に至らしめん事を乞はれたり。是に於て余は彼の代理と為りて此事を処辨する事は固より肯せざりしも、及ぶ限は周旋する所あるべきを約し、兎に角我国の公使ビンハム氏に商議す可しと告置きたるに依り、ビンハム氏は既に数回示談に及び、又伊藤君竝西郷中将君にも此程日光滞在中に面談を遂げ、大に事情をも詳にするを得たり。

然るに双方の所論互ひに相同じからざるは総ての争件皆然らざるはなく、余が清国にて聞く所と日本にて聞く所とは大に差違なしとせず。依て其是非曲直孰(いず)れに在るか固より余に於て確知する能はざれば、其如何は敢て猥(みだり)に鄙見を吐露すべきに非ざるなり。今更日本に於て勢ひ退き難く、又言ふべからざるの事情あるべきは余能く之を知る。且既に自ら信じて判然其国権とする所の処分〔琉球廃藩置県のこと〕を行ふたる以上は、何処までも其国権を全ふせん事を思はざる可らず。是れ実に左あるべき事なり。然ども此儀に就ては清国の意思をも亦宜しく察せずんばある可らず。故に余は只此一点に就き辨するあらんと欲するのみ。

夫の清国の思ふ所に於ては日本の所為を以て和親国の道にあらずして、彼の国権を軽蔑し、古来琉球には彼れ他所の関係を有せる事を顧ざるの処置なりとし、特に往年台湾事件に屈辱を被たる事を胸裏に忘れ能はざるより、彼の不平や一層甚しく、畢竟再び台湾を占取し而て彼国と太平洋の間を遮断せんと欲する日本の意なるべしと懸念せり。是れ清国の大臣等が日本に対し忿激怨恨の心を生ずる所以なり。

是故に余を以て之を視れば、此事は互ひに論判に渉る事なく、又日本の要求する所敢て其権理なきに非ざるべきも、只に宜く清国の心情を量察し、寛大広義の心を以て彼に一歩を譲るに若かざるが如し。実

に両国間に和親を保有するの今日に、甚だ切要たる事を考ふれば、双方に於て互ひに相譲る所無る可らざるなり。
　余未だ爰に確信する事は能はざれども、余の聞く所に拠れば、清国に於ては該島嶼間の疆界を分画し、太平洋に出る広闊なる通路を彼に与ふるの議にも至らば、彼れ是を承諾すべしと。此事果て確説なるかは知る可らずと雖も、亦以て夫の清国大臣等が心に忿怒を懐きながらも猶熟議を容るゝの意なきにはあらざる事を知るべきなり」(『日本外交文書』12巻　144〜145頁)

　グラントがかなり中立的な立場から日中間の懸案である琉球問題の平和的解決を促そうとしていることがこの天皇への意見表明から伺えるが、「太平洋に出る広闊なる通路」の確保はペリー以来、アメリカが追求してきたことであり、彼の調停活動の根底にはアメリカ自身の利害への配慮があったものと思われる。
　この時の会見に同席したであろう伊藤博文内務卿は、8月12日に宍戸駐清国公使に私信を出し、そこで「恭親王李鴻章両人の意底は充分グラントより聞取申候。決て容易に戦端を開く等の事は有之間敷。終には双方より熟談の時機も可相生候哉に愚考仕候。〔中略〕グラントは充分我政府の是なるを認め、僕に明言したり。琉球は日本の領土にして其人民は日本人なり。然し同人の見込にても即今、支那と戦端を興すは両国の利に非ず、却て欧人に被利は無疑とのことを切言せり。現時内閣に於ては此一事に付一も異論は無御座候に付、御安心可被下候」(前同書　185頁)と、両国はいずれ何らかの妥協に達するであろうことをほのめかしている。ただし実際には日中双方の相互不信は根強く、なかなか交渉は進展しない。ましてや分割の対象たる琉球人の意向を無視して実現するはずもなかった。
　駐日アメリカ公使ビンハムがグラントと「熟商」のすえ、何如璋に提示したのは琉球の中部（沖縄島）に王国を復活させ、南部（宮古・八重山）を清国へ、北部（奄美諸島）を日本へ割譲するという、いわゆる三分割案である。何如璋からすれば、この案は日本、琉球、清国いずれにとっても有益かつ最良の解決案ということになる。しかし北部（奄美八島）は実際

にはすでに江戸時代から薩摩藩の直轄であり、日本側にとっては三分割案は何ら益のない、検討するに値しないものであった。グラントは具体的な調停案を明示しないまま、9月3日に横浜から帰国した。日本と清国とは琉球問題解決のため直接交渉をすることになった。しかし双方の隔たりは非常に大きく、事態は容易に進展しない。

　1880年3月になり、日本側がようやく動き出す。井上馨外務卿は3月9日に駐清国公使の宍戸璣(たまき)公使に「章程改正」と「琉球案件」の解決をセットにした協議を行うよう内訓を出す。

　「琉球一件も追々其時至り。両国政府の語気、先第一に平和の点を顕すに至り、此度の総理衙門来書等も誠に都合宜敷、亦吾廟堂先生も好和を破るを欲せざるの点より、則克蘭土(グラント)氏互譲の説を施行する場合と相成、追々呈書の如き目的を達するに至り、誠に以両国人民幸福を維持するは於野生〔小生、井上本人を指す〕本懐此事に御座候。〔中略〕此決局後は定て世間よりは国権を削に不異等の議論百出、不幸にして野生の位地は尤其攻撃を直接に受る必然。元来人望少き一身も又減殺するに不過、併将来清国と其交際を深くし互に心事を吐露し、彼吾の喜憂を相共にし、外国へ向ふ政略を押んと欲に不過。則英露不和を時として干戈に預けんとする、或は独逸(ドイツ)漸東洋へ着手するの目的等、一に両国の遠謀なかるべからざる今日と愚考せり。未だ不充全なる両国の独立権にして（外国に対して云ふ）吾東洋を統一し西洋の政略に向わんと欲するは実に難し。第一兵備を海陸に全ふし、法律を内政に改正し、中央政府の威力を強勢になし、先純然たる自主独立（則治外法権除）を第一著と相考候故、此精神の眼目を恭親王或は李鴻章等兼て御熟陳なる老台の精神と能弁を以て飽迄貫徹候様、両国為蒼生と且互の国威を他日誇示（西洋に向って）せん為に御尽力被下、野生の深意を暢達するに孜々たるを御伝語被下度候」(『日本外交文書』13巻369頁)

　井上にとって「世間よりは国権を削に不異等の議論百出、不幸にして野

生の位地は尤其攻撃を直接に受く必然」の決断とは、琉球の分割・割譲を念頭に入れている。

「当時、日本は幕末に欧米諸国と治外法権・協定税率・最恵国条款など不平等条約を結んでいたことから、近代的な主権国家をめざす新政府にとって条約の改正が第一の要務とされていた。1879年9月に外務卿に就任した井上馨は、これまで副島種臣・寺島宗則が展開し難航していた国別交渉の方式を改めて、各国合同形式の条約改正交渉に切りかえていた。その際井上が最も懸念したのは、新たに欧米各国に条約改正を要求する場合に、中国が1873年に批准した日清修好条規の有効期限が1883年であることを盾に、欧米各国が、中国との『税率』『治外法権』がなお有効ということを理由に改約交渉に応じないということであった。

そうした中で、井上は列強との条約改正交渉を順調にすすめる上で、先に中国との改約交渉が必要という立場から、日清修好条規の改約をねらう外交交渉を展開し、その際に中国との間で紛糾していた琉球問題を積極的に利用していった。交渉は1880年8月、日本政府より南方の宮古・八重山を中国に割譲し、その代償として条約改正上の譲歩と、日清修好条規で許されていなかった中国内地通商の権益を中国に追加承認させるという『分島改約案』を提示することで始まった。分島改約交渉は、これまで琉球問題を内政問題として中国の干渉を許さなかった政府の統合の論理からすると、まさに『背理』そのものであった。しかし政府は、そうした政策矛盾を露呈しながらも国家利益を優先した」（赤嶺　204頁）

日本側は宍戸公使、中国側は王文韶大臣がそれぞれ全権委任され「正式交渉は80年8月18日にはじまり、同年10月21日に終わった。この間、8回もの会議が重ねられている」（西里　352頁）。しかし『日本外交文書』には10月22日に宍戸公使から井上外務卿に宛てた「総理衙門における談判結了の模様報告の件」と付属文書として10月21日の対話筆記、

球案専条が掲載されているだけで、8回の会議の内容は公表されていない。付記されている「球案専条」は以下の通りである（原文は漢文のみ）。

「大清国、大日本国は和好を尊重するを以て、故に琉球の案件についての従前のあらゆる議論は置いて提起しないものとする。
　大清国、大日本国は公同協議し、沖縄島以北を大日本国が管理する他を除いて、宮古、八重山の2島は大清国の管轄に属するものとし、以て両国の疆界を清らかにし、各々自治するを聴（ゆる）し、彼此永遠に相干与せず。
　大清国と大日本国は現に両国の条約に酌加することを議し、以て真誠和好の意を表す」（前掲書　376頁）

双方は調印の後、3ヶ月以内に批准書の交換をすることとし、宮古、八重山の琉球南島部分を清国に割譲する案件を実施してから2ヶ月後に日清修好条規の条項追加（加約）をすることとした。

長く鎖国政策をとって来た日本では、清国人を含む外国人の日本での行動を10里以内と制限していた。そのため日清修好条規においては対等という観点から、清国における日本人の中国内地での通商の自由は認められていなかった。一方、欧米人の場合にはそのような制約はない。正に不平等条約であるが、欧米人が中国に通商に行くことはあっても、中国人が欧米に行って通商することは想定されていなかったことが背景としてある。隣国である日本は中国での欧米と同等の内地通商の自由を獲得しようした。

この交渉に加わった井上毅は報告のため、日本に戻り、11月13日、次のように説明している。

「西洋貨物は税を免るる故に、其価も亦廉なることを得。我国の貨物は重税を負う故に、其価も亦不廉ならざることを得ず。是れ我国の商民は永久清国に於ては他の各国商民と市場に競争することを得ざる下流の地位に居ることを免れずして、其結果は遂に我国の富源に重大なる不利を与ふるに至るは理の必然なり。〔中略〕故に今度の増加条約

に於て均霑(きんてん)の１条を設け、及び辛未〔1871年の日清修好条規〕条約の此条と抵触する者を廃棄したるは、設くる所１、２条に過ぎずと雖も、其旧条約の精神を一変して以て各国と併行の列に入り、内地通商の利を得て以て将来永遠の大益を占めたる者なり」(井上毅「加約説明」「琉球処分条約案に関する件」『日本外交年表竝主要文書』上巻より)

　中国市場に進出するうえの障害物を取り除き、欧米との通商競争に打ち勝つために「加約」をするのであり、「世間よりは国権を削に不異」といった批判を受けようが、「内地通商の利を得て以て将来永遠の大益を占め」るためには、琉球王国を潰して沖縄県の設置を強行したその直後であろうが、宮古・八重山という南島部分を清国に割譲するという取り引きを行うこともいとわない。これが明治政府にとっての国益であった。

琉球人の分割反対

　清国側は琉球問題の解決策として、宮古、八重山の南島部分を清国に、それ以外を日本が支配するという二分割案に抵抗はしたが、日本側があくまでも三分割案を認めないため、琉球問題で日本との関係をいつまでも悪化させておくのは得策ではない、との判断から、二分割案を受け入れることになった。ただし琉球南島部を清国の管轄下に置くといっても、そこを自己の版図に組み込む意図はなく、琉球国を存続させることが目標であった。しかし琉球王直系の擁立は難しく、天津に亡命中の向徳宏(琉球王尚泰の姉婿)に白羽の矢を立てた。しかし向徳宏は「断断として遵行し能わざるを以てす」(西里　373頁)と泣いて訴えて拒否した。当初、日本側の分島改約案を受け入れ、早期妥結すべしと主張していた李鴻章は、最終会談において交渉が妥結する２日前の10月19日に態度を豹変させ、妥結延期の要請書簡を総理衙門に送った。そこでは「①清露が開戦しても日露同盟の可能性はないこと、②南島は瘠せた土地で自立する条件はなく、尚泰以外の誰かを王に立てても数年ならずして日本に併合される可能性が

あること、③清国が統治・防衛したところで後累を増すだけであるなどを理由に挙げて」（西里　374頁）いた。11月17日に清国側は南北大臣等による協議が必要なため、「球案専条」の調印は延期とすることになったと伝える。

　清国に亡命している琉球人たちは琉球二分割案に断固反対する請願活動を行う。琉球国陳情通事の林世功は「我が君主を還さしめ、我が国都を復さしめられよ。以て臣節を全うせしむれば、即ち功は死すとも憾みなし」（前同書　385頁）との請願書をしたため、11月20日に自決した。亡命琉球人からの自決を含む強固な反対意見を清国政府としても無視できなかったのであろう。宍戸公使は1881年1月17日、「球案破約は清国側の責任なる旨通告」して、帰国することとなった。

　清国に当時、ロシアとの間で新疆伊犁地区の領土をめぐる争いがあったが、1881年2月24日にペテルスブルグで「改訂条約」を結ぶことで解決した。（戴鞍鋼『晩清史』上海百家出版社　119頁）。清朝政府にとって琉球問題の解決に向け再交渉する条件が生まれた。8月以降、日本政府は再び分島改約を企図し、イギリスの香港総督ヘネシーに極秘裡に中国側との交渉再開の仲介を依頼した。

　　「ヘネシーの秘密外交によって、李鴻章との談判に希望を見いだした井上馨は、天津領事の竹添進一郎に対して、非公式ではあったが、交渉再開の指示を出した。
　　その間、分島案の再現を恐れた『脱清人』〔琉球から清国に亡命していた人々のこと〕らは、執拗に分島案への抗議の請願を繰り返し、分島案の再現を何とか阻もうとしていた。『脱清人』のこうした嘆願は李鴻章を動かした。李は脱清人らの嘆願の意をくみ、王国の領域を何とか沖縄本島まで拡げようとしていた。しかし非公式交渉でも、日本政府は宮古・八重山のみの割譲に固執したため、王国の領域拡大を狙った李鴻章との間に妥協点を見いだすことができずにいた。1883年4月に日清修好条規の改正が可能となる10年満期の期日を迎えると、井上は難航していた分島案を絡めず、改約のみの交渉に臨んだが、

要求は琉球問題との同時解決を望む中国側に拒否された。結局、琉球帰属問題は解決の模索が実を結ばないまま、日中両国間で正式な外交交渉が再開されることはなく懸案化していった」(赤嶺　207頁)

　日清間の琉球問題はその後、解決されないまま時が経った。1885年4月20日、榎本武揚駐清公使と会談した李鴻章は「琉球一案未だ局を結ばず。是れ猶関心の一事なり。〔中略〕該件は宍戸公使負担せしとき、結局せば都合好かりしに、今日となりては予も別に策なし」(『日本外交文書』14巻　287頁)と語っている。
　もし李のいう通り、宍戸公使が担当した日本側提案にもとづく琉球二分割案が調印されていたならば、宮古・八重山という南島部分を欠いた「沖縄県」が誕生していたことになる。そうであったら沖縄県八重山郡はそもそも存在しないことになる。

第6章　西村捨三の 1885 年

　琉球二分割案との抱き合わせで日清修好条規の改正を行おうとした井上馨外務卿の目論見は外れ、同条約批准交換から満 10 年になる 1883 年 4 月 29 日が過ぎても清国側からの反応はなかった。1883 年 5 月 23 日、井上外務卿は榎本武揚駐清公使に「日清条約期満改正の儀は琉球事件と別議す可き儀」と通報した。『日本外交文書』16 巻 268 頁に注として「尚本問題は本邦側より清国側に対し、満期改正希望を通じたる儘、爾後明治 19 年に至る迄格別の事なく経過したり。尤日清両国間には 17 年（1884 年）の朝鮮事件に引続き 18 年の天津会議其善後商談等緊張せる案件続出したる為、本問題の進展を見ざりしならん」とある通り、琉球帰属問題、条約改正いずれもが棚上げ状態となった。

　1885 年 5 月 20 日、榎本駐清公使が井上外務卿に宛てた公信のなかで「清国と条約改正の期も現に過ぎ、又相互均霑 1 条は我邦の為め無益有損の件たる、今は判然に候へば、尚更以て仮令、異日、清政府より宍戸氏の前約を提出して琉案を処理せんと申出候へばとて、我方に於て不同意を唱ふる口実に乏からずと存候」（『日本外交文書』14 巻　289〜290 頁）と述べている通り、日本側は清国との条約改正交渉を先送りすることにした。清国とて同様で、新疆伊犁地方の境界をめぐるロシアとの争い、朝鮮をめぐる日本との争い、ベトナムをめぐるフランスとの争いと、清国周縁部での相次ぐ紛争への対応に追われていた。

4 代目沖縄県令

　清国に脱出した琉球人（脱清人）の懸命の嘆願などにより琉球は分割を免れたが、廃藩置県を強行した直後に分割を画策するという日本政府の

西村捨三『西村捨三翁小伝』より

無定見な対応に、当の沖縄県では士族、民衆の間に憤懣が高まっていた。1883年12月21日、内務大書記官従五位西村捨三は沖縄県令兼任、判事兼任を命ぜられ（『官報』第104号）、翌年2月1日に沖縄に向け出発赴任する。那覇への到着は2月中旬であろう。当時の沖縄県の状況を彼は1年後に次のように報告している。

「無憲〔法をわきまえない〕百十数名前後、国憲をも不顧、比々脱清〔次々と清国へ脱出〕、清国政府へ嘆願、其口実とする所は、日本、暴力を持って吾琉球を横奪し、国王父子を生擒し、万民塗炭に苦み候に付、早々御救被下度たしとの旨趣に不外。然して此者共、頻々来往周旋するも、一時の取調説得に止り、何等之裁制力なきを以て、虚構百端、〔琉球分割案に関する〕北京之評議は如此、李中堂〔李鴻章〕之

考案は如此、福建には問罪之軍備整ひたり、不日談判、日本征討之挙あるべし等、百方人心を蠱惑候より、固り一方は天上之国と尊敬欽慕せる支那国にして、置県の大令に陽服陰背、其他新政に不服を抱き候士民共、頗る不穏之形政（ママ）に立至り、15〔1882〕年秋冬よりして16年春夏之交までは、民心全く離背すと云うと雖も誣言にあらざるが如く然り」（西村捨三「沖縄県県治方向の件」1885年2月25日「参事院秘第17号」　A03022939700）

前任の岩村高俊県令の対応について西村新県令は厳しい評価を下している。

「渡琉視察の上、一切旧政を変更せず、綏撫を重んずることとなり、学校も病院も旧規に復し、四書五経の素読に変じたり。琉人は大ひに喜びたれど、更新の目途は立ず」（西村捨三口述『御祭草紙』　1908年出版　47頁）

西村は旧琉球藩王尚泰親子に帰省の要求があったので「嫡子尚典を新旧県令交替の際、同道することに」した。沖縄県に着任した彼は、士族の経済的不安を安堵させるため、旧慣を保持させる措置を取るとともに、小学校の普通教育を復活させるなど「新旧混交の法」によって険悪化した沖縄の人心掌握、立て直しに尽力した。1884年5月16日から5月30日まで、内務省御用係・後藤敬臣や県会計主務官、租税課員、学務係、裁判所、病院長を率いて、久米、宮古、石垣の三島を巡視する。久米島は福州との往来の玄関口に相当し、宮古、石垣は琉球分割が実現していたら清国に引き渡された島々である。日本政府から清国への進貢交易は禁止されていたが、密航、漂着などさまざまな形をとって清国に渡航し、福州の琉球館を拠点にして琉球王国の復活を図る活動を展開した人々がおり、彼ら「脱清人」の動きを支え、期待する人々は琉球のなかに根強く残っていた。

「明治政府の発行する渡航証明書を受け取って日本人として活動する

よりも、従来通り琉球人として清国との間を往来し、あるいは清国に貿易の拠点を置いて活動する方が、政治的にも経済的にも有利であると判断した琉球人たちは、貿易活動と救国運動を結びつけながら、明治政府＝沖縄県当局の取締りの網の目をかいくぐって陸続として渡清亡命したのである。琉球船舶の清国漂着事件は82年に9件、83年に8件、84年に8件記録されているが、ほとんど漂流を装った政治亡命事件」であった（西里　442頁）。

　そのためこれら島嶼の民心を安定させ、日本人としての意識を醸成させていくことが重要な課題であり、西村県令の三島巡視にはそのような狙いが込められていた。この時の巡視記録は後藤敬臣が「南航日記」として漢文でまとめており、『宮古島旧史』（明治17（1884）年6月）に収められている。後藤は久米、宮古、石垣三島の視察状況を簡潔明瞭に紹介している。西村県令はそれぞれの島における島民の生業、医療、教育の現状把握に力を入れており、有能な行政官ぶりがよく反映されている貴重な記録である。なおこの「南航日記」を記録した後藤敬臣は、明治12（1879）年12月には遠藤達と連名で『琉球処分提綱』を執筆している。また西村捨三とも『南島紀事』上中下巻、『南島紀事外編』乾・坤巻を1886年に執筆し、いずれも琉球国、沖縄県に関する貴重な書籍となっている。

　1884年2月、新任の西村県令とともにに旧琉球王尚泰の長男尚典は一時帰省するが、それは琉球の人心安堵に一定の効果があった。尚典は5月に東京に戻り「旧藩主尚泰氏の帰琉を請ふて止まず」。西村は「琉球頑冥の徒は、尚泰氏は東京に幽囚さるる如き感ありて、朝廷の優遇を解せざる故、一度思ひ切り帰琉朝旨のあるところを説明せしめ、一意朝旨を奉ずべきことを懇諭せしむるに如かず」（『御祭草紙』　48頁）として政府を説得し、同年8月に旧琉球王尚泰と同道して神戸から船で琉球へと向った。西村は晩年、尚泰について次のように回想している。

　「此人は予と同年〔1843年生まれ〕にして、日本語は可なり弁し、性来聡明快闊の人にて、廃藩置県の節、直ちに上京の命に応ぜしも、

此人時を知るの明ありしなり。余程気も付面白き人なりしが、今や物故せられたり〔尚泰は1901年8月19日没〕。着琉の節は出迎の人、雲集雀躍せり。在琉中は念を入れ、毎々の大宴会、引きも切らず」（前同書　49頁）

尚泰は翌年2月まで琉球に滞在し、西村の同道で東京に戻る。西村はこの尚典、尚泰の帰琉活動の成果を踏まえ、1885年2月25日に太政大臣三条実美宛てに「尚家御取扱振付意見」を上申している。

「旧藩王尚泰のみは時勢に通暁、琉人第一の開明家にて、率天命進退云々居常申居り、真に朝意遵奉の精神は去る8年来事跡に徴して無疑次第。殊に昨春来、父子飯省（きせい）、特別の恩賜等有之、弥以朝恩優渥（いよ）なるに銘肝。同家は業に已に豹変の端相開ける哉に被存。則帰来毎々士民に説得、今回、脱清人取締方も心配着手候様の場合に立至り、其実、県官の万語よりは尚家の一言と申姿だに有之。爾後一層寛厚の御取扱に帰し候ば、延て県治上までも影響を与え、此上之好塩梅と相成可申」（A03022939800）

沖縄の人心を転換させるには豹変した尚家を積極的に活用させることの重要性を訴える。西村はさらに尚泰の四男・尚順に着目する。尚家の子弟中第一の俊才であると評価し、1873年生まれの彼を上京させ、学業に従事させることを提案する。その目的は県内一般の子弟の教育に全面的な改良を実施するうえで「旧王家に一人開明の俊才有之候へば、大いに得策」である、とするからである。

西村捨三は「尚家の旧例たる王子10歳に至れば分家し、知行300石、外に1ト間切を与え来たりし制度」があり、廃藩置県の前年に10歳になった二男尚寅がその制度の適用を受けたのと同様、四男尚順にも同様の待遇をすべしとして「旧藩王尚泰四男尚順金禄編入之儀上申」（A03022909400）を5月20日、内務卿山県有朋、大蔵卿松方正義に建議する。この上申は山県、松方の三条実美太政大臣への「伺」を経て8月29日に特別に聞き

届けられた。

　はたして西村捨三の「見立て」は正しかった。尚順は東京で勉学ののち、沖縄に戻り、1893年に太田朝敷らと『琉球新報』を設立し、1899年には沖縄銀行を設立するなど、沖縄の近代化のために重要な貢献をなした。正に「県官の万語よりは尚家の一言に如かず」である。

　尚泰の一時帰省が大きな成果を収めたことに自信を得たのであろう、西村は前掲の「沖縄県県治方向の件」において「昨春来、再度赴任実況熟察之上、左に鄙見を陳し候」として「第一　県治構成、現今之儘にて当分据置之事」、「第二　脱清人取締之事」、「第三　教育引立之事」、「第四　無禄士族貧困者授産之事」について、それぞれ提言を行う。西村は琉球人に日本人としての自覚を根付かせることに力を入れると同時に「脱清人」の取締りの徹底を主張する。「脱清人」の問題は「本県治、通塞如何の根底に有之。何分にも即今の如き任放主義にては、即ち清国へ復旧嘆願するは琉球国臣子の常分忠節也、此精神は死すとも不止と警官に対して口述候如き、類似叛民までも自由任放に付し置候姿たにて、彼等必曰く。日本政府、支那を畏憚して、御救ひ嘆願は自由に付せり。不日、復旧無疑、目下仮立の日本政令は表向き丈け頭を下げをけ、と他を蠱惑するは勢之然らしむところ也。如此鴆毒不匡の徒を一点の取締、半片の罪科も無之ては、政府の威令、更に不相立。百般の施設、徒為に属し、無政府と目し可なるべく。又前所の蠱説に迷誤するは、本県3、40歳以上の者には不可逃の情勢にて、仮令、如何様殊典特恩あるも一時の政略のみにては、全体之撲滅相成兼候、慢性病毒とも可申候に付、何卒先回伺出通、旧藩中、他国無手形渡海之科律参用、相応之取締相付候様仕度候」と、長年にわたる琉球と中国との繋がりを断たせることの難しさを述べるとともに、沖縄県の安定のため、「脱清人」への取締りを強化すべきことを主張している。4月8日には無手形渡航者を旧藩法にもとづく処分をする県令通達甲第25号を出し、また有禄士族で無旅券渡航者には帰省するまで金禄支給を停止する布達との措置も取る。ただし実際には「脱清人」の出現を阻止することはできなかった。

　彼は学校教育の普及に特に力を入れ、その成果は「19年〔1886年〕の

春、予同県令転任の際、山県内務大臣巡回のときには、小学生徒は立派なる日本語にて祝文を明読するに至れり。其際、中学校も出来、英語科の設けもあり、東京留学の子弟も出来、今〔1908年〕は大学卒業者の両3名ある筈なり」(『御祭草紙』 47頁) とのちに回想している。

大東島に国標建設・沖縄県管下に

　東アジアでの列強の動きは活発化した。ベトナムの支配をめぐって始まった清国とフランスの戦争は、1884年8月になるとフランス海軍が福建省福州の馬尾軍港を攻撃。さらに台湾の基隆をも攻略しようとしたが、淮軍将軍劉銘伝が奮戦してこれを撃退した。清国政府は以後、台湾の建設を重視し、福建から台湾を分離させ、1886年9月に劉銘伝を初代台湾巡撫に任命した。

　日本は清国がフランスとの戦争に集中せざるを得ない機に乗じて、朝鮮における親日勢力による「甲申事変」(1884年12月)を起こさせるが、清国軍がこれを鎮圧したためクーデターは失敗。翌年に伊藤博文が特派全権大使となって天津に行き、李鴻章との間で朝鮮からの撤兵交渉をし、1885年4月18日に条約を結び「将来、朝鮮国若し変乱重大の事件ありて、日中両国或いは一国兵を派することを要するときは応に先づ互いに行文知照すべし」(『日本外交文書』18巻　309頁)と、朝鮮に対し日本が清国と同等の派兵権があることを清国に認めさせた。イギリスは1885年4月に、ロシアの太平洋への進出を阻む目的から、朝鮮半島の南端にある巨文島を占拠して海軍基地を作った。

　1885年2月末に旧琉球王・尚泰の帰京に同道して東京に戻った西村捨三・沖縄県令は「英露の衝突とか何とか、又日本朝鮮事件とか、何とか蚊とか云ふことで、琉球沿海も一層の取締り必用(ママ)となり、4月頃、渡琉し、汽船出雲丸を常備として警戒したり」(『御祭草紙』　53頁)。出雲丸を活用して沖縄本島と宮古、八重山との連絡を密にするとともに、5月28日に井上馨外務卿と山県有朋内務卿に「今般露英関係漸次切迫の形況に」立ち至ったため、外国船の開港場がない沖縄に、もし外国船が薪水・食料を

求めて来航した場合の対応、とりわけ「何国を論ぜず、若し支那地方、印度海に航する者」や「戦闘等に因り傷痍病（伝染病に非ず）を受けたる者等一時上陸治療の義申立てる」場合、「戦闘に由て軍艦難破に至り一時救助を乞ふ者有る時」、「軍艦に非ざる船、海賊等に襲撃せられ難破に至る者」が発生した場合等への対応についての外国船の取扱い方の伺いを立てている。それに対する外務卿、内務卿の回答も含め、詳しくは「外国船取扱方の義に付沖縄県令伺並指令」（B11092871900）を参照のこと。

　日本政府は自国の領域確定、周辺海域にある無人島の調査、領有のための作業を活発化していく。

　おそらく6月末か7月上旬であろうが、内務省から沖縄本島の東方に位置する無人島・大東島への調査を指示する内命が西村捨三沖縄県令のもとに届く。それを受けて沖縄県大書記官・森長義が上京し、1885年7月15日に内務省に「大東島巡視取調要項の義に付伺」を提出する。その内容は「沖縄県近海無人島巡視取調き御内命を蒙り候、就ては海軍省の都合を以て、来る明治19年1月中、航海可致に付、該取調に係る要項を掲げ、予め御指揮を請置度、此段相伺候也」として「一　大東島経度緯度取調の件、二　同島の幅員地勢禽獣草木物産気候、将来人民居住に適するや否取調べ、三　同島は無人島と称するも、数十年前、鹿児島藩琉球在番官田代源之丞漂流せりと言ふ。右に付き本人の処置に関する件、四　同島を沖縄県管下と定め、名称は従来称呼に拠り大東島と唱え、国標を建設すること、五　漂流民あらば之が処置、六　外人占領し居らば之に対する処置、七　経費に関する件」（百瀬孝『史料検証　日本の領土』河出書房新社　57頁）。

　同時に7月17日、森長義は川村純義海軍卿宛てに、明年1月中に同島の実地測量調査を実施したいので軍艦への乗り組み、利用許可を申し出る。海軍省は検討のうえ明年1、2月に軍艦派遣による調査実施を許可する回答を8月4日に出す（C11019493400）。

　沖縄県はすでにこの年5月2日に出雲丸を雇入れており、西村県令は上京中の森・大書記官を通じて7月20日に「沖縄県下へ船舶回漕之儀、当分の内、従前の通可取計」うよう山県内務卿に上申している

（A03022909600）。西村はその際、大東島への調査に出雲丸を利用することの伺いを出したものと推定される。内務省は8月1日に「書面具状の趣、其県雇入汽船を以て巡視可致。其他左の通り可心得事」と軍艦借用による巡視ではなく、出雲丸を活用することを認めている。「第1条　当度巡視の際は其議に及ばず」と緯度、経度の調査を免除したのは、民間船を利用した調査であるための措置であろう。「沖縄県管下と定め、名称は従来称呼に拠り大東島と唱え、国標を建設する」という「第4条、申出の通り」として承認するとともに「尤も開拓漁業等なし得べき場所可成詳細取調ぶべし」と追加した「大東島調査命令」が出された（前掲百瀬著58頁に引用されている江崎龍雄『大東島誌』1929年より）。

　大東島を沖縄県管下に置き、国標を建設することは、県令からの申し出によるものではなく、事前に内務卿からそのようにとの内命による指示があったからである。8月1日付けの「大東島調査命令」は2週間ほどで沖縄の西村県令の手元に届いたのであろう。西村県令は石沢兵吾ほか5名の県職員に8月21日、大東島出張実施視察の命令を出す。8月23日に那覇出航予定であったが、悪天候の影響で28日に延びた。29日には南大東島、31日には北大東島にそれぞれ上陸し、指示された通りの実地調査を行い「沖縄県管轄」と銘打った「国標」を建設した。林鶴松船長は「奉大日本帝国沖縄県之命東京共同運輸会社出雲丸創開汽船航路」という標を建て、出雲丸は9月1日に那覇に帰港した。

　石沢兵吾は翌日、西村捨三宛てに「大東島実地踏査の景況概略取調並携帯品目録写真説明相添」えた復命書を提出する。林鶴松船長も「大東島回航」と題する報告書を提出する。

　それを受けて西村捨三は9月3日、山県有朋内務卿に「大東島巡視済の儀に付上申」を提出する。そのなかで彼は「伺定条目中、第四条に基き、我沖縄県の管轄に組込、国標を建設致候。尤詳細の取調は来る明治19年1月、軍艦御派出之節、尚(なお)主任を遣し実際の景況並に意見可及開申候条、不取敢(とりあえず)本件御聞置相成度、此段上申候也」（C11019564600）と書くが、すでに国標まで建ててしまったのだから、軍艦を再度派遣するまでもなかろう、と内心思っていたかも知れない。おのれの果断な措置を密かに誇って

第6章　西村捨三の1885年　……　153

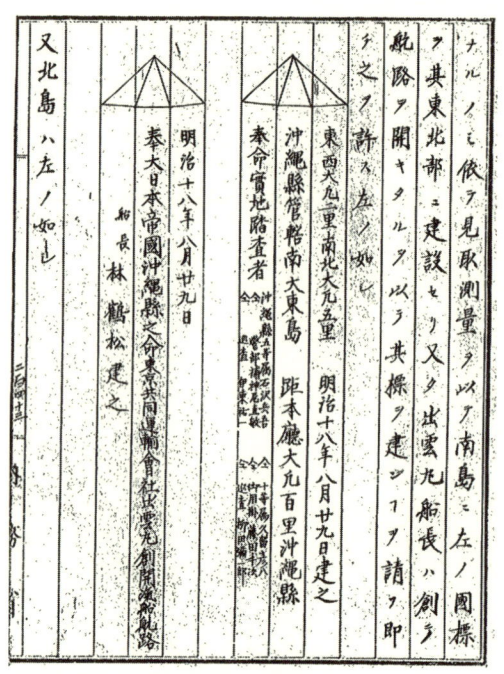

石沢兵吾の「大東島巡視取調概略」より

いることが伺える文面である。翌年1、2月に予定していた「詳細の取調」は「海軍省第12年報」（A07062098300）に実施記載がないので、実際には軍艦派遣による再調査は行われなかったと思われる。

「9月26日内務卿から太政大臣宛に『沖縄県からの上申を参考のため供覧する』として内申、28日全参議に回覧、10月31日太政大臣および左大臣連名で天皇に『御覧に供』し、天皇の覧の印が押された、という経緯である。天皇の覧印押印が決定ではなく、8月31日の国標建設が領土編入の日取りということであろう。何かの機関での決定があったわけではなく、行政命令に従って『標』を建て、それを報告し、最終的に天皇の覧印があるというものである。どこからも苦情がでなかったので、手続き面で問題視されることはなかった。もともと

の日本領が管轄不十分であったので沖縄県管轄下に入れたに過ぎないのか、新たに日本領にしたのかという認識は確認されていない。なお設置したという国標なるものは、沖縄管轄にしたという文面からすると、むしろ県標というべきものであろう」(百瀬　59頁)

　百瀬が指摘している通り、大東島の領土編入は手続きとして問題がある。内務省と沖縄県のやり取りからは、当初、内務省は軍艦を利用して大東島への巡視取調べを行うことを内命していたのを、下級機関である沖縄県側が現在雇入れている出雲丸の活用を申し出、しかも単に調査するだけでなく、内命によるとはいえ、国標を建て、沖縄県管轄下とすることをも提案し、内務省側がそれを採択したかのような形をとっている。西村捨三はのちにこの大東島領有を手柄話のように語っている。

　　「琉球の東方200浬計りなる無人島大東島と唱ふるを沖縄県に組み
　　入れたり。其後冒険家1、2度往来せし由なれど、必竟無用なりき」
　　(『御祭草紙』　53頁)

　一方、井上馨外務卿は後述する「沖縄県と清国との間に散在する無人島に国標建設は延期する方然るべき旨回答の件」(10月21日)において「曩に踏査せし大東島の事并に今回踏査の事共、官報并に新聞紙に掲載不相成候方可然存候間、夫々御注意相成置候様致度候」(『日本外交文書』18巻　575頁)と『官報』にも新聞にも掲載せず、内密にしておくよう山県内務卿に提言している。外務卿からすれば、内務卿の独断による領有行為、しかも下級機関に追随するかのごとき動きは宜しくない、と判断したのではなかろうか。

久米赤島、久場島及魚釣島調査の内命

　前述した通り、大東島への巡視調査の件で7月中旬から上京していた森長義沖縄県大書記官は、西村県令の指示にしたがって大東島の現地調査

を雇入汽船・出雲丸によって実施するよう内務省に伺いを立てた。西村があえて出雲丸の活用を持ち出したのは、県の傭船継続に要する「沖縄県船舶回漕費」を確保してもらう必要があったためと思われる。沖縄本島と宮古、八重山との間の連絡、さらには入表〔今日では「西表」と表記する〕、与那国との航路を開設するうえでも、政府の予算措置が必要であった。その意味で大東島への巡視調査を進んで引き受けることは重要なアピールになりうる。大東島を沖縄県管轄下に置くこと、そして国標を建設するという越権行為を敢えて行った背景には、沖縄の島嶼間交通の維持、発展を実現したいという沖縄県令としての願いがあったと思われる。

　一方、西村県令の大東島領有への迅速かつ積極的な対応に触発されて、山県内務卿は出雲丸のいっそうの活用を思い立ち、「沖縄県と清国福州との間に散在する無人島、久米赤島外二島取調」を森・大書記官に内命したものと推察される。9月1日、山県内務卿は9月から来年3月までの「沖縄県船舶回漕費」として3万3741円19銭2厘を提供するよう三条実美太政大臣に上申する（A03022909600）。「沖縄県船舶回漕費」の確保の目途が立ったことを確認した森・大書記官は、9月3日に那覇に戻るべく東京を離れる（C10101772100）。

　ここでわれわれが注目すべきは、内務省からは「大東島調査命令」が8月1日付で、海軍部からは8月4日付の軍艦利用許可の回答が出ているにも係わらず、森長義はただちに那覇に戻ることはせず、9月3日まで東京に滞在していたことである。なぜだろうか。それを考えるうえで重要な事実がある。

　9月6日に上海の華字紙『申報』に「台島警信」と題する記事が載り、そこでは「『文匯報』〔当時、上海にあった英字紙〕に高麗から伝わって来た情報として、台湾東北辺の海島に、近頃日本人が日章旗をその上に懸け、大いに占拠しようとする勢いにあると謂う。いかなる意見によるものか、まだよく分からないが、一先ずここに記録し、後聞を待つことにする」と日本への警戒心を呼びかけていた。

　筆者は英字紙『文匯報』の内容確認を済ませていないが、英字紙に掲載された高麗（朝鮮）からの情報というのは、情報源の隠匿と記事の反響拡

『申報』1885年9月6日

大を狙った意図的な情報操作ではなかろうか、と推測している。その推定の当否はともかくとして、重要なことはすでに9月6日の時点で、台湾の東北方向にある島嶼に日章旗を掲げようとする動きがあり警戒すべき、と上海の華字紙が報じていることである。

　山県有朋から沖縄県と清国福州との間に散在する無人島の取調べの内命を受けた森長義が東京から出発したのは9月3日。東京から神戸までの鉄道が未開通の当時、西村捨三が那覇で森長義から内命を受け取るには2週間程度の時間が必要である。出雲丸が内命にもとづいてこれらの島々への調査のため、実際に那覇を出航したのはさらに遅く、10月22日のことである。9月6日の上海『申報』報道との間のタイムラグが大きすぎる。それとも『申報』の記事は8月29日、31日に実施した大東島への調査と国標建設を指しているのだろうか。大東島は台湾からは東北ではなく、東

石沢兵吾　久米赤島久場島魚釣島之三島取調書　9月21日（部分）

方に位置しているし、中間には南西諸島が存在し、清国側が大東島の領有行為に警戒心を抱く必然性はない。どう考えても大東島の調査・領有とは関係なさそうである。

　となると 8 月の段階で森長義大書記官に内務省から内命が下されたという情報を密かに入手した人物がいて、『申報』に記事を掲載することで、日本側の動きへの警戒心を喚起する行動に出た、と考えることができよう。なぜ内密に行ったはずの命令伝達が外部に流出してしまったのか。内命を受けた森は、清国との外交問題になる可能性を否定できないことを危惧し、在京の旧琉球藩関係者あるいは清国側の人物に意見を聞くなどの行動に出たため、その過程で情報の外部流出が発生したのではなかろうか。そのようなためらいがあったからこそ 1 ヶ月近く東京滞在が延長になったものと思われる。あるいは在京沖縄県事務所内部に「脱清者」と内通する職員がいた可能性も否定できない。山県内務卿から、9 月から来年 3 月までの「沖縄県船舶回漕費」3 万 3741 円 19 銭 2 厘を確保することを伝えられ、それとの引き換えで、内命の実施を約束させられたものと思われる。那覇に向う森長義の心境は複雑であったろう。

　那覇に戻った森長義から内命を伝えられた西村捨三も、大東島の場合とは異なり、直ちに出雲丸の出航を手配する、という手際よい対応をすることができなかった。琉球の歴史に通暁し、また現状をも掌握している西村は、今回の内命が問題を孕んでいることをよく理解していた。そこで彼はまず大東島への実地調査を行った石沢兵吾に、琉球と福州との間の往来経験者からの聞き取り調査を行わせた。「久米赤島久場島魚釣島之三島取調書」と題する石沢兵吾の報告（9 月 21 日　B03041152300 の 8 〜 10）の主な内容は以下の通り。

「右三島は沖縄と清国福州との間に散在せる無人島なる由は一般言ふ所にして、本県人も往々之に渡りたる事あり、と言ふは古来流布の説なれども、書に就きて詳悉し得るものなし。然るに目下、美里間切詰山方筆者を奉職せる大城永保なる者は、廃藩前、公私の用を帯て屢清国へ渡航せし節、親しく目撃せし趣、曽て小官に語れり。因て猶親

しく本人に就き取調ぶるに概ね左の如し。〔以下に久米赤島、久場島、魚釣島について、大城の語ったことを紹介している。魚釣島を紹介する際に〕「一回は其南方航海の節、帆船の順風を失したるを以て、6時間程寄港したれば、本船の伝馬〔伝馬船のこと〕に乗じ、極て岸に接近したれども、無人島なれば内部何等の動物棲息するやも難計に付、敢て上陸は為さざりしなり」

「同人が右三島を見たるは安政6未〔1859〕年を以て始とし、爾後34年の間、年々渡清の帰路、2、3度見たりと云ふ」

「〔久米赤島、久場島、魚釣島という〕右三島の名称は従来沖縄諸島咸唱ふる所とす。今之を英国出版の本邦と台湾間の海図に照らすに、久米赤島は彼 Sia u see〔Tia u see とすべき〕、久場島は彼 Pinnacle、魚釣島は彼 Hoa-pin-see に相当り、中山伝信録の赤尾嶼は久米赤島、黄尾嶼は久場島、釣魚台は魚釣島に相当すべき歟。大城永保が説に拠り、今仮に琉球新誌〔大槻文彦著 1873年出版〕の図中に入れて、以て其位置の概略を記す。固より配置、大小共に其当を得ざるものとす」

大城永保からの聞き取りをまとめた石沢兵吾からの取調書が提出された翌9月22日、沖縄県令西村捨三は内務卿伯爵山県有朋宛てに「第315号久米赤島外二島取調の儀に付き上申」を提出する。

「本県と清国福州間に散在せる無人島取調之義に付、先般在京森本県大書記官へ御内命相成候趣に依り、取調致候処、概略別紙の通〔前日提出の石沢兵吾「久米赤島久場島魚釣島之三島取調書」〕に有之候。抑も久米赤島、久場島、及魚釣島は古来本県に於て称する所の名にして、而も本県所轄の久米、宮古、八重山等の群島に接近したる無人の島嶼に付、沖縄県下に属せらるるも敢て故障有之間敷と被存候得共、過日御届及候大東島（本県と小笠原島の間にあり）とは地勢相違、中

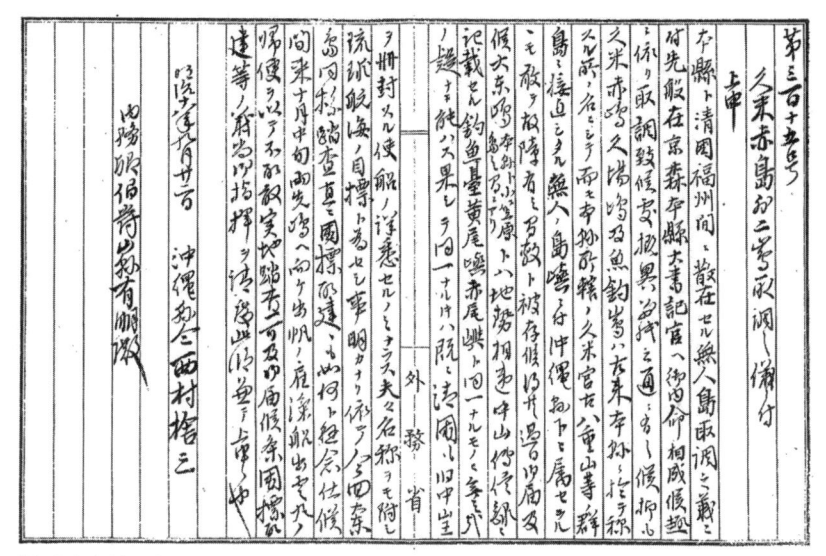

「久米赤島外二島取調の儀に付き上申」 9月22日

山伝信録に記載せる釣魚台、黄尾嶼、赤尾嶼と同一なるもにに之哉の疑なき能はず。果して同一なるときは、既に清国も旧中山王を冊封する使船の詳悉せるのみならず、夫々名称をも附し、琉球航海の目標と為せし事明らかなり。依て今回、大東島同様、踏査直に国標取建候も如何と懸念仕候間、来10月中旬、両先島へ向け出帆の雇汽船出雲丸の帰便を以て不取敢(とりあえず)実地踏査、可及御届候条、国標取建等の義、尚御指揮を請度、此段兼て上申候也」（B03041152300の7 『日本外交文書』18巻 573〜4頁）

西村のこの上申からいくつか重要な事実を確認することができる。

①三島調査実施は山県有朋から「内命」として在京中（9月3日以前）の森長義県大書記官に伝達されたものであること。
②内命には、国標建設をも同時に実施すべきことが指示されていた。これは大東島への前例を踏まえたもの。

③しかし西村捨三は、これら三島（久米赤島、久場島、魚釣島）を大東島と同様に扱うことはできない、とあえて進言する。

④その理由は第一に地理的に見ると、問題の三島は久米、宮古、八重山等沖縄の群島に接近してはいるが、釣魚台、黄尾嶼、赤尾嶼として『中山伝信録』にも記載されている島々であり、琉球と福州とを往来した経験のある人々（例えば大城永保という美里間切詰山方筆者）なら熟知している島々であること。

⑤単に琉球からの清国への渡航経験者が知っているだけでなく、中国からの冊封使という公式使節が琉球に来航する時の記録にも、航海の目標として記載されている島々であること。（なおこれをもって単なる目標に過ぎなかった、とする説がある。しかし外務省が琉球藩に出した「国旗交付各島庁に掲揚方通達の件」(1873年4月13日　『大日本外交文書』6巻　377頁）は「海中の孤島、境界分明に無之候ては、外国掠奪の憂も難計候間、今般其藩へ御国旗大中長流、御渡相成候条、日出より日没迄、久米、宮古、石垣、入表、与那国、五島の庁へ可揚示」と指示している通り、琉球・沖縄と外国との境界は明確にさせており、沖縄県管轄の責任者である県令西村捨三は当然この指示を踏まえている。「単なる目標」説は成り立たない。）

⑥国標建設による領有行動をも実施した場合、清国との間で問題になることは必至である。三島の実地調査は命令だから実施するが、調査即国標建設という指示についてはご再考をお願いする。実際には取り下げていただきたい、ということである。

⑦大東島調査では西村のほうから出雲丸の利用を申し出て、しかも指令が出るや直ちに実施したが、今回の三島については、まず大城永保への聞き取りをし、調査実施への懸念表明の根拠にするとともに、調査実施は10月中旬に先島諸島に出航する出雲丸の帰路に立ち寄るだけであり、三島調査のために特に出雲丸を派遣させることはしない。

以上の通り、大東島二島と今回の三島調査とでは西村捨三の対応ぶりには顕著な対比が見られる。琉球分島問題で琉球人の日本政府にたいする不信と憤りが高まっている状況を、硬軟両手段を尽くし苦心惨憺、人心を安

堵させようと奮闘している現場の努力を台無しにするような指示に、彼は内心、憤懣やる方なし、といったところであったのだろう。

9月22日の西村県令からの上申は2週間ほどして山県の手元に届き、山県内務卿は10月9日に井上馨外務卿に「別紙甲号の通、同県令より上申侯に付、即ち別紙乙号の如く其筋へ相伺度存候。就ては御意見承知致度、此段及御照会侯也」と照会をする。

その際に添付した別紙乙号の内容は以下の通り。なお「其筋」とは太政大臣を指す。

「〔前段は省略〕別紙之通、同県令より上申侯処、右諸島の義は中山伝信録に記載せる島嶼と同一の如く侯へ共、只針路の方向を取りたる迄にて、別に清国所属の証跡は少しも相見へ不申。且つ名称の如きは、我と彼と各其唱ふる所を異にし、沖縄所轄の宮古、八重山等に接近したる無人の島嶼に有之侯へば、同県に於て実地踏査の上、国標取建侯義、差支無之と相考侯間、至急何分の御詮議相成侯様致度、別紙相添此段相伺侯也」(B03041152300の6 『日本外交文書』18巻 573頁)

琉球の歴史と実情に関心の薄い山県有朋からすれば、大東島同様、宮古、八重山に近い無人島に国標を建設することは何ら差し支えないことと思えたのであろう。では照会を受けた井上馨外務卿はどう回答したか。井上外務卿は回答するのにしばらく時間を要した。10月21日に「親展 第38号」として山県内務卿に回答を発する。

「〔前段省略〕本月9日附甲第38号を以て御協議の趣、致熟考候処、右島嶼の儀は清国々境にも接近致候。曩に踏査を遂げ候大東島に比すれば、周回も小さき趣に相見へ、殊に清国には其島名も附し有之候に就ては、近時清国新聞紙等にも、我政府に於て台湾近傍、清国所属の島嶼を占拠せし等の風説を掲載し、我国に対して猜疑を抱き、頻に清政府の注意を促し候ものも有之候様に付、此際遽に公然国標を建設す

第6章 西村捨三の1885年

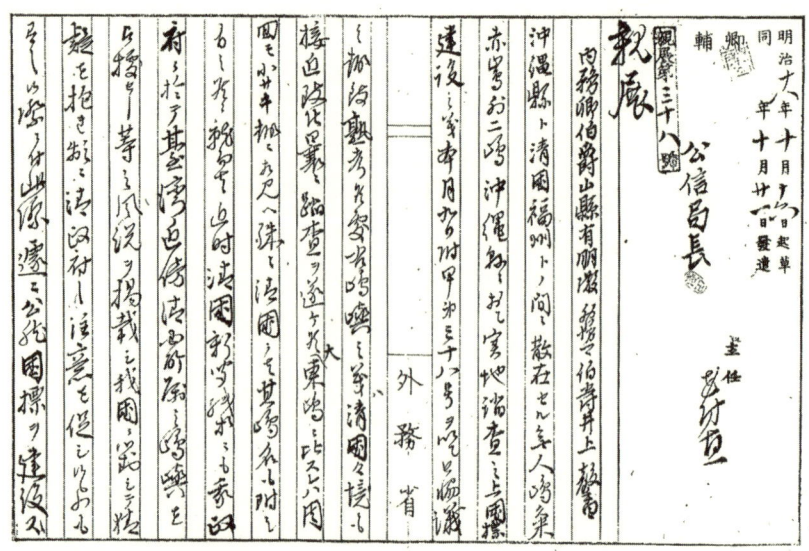

井上馨から山県有朋宛親展　10月21日

る等の処置有之候ては、清国の疑惑を招き候間、差向実地を踏査せしめ、港湾の形状并に土地物産開拓見込有無等詳細報告せしむるのみに止め、国標を建て開拓等に着手するは、他日の機会に譲候方、可然存候。且嚢に踏査せし大東島の事并に今回踏査の事共、官報并に新聞紙に掲載不相成候方、可然存候間、夫々御注意相成置候様致度候。右回答旁、拙官意見申進候也」（B03041152300 の 13～14 『日本外交文書』18 巻　574～575 頁）

なお「明治 18 年 10 月　沖縄県久米赤島、久場島、魚釣島へ国標建設ノ件」（B03041152300 の 3）には外務省の部下が井上馨に宛てたものと思われる走り書きメモが収められている。

「近時清国の新聞に我政府は清国に属する台湾地方の島嶼を占拠せし様の風評を掲げ、清政府の注意を喚起せしてあり。故に此際叢爾たる〔非常に小さな〕一小嶼には暫時は着分不相応の不要のコンプリケー

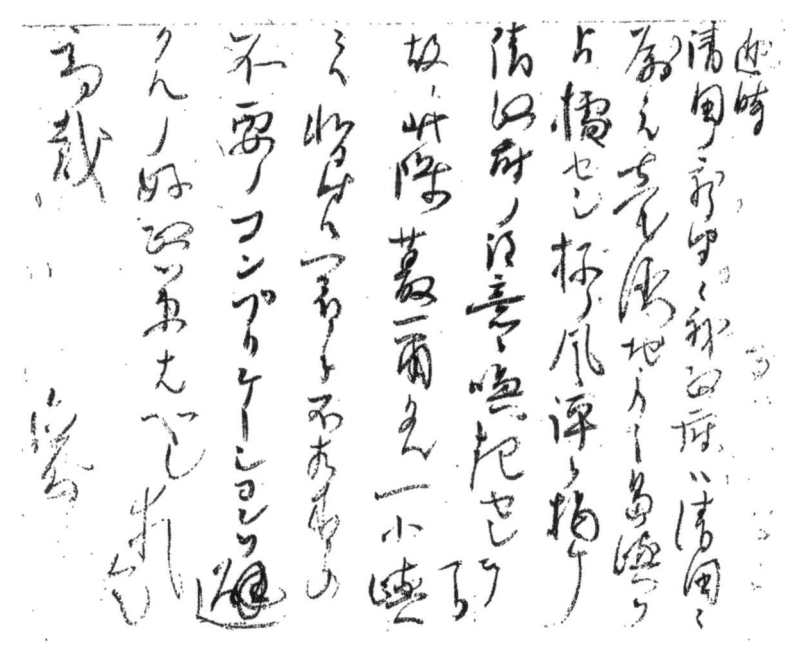

「不要のコンプリケーションを避くるの好政策なるべし」

ションを避くるの好政策なるべし、相乞次第哉」

　井上外務卿のもとには『申報』9月6日の記事に関する情報が届いていた。山県内務卿から送付されてきた西村沖縄県令の上申書類にも目を通し、「沖縄県と清国福州との間に散在する無人島」へ国標建設することがどのような結果をもたらすのかを熟考した。彼には清国との条約改正問題と絡めて琉球分割案を提起し、いずれも成果を収めることができなかった、という苦い経験がある。小さな無人島のことで清国政府を刺激し、不要なコンプリケーション（紛糾）を作り出すことは得策ではない。当面は港湾や土地、物産、開拓の見込みなどを調べるだけにとどめるべき、という意見を回答する。この意見に接して山県も西村県令の9月22日付上申への回答を差し控えたものと思われる。
　一方、那覇では10月中旬に出雲丸を宮古、八重山に出航させる準備が

出来た。西村捨三は内務卿からの回答を待っていたが、なかなか届かないので、ひとまず石沢兵吾等6名の県職員に魚釣島外二島への巡視調査を命ずるが、国標建設のことは伝達しなかった。石沢兵吾等一行は10月22日、出雲丸に乗り組み那覇を出航する。西村捨三は『官報』715号（11月17日）に掲載されている通り、11月13日に上京しており、出雲丸の出航を見届け10月下旬には那覇を発つ。国標建設の指示についての懸念を直接、上司たる山県内務卿に伝えるための上京であろう。

国標　目下建設を要せざる

出雲丸は入表島からの帰路、10月29日から魚釣島外二島への巡視調査を実施して、11月1日に那覇に戻った。大東島調査時には出雲丸は「東京共同運輸会社」所属であったが、今回は「日本郵船株式会社」所属に変わっていた。船長は引き続き林鶴松で、彼は那覇に戻った翌日の11月2日に沖縄県大書記官　森長義宛てに「魚釣、久場、久米赤島回航報告書」を提出する（B03041152300の24〜27）。

石沢兵吾は報告書の作成に手間取ったためであろう（かなり長文）、11月4日に「魚釣島外二島巡視取調概略」と題する復命書を沖縄県令西村捨三殿代理　沖縄県大書記官森長義宛てに提出する（B03041152300の18〜23）。

それによると、出雲丸は29日午後4時に入表島を出航し、30日午前4時に魚釣島の近くに到達。同8時に端船に乗って同島西岸への上陸を目指して調査活動を開始した。以下に石沢の報告書から抜粋引用する。なお内務省の公文別録「沖縄県と清国福州との間に散在する無人島へ国標建設の件」（A03022910000）にも石沢の報告書が収められており、そちらのほ

西村捨三11月13日上京

〇議二上京セル新潟縣令篠崎五郎ハ一昨十五日歸任」沖縄縣令西村捨三去ル十三日栃木縣令樺山資雄ハ同十四日號モ上京」徳島縣令

うが判読しやすいので、それに拠った（同ファイル　4〜9）。

「10月29日午後第4時、入表島船浮港抜錨。針を西北に取り進航し、翌30日午前4時過、東雲棚引て旭未だ出でず、船室は尚黒白を弁せざれども、濤波は残月の為に明光を放つの際、本船の前面数海里の場に於て屹焉として聳たるものあり。是則ち魚釣島なり。同8時、端艇に乗し、其西岸に上陸して、周囲及内部を踏査せんと欲すれども、頗る峻阪なるを以て容易に登る事能はず。沿岸は又巨巌大石縦横にあり、且つ往々潮水の岩窟に注ぎ入るありて、歩行自由ならず。故に漸く其南西の海浜を跋渉して全島を相するに、此島嶼之周囲は恐く3里を超へざるべし。而して内部は巨大の岩石より成立、満面「コバ」樹、可旦、榕、藤等大東島の如く、沖縄本島と同種の雑草木を以て蔽ひ、間々渓間より清水流るれども、其量多からず。平原なきを以て耕地に乏し。浜海水族に富むを認むれども、前顕の地勢なるが故に、目下農漁の両業を営むに便ならず。然れども其土石を察するに、稍や入表群島中、内離島〔うちばなりじま〕の組織に類して、只石層の大なるを覚ふるのみ。依是考之ば、或は煤炭又鉄鉱を包合せしものにあらざる乎。若し果して之あるに於ては誠に貴重の島嶼と言はざるべからず」

「該島は本邦と清国との間に散在せるを以て、所謂日本支那海の航路なり。故に今も各種の漂流物あり。則ち小官等の目撃せし物は、或は琉球船と覚しき船板、帆檣、或は竹木、或は海綿漁具（竹にて製したる浮様のものを云う）等是なり。就中最も目新しく感じたるは長貳間半許、幅4尺許の伝馬船の漂着せしものなり。形甚だ奇にして曽て見聞せざるものなれば、之を出雲丸乗組人に問うに、曰く支那の通船なりと答へり」

「此島は曩に大城永保に就き取調、今実地踏査の上、猶英国出版の日本台湾間の海図に照らすに彼の Hoa Pin su なる者に相当る。而して入表群島中、外離島〔そとばなりじま〕西端より83海里とす。故に

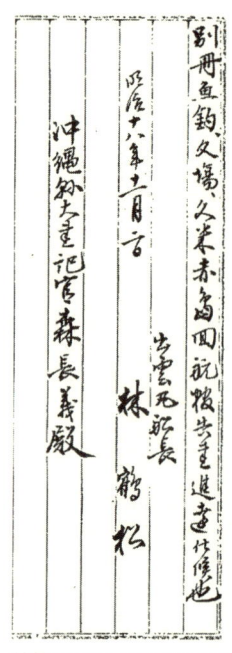

林鶴松船長の森長義宛報告書

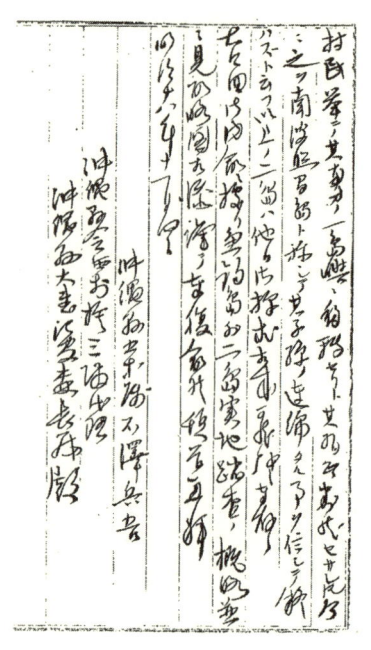

石沢兵吾の森長義宛報告

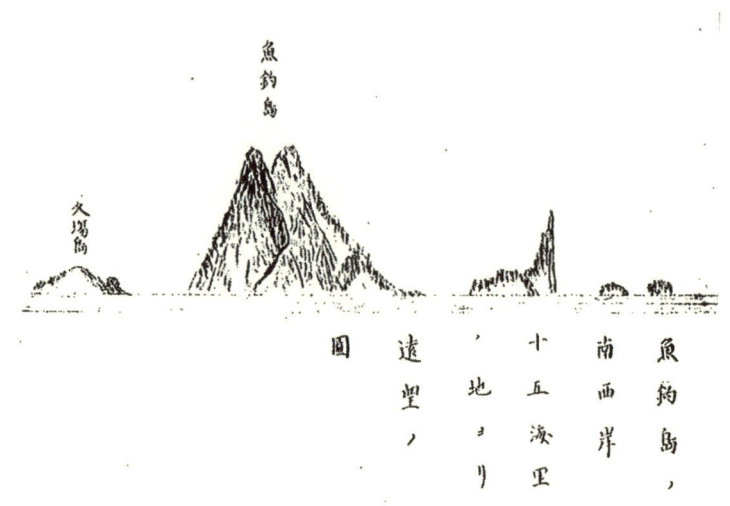

石浜兵吾の報告書にある遠望の図

台湾の東北端を去る大凡 100 海里餘、東沙島を東に去る大凡 214 海里餘なるべし。其 Tia u su(シアユシュ) を以て久米赤島に当てたるは全く誤にて、久米赤島は Raleigh Rock(ラレーロック) に当り、一礁なるのみ。Pinnacle を以て久場島に当たるも、亦誤にて「ピンナックル」なる語は頂と云う義にして、魚釣群島中、六礁の最も屹立せしを言うものなり。依て彼是其誤を正さんに、魚釣島は Hoa Pin su(ホアピンシュ)、久場島は Tia u su(シアユシュ)、久米赤島は Raleigh Rock(ラレーロック) なるべし」

　石沢兵吾は英国出版の海図と対照して、魚釣島＝Hoa Pin su(ホアピンシュ) としているが、これはすでにサマラン号の調査のところ（本書90頁）で紹介した通り、釣魚嶼であるべきところを花瓶嶼(ホアピン)と間違えたことを引き継いでいる。久場島＝Tia u su(シアユシュ) としているが、Tia u su(シアユシュ) は本来、釣魚嶼(ティアオ)の表記であり、魚釣島を指す。Pinnacle は「魚釣群島中、6礁の最も屹立せしを言うもの(ピンナックル)」とあり、今日の「尖閣諸島」なる呼称は英国出版の海図表記に由来することもこの石沢の報告から判る。石沢兵吾は今回の調査で島名を正したものと思っているが、実際には正せていない。

　午後2時に出雲丸は魚釣島を離れ、久場島に向かい、上陸しようとしたが、日没間近で東北の風が強くなったため、上陸を諦め、「傍観に止」まざるを得なかった。そのあと那覇への帰路、久米赤島に立ち寄ろうとしたが、風がいよいよ強くなり、しかも夜になったため、はっきりと確認することができなかった。つまり今回、上陸して調査らしきことができたのは魚釣島のみ、しかも長く見積もっても午前8時から午後2時までのわずか6時間、島の南西部分を歩いたに過ぎない。

　石沢兵吾の11月4日付復命書および林鶴松の11月2日付回航報告書を受けて、11月5日に沖縄県令西村捨三名義の「第384号　魚釣島外2島実地取調の義に付上申」（B03041152300の32）が作成される。ただしこれは西村捨三が書いたものではなく、森長義県大書記官が代理して書いたものである。なぜなら西村は11月5日は上京途中にあり、ファクシミリや携帯電話の存在しない当時、報告書類に接することすらできない。林鶴松も石沢兵吾も西村不在の際の代理である森長義県大書記官に提出する

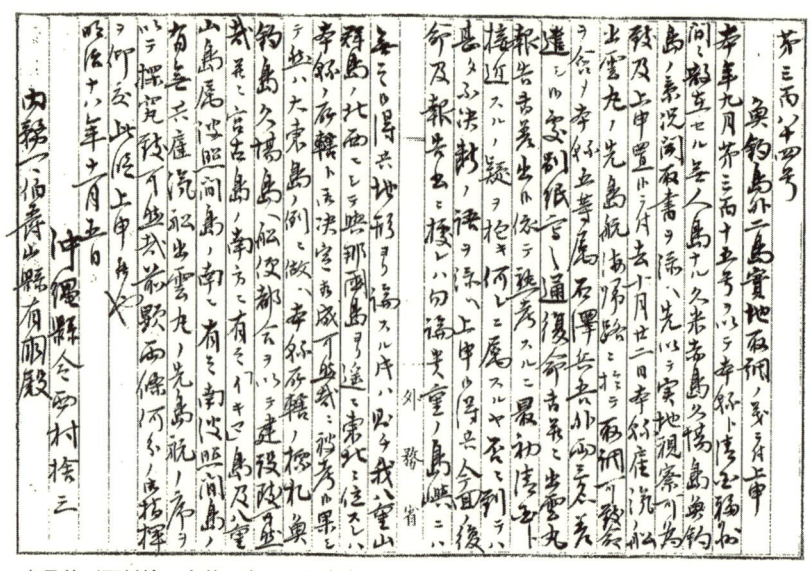

森長義が西村捨三名義で書いた上申書 11月5日

ものであることを明記している。実地調査を行い、報告書類も揃った以上、山県内務卿にそれらを添えて上申する必要がある。県令が東京へ出張中なので、県令代理の森長義県大書記官が11月5日に「第384号　魚釣島外二島実地取調の義に付上申」を書く。その際に彼は沖縄県令西村捨三の名義で書いている。問題はその中身である。

　「依て熟考するに最初清国と接近するの疑を抱き、何れに属するや否に到ては甚だ不決断の語を添へ上申候得共、今回の復命及報告書に拠れば、勿論貴重の島嶼には無之候得共、地形より論ずるときは、即ち我八重山群島の北西にして、与那国島より遥に東北に位すれば、本県の所轄と御決定相成、可然哉に被考候。果して然ば大東島の例に倣へ、本県所轄の標札、魚釣島、久場島へ船便、都合を以て建設致可然哉」

　森長義は現実にもとづいて独立思考するだけの気骨を持ち合わせていなかったし、それをするだけの知識、能力もなかった。西村捨三県令代理の

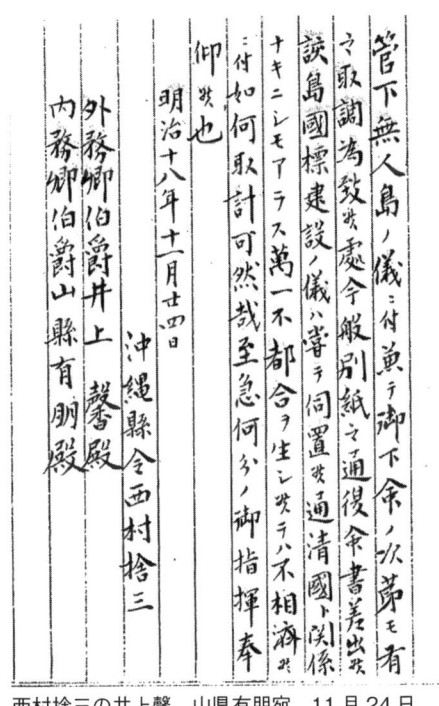

```
管下無人島ノ儀ニ付黄尾ヲ御下余ノ次第モ有
之取調為致候處今般別紙之通復余書差出
該島國標建設ノ儀ハ嘗テ伺置ノ通清國ト関係
ナキニシモアラス萬一不都合ヲ生シ候テハ不相済
ニ付如何取計可然哉至急何分ノ御指揮奉
仰候也
　明治十八年十一月廿四日
　　　　　　　　　沖縄縣令西村捨三
　外務卿伯爵井上馨殿
　内務卿伯爵山縣有朋殿
```

西村捨三の井上馨、山県有朋宛　11月24日

立場にありながら、西村捨三の名義を使って、9月22日の上申を否定し、沖縄県所轄にすることに理解を示し、標札建設も差し支えなし、と回答している。内命を授けた山県内務卿に従順たらんとした結果である。この「小役人」の僭称文書は後年、問題を起こすことになる。

11月13日に上京した西村捨三の手元に、石沢の復命書と林の報告書を添付した森長義作成の11月5日付け上申書が届く。おそらく11月24日直前のことであろう。森の僭称上申書を読み、焦燥感を強めた西村は11月24日に以下の通りの書簡を出す。

「管下無人島の儀に付、兼て御下命の次第も有之取調為致候処、今般別紙の通、復命書差出候。該島国標建設の儀は嘗て伺書の通、清国と関係なきにしもあらず。万一不都合を生じ候ては不相済候に付、如何

取計可然哉、至急何分の御指揮奉仰候也」(B03041152300 の 17　『日本外交文書』18 巻　576 頁)

　西村のこの書簡は外務省の帝国版図関係雑件（B03041152300 の 17『日本外交文書』）では宛て先が山県有朋一人になっているが、「内務省内申」として内閣書記官長が 12 月 8 日に発した回覧文書「沖縄県と清国福州との間に散在する無人島へ国標建設の件」(A03022910000 の 3) では宛て先が井上外務卿、山県内務卿両名併記の書簡となっている。おそらく同じ内容の書簡をそれぞれに出したが、内閣書記官長が回覧文書を作成するに際して同一内容であるため、両名併記にして実質的に上申書に相当するものとしたのであろう。

　西村の直属上司である山県とともに井上外務卿にも出している、ということは、彼が上京した後、井上が 10 月 21 日に山県宛てに出した回答文書をすでに西村が読んでいるか、あるいはこの件についてすでに外務卿にも面会し、国標建設についての懸念を表明し、井上から山県に働きかけてもらおうとしていたものと思われる。10 月 22 日に出雲丸の出航を見届けて間もなく上京したのにはそのような意図があったことが伺える。
　清国政府の反応を軽んじてはいけない、という点で井上と西村は見解が一致していた。11 月 13 日に東京に到着してから、西村は 9 月 6 日『申報』掲載記事の存在を知ったのだろう。西村の危惧はいっそう強まっていた。ちょうどその時期に那覇から森長義の僭称文書が西村のもとに届いた。彼の焦燥感はなおのこと募り、それが 11 月 24 日の外務、内務両卿宛て書簡を生んだのだろう。
　11 月 5 日の西村捨三名義の上申は西村本人が書いたものではないし、彼の考えを反映したものでもない。西村は当然のことながらそれを破棄する。外務省の『日本外交文書』には 11 月 5 日の上申書は収められていないし、上述の 12 月 8 日付内閣書記官長作成の「沖縄県へ指令の件、右御回覧候也」と書かれた回覧文書にも 11 月 5 日の上申書は収められていない。西村が井上、山県に宛てた 11 月 24 日付け書簡を実質的な上申書と

して扱っており、西村の11月24日書簡の次に収められているのは、石沢兵吾の復命書と林鶴松の報告書である。

　この内務省の明治18年の公文別録には内務省が関与した「沖縄県と清国福州との間に散在する無人島へ国標建設の件」に関する同年内に作成された文書がまとめられている。したがって12月8日の回覧文書以降のものでも、本件に関係あるものは収録されている。12月16日に山県有朋が「秘第260号丙　魚釣島鉱石之儀に付内申」として三条実美太政大臣に提出した内申文書が収められており、これは当時、まだ東京に滞在していた西村が差し出した上申書であり、西村捨三名義で「第407号　魚釣島鉱石之義に付上申」として11月21日に作成されている。この上申書は11月20日に石沢兵吾が沖縄県令西村捨三代理・沖縄県大書記官森長義宛てに提出した「魚釣島鉱石之義に付上申」を添付して上申したもので、こちらも森長義が代理作成したものである。しかしその内容は西村捨三としても承認できる内容（鉱石の分析結果の報告）であったから山県内務卿宛てにそのまま提出する。問題は内容にあり、11月5日の文書は西村捨三を僭称して西村の見解を否定した文書であるから、1885年11月の時点で破棄されている、と断言できるのである。

　井上、西村の指摘を受け、山県も安易な国標建設を思い止まることとなった。この件をいつまでも放置しておくわけにはいかない。問題を作った人間が解決策をも出さねばならない。そこでまず内務卿から外務卿に照会し、内務、外務両卿の見解を統一したうえで太政官に内申するという形を取ることにした。

　11月30日に山県有朋内務卿は井上馨外務卿に「秘第218号の2　無人島ヘ国標建設に関し沖縄県令への指令案協議の件」の照会を発する。「指令案」は「書面伺之趣、目下建設を要せざる儀と可心得事」（B03041152300の15　『日本外交文書』18巻　575〜576頁）というものである。

　なお「秘第218号の1」とは太政官宛て内申案である。

　12月4日に「親展第42号」で井上外務卿から山県内務卿に出された回答は以下の通り。

秘第二一八号ノ二

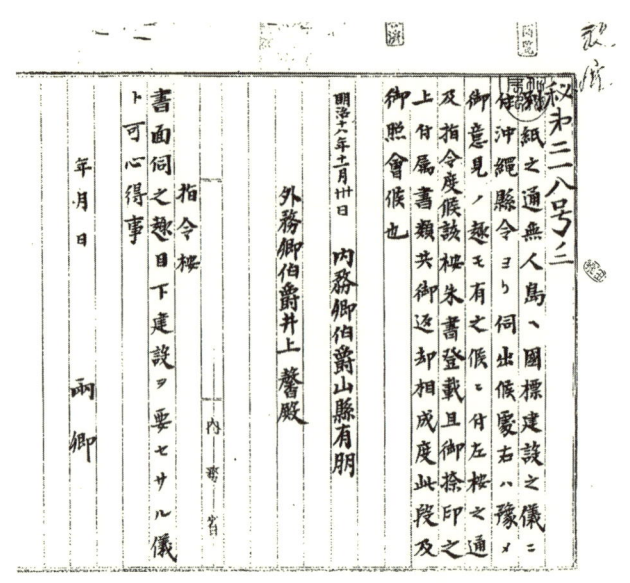

別紙之通無人島ヘ國標建設之儀ニ付沖縄縣令ヨリ伺出候處右ハ豫テ御意見ノ趣モ有之候ニ付左ノ通及指令度候該樹朱書登載旦御捺印之上御届書類共御返却相成度此段及御肥會候也

明治十年十一月卅日

　　内務卿伯爵山縣有朋

外務卿伯爵井上馨殿

　指令按

書面伺之趣目下建設ヲ要セサル儀ト可心得事

　年月日　　　　両卿

　　　　　　内務省

秘第218号の2　山県から井上へ　11月30日

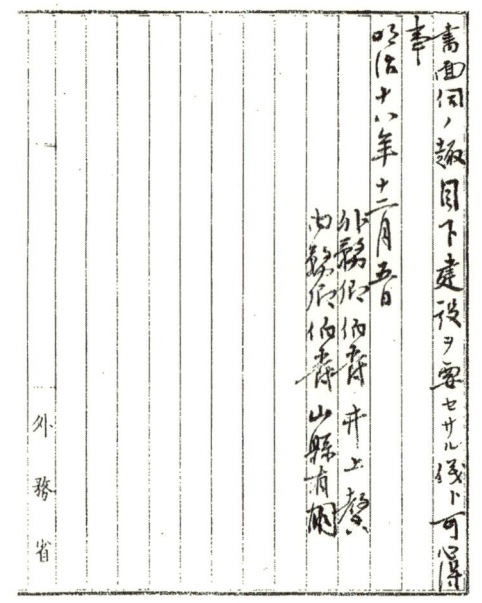

書面伺ノ趣目下建設ヲ要セサル儀ト可得

明治十八年十二月五日

外務卿伯爵井上馨
内務卿伯爵山縣有朋

外務省

外務卿内務卿「目下建設を要せざる儀」　12月5日

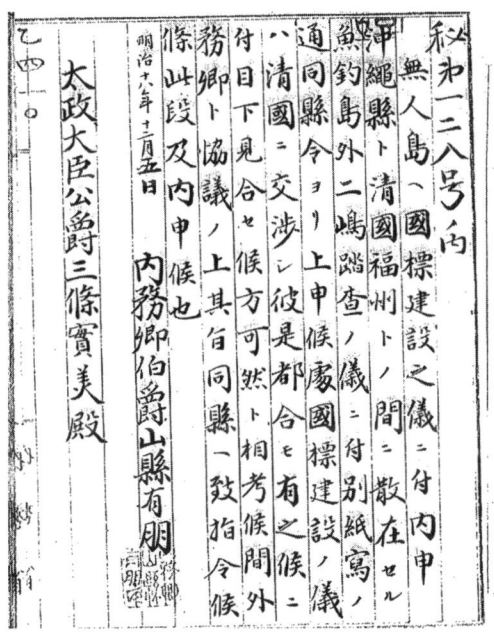

秘第128号の内 山県有朋から三条実美へ 12月5日

「沖縄県下無人島へ国標建設の儀に付、沖縄県令より伺出に対する指令の義に関し、去る11月30日附を以て右御指令案相添、御照会の趣致承知候。右は当省に於ても御同見に候間、別紙伺書に該案指令文記載、且捺印の上、附属書類共及御還付候也」((B03041152300の28『日本外交文書』18巻 576頁)

それを受けて翌12月5日、山県内務卿は「秘第128号の2 無人島への国標建設之儀に付内申」を三条実美太政大臣に提出する。

「沖縄県と清国福州との間に散在せる魚釣島外二島踏査の儀に付、別紙写の通、同県令より上申候処、国標建設の儀は清国に交渉し、彼是都合も有之候に付、目下見合せ候方、可然と相考候間、外務卿と協議の上、其旨同県へ致指令候条、此段及内申候也」(A03022910000の2)

第6章 西村捨三の1885年 …… 175

ようやくこれで「目下建設を要せざる」という結論に達することができた。その功労者は西村捨三である。

しかし『日本外交文書』18 巻 574 頁の「附記」版図編入経緯の解説はこれとは異なる記述になっている。

「国標取建に関し沖縄県知事より上申ありたるを以て、右の詮議方太政大臣へ上申するに先ち、明治 18 年 10 月 9 日、山県内務卿より井上外務卿へ意見を徴し、外務卿は熟考の結果、本島嶼が清国国境に接近せること、蕞爾たる島嶼なること、当時清国新聞紙等に於て本邦政府が台湾近傍の清国所属島嶼を占拠せし等の風説の掲載せられ、清国政府の注意を促し居ること等の理由に拠り、国標の建設、島嶼の開拓は他日の機会に譲る方、然るべき旨、10 月 21 日回答せり。依って 12 月 5 日、内務・外務両卿より、目下建設を要せざる儀と可心得旨、沖縄県知事へ指令ありたり」

この文章は外務省条約局が昭和 8（1933）年 8 月に作成した当時の機密文書『国際法先例彙輯』（2）「島嶼先占」（B10070281100 の 21）を引用したものである。

この外務省条約局の概要は事実を完全にねじ曲げている。国標建設は西村沖縄県令が上申したのではなく、内務卿が指示し、西村県令はそれに対して危惧の念をいだき、9 月 22 日に上申書を出して再考を強く求めた。その点についてまったく言及がない。12 月 5 日の「目下建設を要せざる儀」という結論に達した最大の要因も 10 月 21 日の外務卿の内務卿への回答ではなく（もしそうであるなら 10 月末の段階で結論が出ているはず）、上京した沖縄県令が 11 月 24 日に懸念表明の書簡を出したことにある。歴史事実の完全なねじ曲げであることはこれまで紹介した経緯で明白である。

第7章　日清戦争の大勝に乗じて
　　　　密かに領有する

　魚釣島外二島への国標建設が中止になったのを確認した西村捨三は、もう一つの懸案の解決に取り組む。宮古、八重山の先島諸島は沖縄県内においてもとりわけ立ち遅れていた地域である。しかもそれは琉球帰属問題の解決策として分割され、清国に帰属させられたかも知れない島々であった。したがって西村捨三は先島諸島の発展、開発にとりわけ関心を寄せ、その鍵は航路開設にあると考えていた。八重山役所が新設されたこともあり、これまで通りの傭船の継続、八重山所轄内の入表島、与那国島への新規航路の開設、また神戸と那覇との直航便の開設など、日本政府の財政的補助を求める上申を12月10日に山県有朋内務卿、松方正義大蔵卿宛てに提出する。この上申を受けて山県内務卿は12月15日、三条太政大臣に「秘第255号の内　沖縄県航行汽船之儀に付上申」を提出し、「事実不得止次第に付、特別の訳を以て申出之通、御聞届相成候様仕度、大蔵卿、農商務卿、協議済。別紙相添、此段上申候也」（A03022909900）となる。こうして2つ目の懸案も解決することができた。西村捨三は12月17日に那覇に向けて出発する。那覇に到着した時にはすでに年が改まっていたことであろう。

> 「19〔1886〕年の春、最早一通りの仕事も終りたれば、内務大臣の巡回を乞ひ、山県公来琉のこととなり。2月中、薩摩丸にて来遊せられたり」（『御祭草紙』 53頁）

　西村捨三は2月11日に再び上京する（『官報』2月15日号）。2月27日付『官報』には「山県内務大臣は内務省書記官中山寛六郎を随へ昨26日沖縄県に向ひ出発」「嚢に沖縄県巡回を仰付けられたる侍従東園基愛は

昨26日出発」「曩に上京せる沖縄県令西村捨三は一昨日出発帰任す」とあり、西村の2月の上京は山県有朋などの沖縄来訪への下準備という側面があった。西村は上京して間もない1886年2月16日に「秘乙第24号沖縄県県治上処分に関する件」と題するかなり長文の報告を提出し、沖縄県が抱えている問題点をまとめている。2月24日に山県内務大臣はその提言に基づき伊藤博文内閣総理大臣に上奏し、「諸議の通、思考すべし」と信認される（A03023064300）。いわば沖縄巡視をする山県にたいする事前の状況説明でもあり、沖縄県令としての活動総括ともいえる。山県の来琉は「琉球の珍敷観覧物、又要地、学校等の巡覧もすみ、上家の饗宴などもあり、宮古、八重山島の巡回、続ひて五島、対馬等まで回航せられたり。予も随従して帰郷後、土木局長専務となれり」（『御祭草紙』の先程の引用からの続き）とともに、西村は県令としての任務を終え、4月27日付けで内務省土木局長に任命された。後任の沖縄県令には大迫貞清が任命される（いずれも『官報』4月29日号に記載あり）。

　土木局長となった西村は全国各地の河川・道路の改修に力を入れ、さらに1889年からは大阪府知事に就任する。彼はそれぞれの場で誠実に任務をこなしていくが、沖縄県のこと、とりわけ先島諸島については沖縄県令離任後も関心を寄せていた。学究肌の西村は『南島紀事外篇　乾』を1886年6月に出版する。そこには「琉球三十六島之図」が収められている。

　この地図で注目すべき点は、第一に、従来の琉球三十六島の図と異なり、大東島がその名称入りで書き加えられていることである。沖縄県令として大東島を沖縄県管下に組み入れたことへの自負の念がここからも読み取れる。さらにこの地図の南大東島の南方向に目をやると、今日の名称では「沖大東島」、当時は「ラサ島」（Rasa Island）と呼ばれていた島が「無人島」として記載されている。西村捨三の「琉球三十六島之図」でとりわけ注目すべきは北緯26度、東経123度周辺が空白になっていることである。同様に小さな無人島である沖大東島は記されているのに、彼もその存在を熟知している魚釣島他二島が描かれていない。この図は沖縄県に所属する島のみを描いているからに他ならない。ここに彼の沖縄県の領域につ

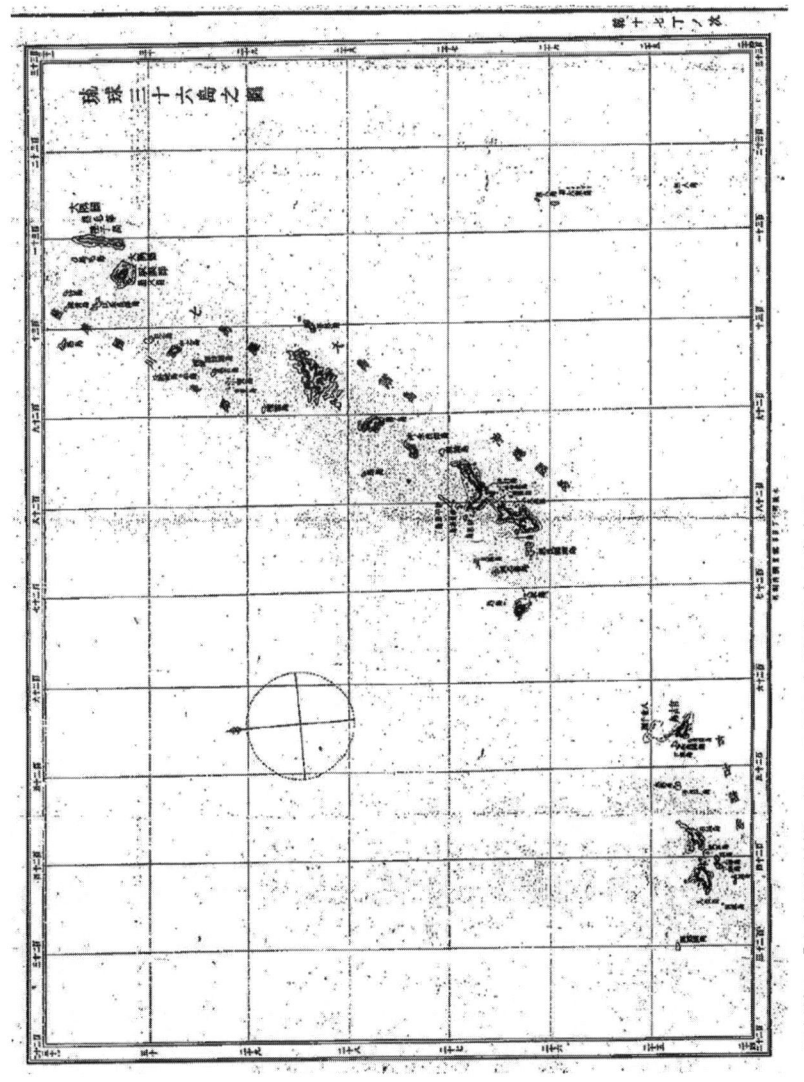

西村捨三『南島紀事外篇 乾』17丁の次 琉球三十六島之図

第7章 日清戦争の大勝に乗じて密かに領有する …… 179

いての認識が鮮明に示されている。そのような視点の持ち主である西村を内務省土木局長に任命したということは、山県有朋を筆頭とする当時の明治政権中枢部も西村の見解に同意していたことを意味する、と見なして間違いなかろう。

アホウドリを求めて海外進出

　明治政権の誕生で、徳川幕府時代の海禁が解かれ、日本人のなかにも積極的に外洋に進出し、新天地の開拓に乗り出す人々が現われてきた。かつて西洋人は香料や茶、さらにはラッコ、鯨を追い求めて東洋にやってきたが、日本人の中には「アホウドリ」を追い求めて海外進出をする人々がいた。1876年に小笠原諸島の日本領有を各国に通告して以来、同諸島の開拓にやってきた日本人は「アホウドリ」の捕獲に乗り出す。無尽蔵ともいえるアホウドリの羽毛が巨万の富をもたらしたからである。この点に着目した著書として平岡昭利『アホウドリと「帝国」日本の拡大　南洋の島々への進出から侵略へ』（明石書店）がある。

　　「アホウドリは、ばか鳥、信天翁（舜天翁）、藤九郎、シラブなどと呼ばれる大型の海鳥で、無人島に季節的に生息し、人を恐れないこと、さらに飛び立つのに滑走が必要なことから、棒による撲殺によって簡単に捕獲され、その羽毛は軽くて上質なこともあり、欧米諸国では極めて高額で売却された。玉置〔大東島の開拓者である玉置半右衛門〕は早くからアホウドリの価値に気付き、また、大量捕獲により数ヶ年で激減するという事実もすでに認識していたことになる。〔中略〕玉置は明治丸による南洋探検の途中、鳥島で下船し、アホウドリの捕獲事業を開始、数年のうちに巨利を得て実業界で成功者となり、榎本武揚や依岡省三、志賀重昂らの南進論者と親しい関係を持つとともに、玉置自身がアホウドリの生息する無人島開拓の成功者として、多くの新聞、雑誌に取り上げられ、南洋探検ブームの火付け役になったのである。

加えて、当時の地図には存在が確認されていない多くの疑存島〔海図に P.D. (Position Doubtful) あるいは E.D. (Existence Doubtful) と記された島々のこと〕が描かれ、それほど遠くない海域に一攫千金の夢を実現し得る無人島があると認識した人々は、競って欧米製地図に記載されていたグランパス島やガンジス島〔いずれも疑存島〕への探検に乗り出した。この無人島獲得競争によって、日本人の海洋への関心が高まり、わが国における大航海時代が出現したと言える。この結果、南鳥島、尖閣諸島などの領有で『帝国』日本の領域は、東へ、南へと拡大したのである」（平岡　5頁）

　地元沖縄県では夜光貝の採取を目的にサバニを操って周辺海域の無人島にやってくる沖縄本島糸満の漁民たちもいたが、より大型の船で沖縄周辺の無人島への開拓を志す人々も現われてくる。彼等は熊本県（伊沢弥喜太、野沢正）、福岡県（古賀辰四郎）、鹿児島県（永井喜右衛門）など大半が九州出身者である。日本「本土」からの沖縄県への進出増加の現れと見ることができる。

「脱清者」取締り

　もう一つの注目すべき動きは、明治政府の近代化政策が徐々に沖縄県に浸透していくにつれ、かつての宗主国・清国に依拠して琉球国の復活を図ろうとする「脱清者」の動きが、年を経るごとに勢いを失いつつあったことである。
　西村捨三が沖縄県令であった1885年当時、「沖縄県人の清国に逃走する者日々多く、加へ其目的たる概ね琉球藩政の復旧を清廷に嘆訴するにあり。尤県下一般民情の傾く所に非ざるを以て、敢て顧慮するに足らざるが如しと雖も、此輩は旧藩政の際、重職に在りたる者多きを以て、万一にも清廷の其言を信ずるあらば、或は両国の交際にも影響するに至るべきを以て、厳に之が取締法を設くるを要す。然るに我が刑法中、此等の者を罰するの正条なく、今俄に法律を設けて処分方を定むるも穏当ならず。就ては

該県は収税若くは山林等概ね旧制に拠るの情況に有之。幸ひ旧藩律中、他領渡海者処分方なるもの有之に付、脱清者処分も右旧律を回復し、其範囲に於て処分せらしめば、内外の感覚を惹起すの嫌なく、充分の取締相立つべし云々」（「明治18年1月　内務卿上申摘要」A03023065400）として、沖縄県令甲第25号（1885年4月）および翌明治19年3月に甲第15号を発して脱清者取締りを行ってきた。1889年2月の大日本帝国憲法公布に際して大赦令が出された折に、脱清者で沖縄に帰県した場合、不問に付す扱いとすることとした（同年7月4日）。それを受けて丸岡莞爾沖縄県知事は旧藩律に基づく特別な措置（18年甲第25号、19年甲第15号）は「最早存置するの必要無之と被存候」との伺いを出し（同年7月31日）、松方正義内務大臣もこれを受け「当時、同県民恋旧の迷夢に彷徨するの徒、屢く脱清し愚民を煽動し、施政上に妨害を為す不尠に由り、不得止旧藩法の範囲内に於て適宜の取締法を設け、制裁を与えられたるものなり。爾来、県下清粛、大に脱清者の数を減じ、今日に於ては取締法を損する必要なしと認めたる上は、廃止するも差支なかるべし」として9月20日に脱清者への特別措置が廃止されることになる。

　こうして沖縄は徐々に明治政権の支配に包摂されつつあった。

1890年の丸岡知事の上申

　西村捨三の次に沖縄県令になった大迫貞清が着任して間もなく、県令から県知事に名称が変わり、大迫は初代県知事となる。ついで福原実（1887年4月14日〜1888年9月18日）が知事となるが、いずれも1年程度と短命知事でしかない。3代目の丸岡莞爾（1888年9月18日〜1892年7月20日）、さらに4代目の奈良原繁（1892年7月20日〜1908年4月6日）になると任期は長くなっている。

　3代目県知事の丸岡莞爾は1890年1月13日に「甲第1号　無人島久場島魚釣島之義に付伺」と題する文書を内務大臣宛てに出す。

　　「管下八重山群島の内、石垣島に接近せる無人島魚釣島外二島之義に

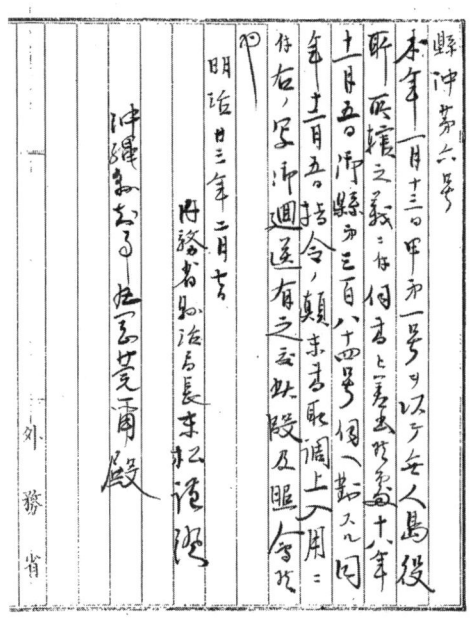

県沖第6号 内務省県治局長から丸岡県知事宛

付、18年11月5日第384号伺に対し、同年12月5日付を以て御指令の次第も有之候処、右は無人島なるより、是迄別に所轄をも不相定、其儘に致置候処、昨今に至り水産取締之必要より所轄を被相定度旨、八重山島役所より伺出候次第も有之旁、此際管下八重山島役所々轄に相定度、此段相伺候也」（B03041152300の34）

　ここで丸岡が1885年12月5日の指令の見直しを求める根拠にしている「18年11月5日第384号伺」文書とは、前章で紹介した西村捨三沖縄県令名義のものであるが、その代理であった森長義大書記官が僭称して書いたものである。当時上京していた西村はそれを受け取るが、内容を見て破棄し、山県内務卿には提出していない。したがって東京の内務省には当時この文書は存在していない。そのことを念頭に入れれば、内務省県治局長末松謙澄の沖縄県知事丸岡莞爾宛て2月7日付「県沖第6号」文書の

第7章　日清戦争の大勝に乗じて密かに領有する …… 183

意味が理解できる。

「本年 1 月 13 日、甲第 1 号を以て無人島役所所轄之義に付伺書、被差出候処、18 年 11 月 5 日御県第 384 号伺へ対する同年 12 月 5 日指令の顛末書、取調上、入用に付、右の写、御廻送有之度、此段及照会候也」（B03041152300 の 35）

つまり内務省には沖縄県が明治 18 年 11 月 5 日に発したという「第 384 号伺」が存在していないので、その文書と同年 12 月 5 日の指令（これは山県内務卿と井上外務卿が「書面伺の趣、目下建設を要せざるの義と可心得事」）にいたる顛末が理解できないし、そもそも第 384 号伺が内務省には存在していない。だから取り調べる必要があるから、その写しを内務省に送るよう、丸岡県知事に求めているのである。

そこで丸岡沖縄県知事は 2 月 26 日に以下の文書を出す。

「指令顛末書取調之義に付、県沖第 6 号を以て御照会の趣、了承。依て別紙一括書類写及御送付候条、至急御指令相成候様、可然御取計相成度、此段及御回答候也」（B03041152300 の 36）

沖縄県庁には森長義が西村捨三名義で書いた「第 384 号伺」の副本が廃棄されることなく保存されていた。逆に西村捨三が東京で山県内務卿、井上外務卿宛てに出した 11 月 24 日の書簡は沖縄県庁には存在していない。そのため丸岡知事は 11 月 5 日付け文書を西村県令本人が書いたものと思い込んでいたのである。そこで沖縄県庁に保存されている「第 384 号伺」を含む関係書類一括を内務省県治局に送付した。それを受け取った内務省県治局長の顛末取り調べの結果については、残念ながら記録が残っていないようである。おそらく「書面伺の趣、目下建設を要せざるの義と可心得事」との指令を改める必要を感じなかったのであろう。回答はしただろうが、それは丸岡県知事の期待する回答ではなかったため、回答が保存されていないのかも知れない。

笹森儀助の『南島探験』

　1891年には熊本県出身の伊沢弥喜太が「沖縄の漁民を雇用して尖閣諸島に上陸、海産物やアホウドリを採取している」（平岡　54頁　なお平岡著では伊沢弥喜太の名を矢喜太としているが、弥喜太が正しい）。1893（明治26）年には「胡馬島（久場島）でアホウドリの羽毛採取を行っていた労働者を、島に置き去りにした事件が発生しており、那覇に滞在していた笹森儀助は『南島探験』（明治27年5月発行）で、那覇役所において「役所長に面会し、遭難者4人に面するを得たり」として被害にあった花本勘助から事情説明を受け、その概要を以下のように記述している。

「本籍は山口県熊毛郡東村　花本勘助（年齢25才位）
　外3名（是は八重山在籍球人也）　本年雇主に欺れ、無人島胡馬島（久場島共云）に棄られ、米粒を断つこと12日間也と云ふ。一証を懐にせり。左に
　一　胡馬島に於て水陸の業に従事する事
　一　出稼中1ヶ月金2円給与す
　　明治26年2月24日　元方雇主　鹿児島人　永井喜右衛門　印
　　　　　　　　　　　　　　全　　松村仁之助　印
花本勘助殿
　花本云、該島は八重山より60里位亥子に当り、旧正月14日、石垣島出帆。全16日、該島に着し、爾来『バカ』鳥の綿毛を採る業に従事し後ち、綿毛数十俵に充ちたれば、雇主は之を積で、飯米を持ち再び来らんとすの約にて、僕等4名を残し、食尽くるも猶帰り来ず、餓死を分とせり。偶、沖縄糸満村より夜光貝漁の為め7人渡航せり。勘助等4人共之れに依頼し、着覇の上は船賃として、金200円渡すべきの約にて、旧5月8日、丸木船2艘を一処に結び、之れに乗り、七昼夜にして、旧5月12日纔かに〔ようやく〕本港に着するを得たり。然に船賃云々にて如此上の御扱になれりと。余、其相貌を一見す

れば、乞食と異なるなく、且つ肉落顔色土の如し。余、後に役所員に問ふ。彼4人者鐚(びた)一文なき漂流人にして、200円の大金を約するは解すべからずと。曰く、総て球人は他府県人の状況の如何に係はらず、金は必ず懐にすると思うなり。別に怪しむべきなしと。更に無人島の情況を問ふ。曰く、食糧欠乏を患へ、曾て唐芋を植へたるも、鼠害の為め皆無となれり。胡馬島周廻、一里余可なり。樹木あり、飲水あり。外に二小島あり。一は7合位（方言則ち一里10分の7を指して7合と云ふ）。一は半里位。此二島は木もなく、水もなしと」（前掲書　笹森　98〜100頁）

この笹森の聞き書きから、当時の「開拓」の実態を伺い知ることができよう。

1893年の奈良原知事の上申

1892年7月に丸岡莞爾から奈良原繁に沖縄県知事が替わるが、この島の扱いに関する中央政府の指示の伝達が引き継がれないまま、また同様の上申が出される。

奈良原も1885年11月5日の第384号文書が西村捨三によって破棄された文書であることを知らない。西村県令が書いた文書であると思い込んでいる。

沖縄県知事奈良原繁は明治26（1893）年11月2日、「甲第111号　久場島魚釣島ヘ本県所轄標杭建設之義ニ付上申」と題する上申書を内務大臣井上馨、外務大臣陸奥宗光に提出する。

「本県下八重山群島の北西に位せる無人島、久場島・魚釣島之義、本県所轄とし、大東島の例に倣い、本県所轄の標杭建設致度儀に付、去る18年11月5日、第384号を以て上申仕候処、同年12月5日付を以て、目下建設を要せざる儀と可相心得旨、御指令相成候処、近来該島へ向け漁業等を試みる者有之。取締上にも関係不尠義に付、去

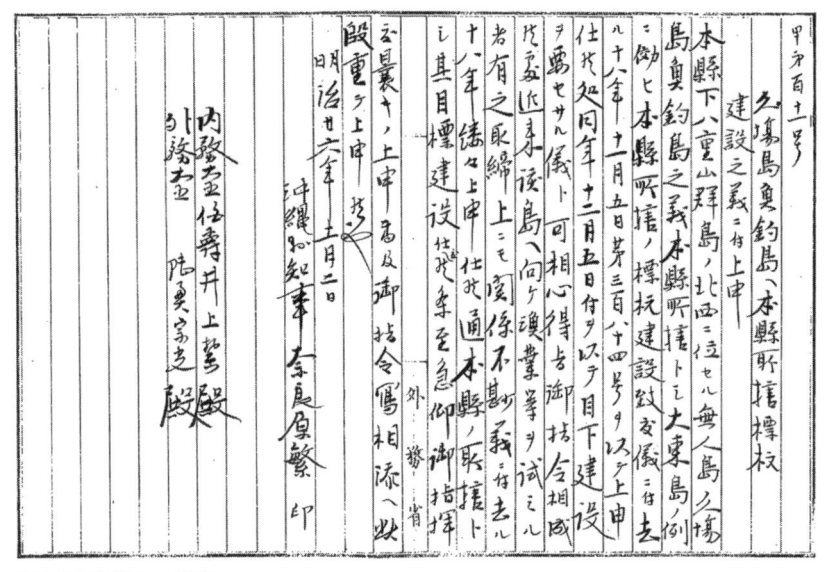

奈良原県知事の上申書

る18年鏤々上申仕候通、本県の所轄とし、其目標建設仕度候条、至急仰御指揮度、曩きの上申書及御指令写相添へ、此段重て上申候也」
（B03041152300の31）

　奈良原知事の上申は再度の上申であり、しかも具体的に同島での漁業等の開拓を求める要請を受けたものであるため、丸岡のそれよりも強い調子のものとなっている。たび重なる上申に対して何も反応を示してくれない中央政府への不満が募っていたのかも知れない。
　内務省県治局長は今回はしばらく回答を留保し、5ヶ月ほど経った1894年4月14日に「甲69号」で沖縄県からの「久場島、魚釣島へ所轄標杭建設の義に付上申」に対し「右案一応照会可然歟仰裁」とし、「追て本件は別紙の通り、明治18年中、伺出候得共、清国に交渉するを以て、外務省と御協議の末、建設を要せざる旨、指令相成。併せて太政官にも内申相成候件に有之候」と清国に関係することがあるため、外務省と協議した結果、建設しないことにした、という経緯を紹介したうえで、以下の照

第7章　日清戦争の大勝に乗じて密かに領有する……187

会案を内務省県治局長名で沖縄県知事宛て親展で出すこととする。

「客年11月2日付を以て久場島、魚釣島へ所轄標杭建設の義、上申相成候処、左の件承知致度
　一　該島港湾の形状
　一　物産及土地開拓見込の有無
　一　旧記口碑等に就き、我国に属せし証左、其他宮古島、八重山島等との従来の関係
　右及照会候也」（B03041152300の47）

この4月14日付け照会に対して奈良原繁は5月12日に内務省県治局長江木千之宛てに次の通り回答する。

「県処治秘　第12号の内　復第153号
　久場島、魚釣島港湾の形状、及其他の件に付、秘別第34号御照会の趣、了承致候。然る処、該島は去る18年中、県属警部等派出踏査せしめ候以来、更に実地調査致さざるを以て確報難及候得共、当時出張員の調書及回航船出雲丸船長報告書は別紙の通りに有之候条、其写し并略図相添へ、此段及御回答候也。
　　　　　　　　　　　　　　明治27年5月12日
　　　　　　　　　　　　　　　　　　沖縄県知事　奈良原繁　印
　内務省県治局長　江木千之殿
　追て該島に関する旧記書類及我邦に属せし証左の明文又は口碑の伝説等も無之。古来、県下の漁夫、時々八重山島より両島へ渡航、漁猟致し候関係のみ有之候条、此段申添候也」（B03041152300の46）

奈良原県知事は約1ヶ月後に回答しているので、県下の関係方面への調査を行ったうえで回答と見做せる。しかしその結果明らかになった事実は、1885年10月に石沢兵吾等が行ったわずか6時間足らずの、しかも魚釣島だけの調査以降、実地調査は行われたことがないこと。したがって

港湾の形状や物産および土地開拓の見込の有無については新たな報告をすることができない。しかもこれらの島に関する旧記書類および我邦に属することを証明する明文または伝聞などは存在しない。ただ八重山から漁民が時々漁に出かけることがあるに過ぎない。これが沖縄県知事としての内務省にたいする正式回答である。時の内務大臣は1885年に外務卿であった井上馨である。このような回答では1885年12月5日の指令が変更になるはずがない。

　もう一つ、注目すべき事実は奈良原県知事の上申は「久場島魚釣島へ本県所轄標杭建設」についてであって、いわゆる「久米赤島」（赤尾嶼）についてはまったく言及がないことである。これは同島は岩礁にすぎず、開拓の可能性をそもそも見込んでいないため、対象外とされていたためであろう。

日清戦争での日本の圧勝

　1894年春、朝鮮全羅道で東学党の反乱が発生し、朝鮮全土へと波及する勢いがあった。そこで朝鮮国王は宗主国である清国に援軍派兵を要請した。日本は1885年4月27日の天津条約に「将来、朝鮮国若し変乱重大の事件ありて、日中両国或は一国、兵を派するを要するときは、応に先づ互に行文知照すべし」（『日本外交文書』18巻　309頁）との規定があることを口実にして、朝鮮への派兵を決定する。

> 「東学党の乱を契機として、朝鮮における日清の衝突は次第にさくべからずものと化し、つひに27年6月2日、閣議は朝鮮派兵の議を決した。参謀本部において田村怡与造その主任となり、部員を指揮しつつ奇蹟のごとくただ一夜にして、総員8000をくだらざる混成旅団の編制案をつくりあげたのであった。かくて5日、大本営設置されると同時に第5師団への動員令は下った」（小山弘健『近代日本軍事史概説』1944年6月　伊藤書店　302頁）

1894年7月下旬、日本と清国との武力衝突が発生する。

「かくしておこった海陸の緒戦は、ともにわが方の勝利におはった。25日の豊島沖の海戦と29日の成歓の戦闘とが、すなはちそれである。とくにこの海戦の成果によってわが海上権は朝鮮西海岸にまで拡張されることとなったのであるが、しかしこれは一部分の衝突であって、作戦計画をして次期段階にまでおしすすめるには、なほその主力にたいする一撃が必要であった。しかるにこの海戦の効果はすこぶる大きく、これによって清海軍はたちまち消極的方針に転じ、北洋艦隊はもっぱら威海衛と旅順口の防備強化にあたる方針のもとに、爾来8月上旬へかけて威海衛よりうごくことなかったから、大本営の待望せる海戦の機会は当然おこりえなかったのである。〔中略〕9月中旬、陸軍が半島において、また海軍が黄海において、期せずして同時にかちえた勝利がそれであった。9月16日、第三師団の集結にさきだって敢行された平壌攻略の成功は、それによって半島作戦の目的をほぼ達成せしめたほどの効果をもったものであった。しかるにこの翌日に得られた海上の勝利は、これよりいっそう決定的な性質のものであった。〔中略〕黄海の海戦によって敵艦隊はもはやふたたび決戦的海戦をなすあたはざるていの打撃を受けた。〔中略〕かくて10月下旬、清韓国境の防備まずやぶれ、11月下旬には旅順半島また日本第2軍の占領にゆだねてしまった。その後はもはやいたるところ本能的な受動的抵抗をこころみるにすぎず、作戦方針としてもみるべきものはなくなったのである。

かうしてかの冬季作戦方針はきはめて急速に成功し、わが方の戦略的地位はいちじるしく有利かつ強固なものとなったが、しかし他方ではこのころ、やうやく外交上の危険が招来されんとする形勢となりつつあった。列国干渉の兆はすでにはやく、9月の陸海2大会戦に日本が大勝を得たころからみえはじめてゐたのであるが、11月にはいってやうやく前途への希望を喪失した清国は、欧米各国にみづから講和談判のための仲裁を請ふにいたったから、もはやなんどき列強の積

極的行動をよびおこすか予断を許さぬ情勢となりきたったのである」
（小山　307～313頁）

　陸奥宗光外務大臣は『蹇蹇録（けんけんろく）』と題する回顧録（『伯爵陸奥宗光遺稿』所収、岩波書店、出版は 1929 年、岩波文庫にて『新訂蹇蹇録　日清戦争外交秘録』中塚明校注で出版されているので、引用はそれに従う）において次のように記している。

　　「11 月 22 日において、在北京米国公使デンビーは在東京米国公使ダンに寄電して曰く、『清国は直接に講和談判を開くことを本使に委任しかつ依頼せり。講和条件は朝鮮の独立を承認しおよび償金を弁償するの 2 件とす。この旨、日本政府外務大臣に逓達（ていたつ）あられんことを乞う』とあり。これ清国政府が直接に日本政府に向かい講和条件を提議したる第一歩とす。彼らに取ては最も廉価なる条件を択びたるなるべし。これを我国連戦連勝後の講和条件となすは固より肯諾すべきに非ず。かつ清国が今その危急存亡の秋（とき）に方り、避難免苦の計を講ずる間にもなおかつ市場に一物を売買するが如き駆引をなすは、畢竟彼らがいまだ誠実に和睦を願望する誠意なきを視るに足る」（陸奥　219 頁）

　日本側がこのように居丈高な対応を示すことができたのは「連戦連勝」という戦場における圧倒的優勢によるが、それとともに 10 月段階でイギリス、ロシア、イタリアなどの列強から和平条件の提案があり、朝鮮の「独立」と清国からの償金の取立はすでに当然のことと見做されており、その程度の内容では到底満足できないほど日本は強欲になっていたからである。イギリス、ロシアなどは日本が朝鮮の「独立」、償金以外に「土地の割譲」をも狙っていることを承知しており、彼らもその分け前に与かろうとして講和「仲裁」の労をとろうとしていたのである。日本にとってはこの「仲裁」という名義による列強の干渉を阻むとともに、どの程度の「割譲」なら列強の許容範囲内なのかを探る目的で、各国と頻繁に意見交換を行った。

イギリスは「若し日本国に於て土地の割譲を得ば、英国も亦之に倣うなるべし」(『日本外交文書』27巻　509頁) という姿勢であった。朝鮮への利害関係ではもっとも日本と張り合っていたロシアの姿勢について、西徳二郎在ロシア公使が12月1日に陸奥外相宛てに発した電報で、ロシア外務次官と内密の意見交換をした結果を報告している。「軍事報酬中に台湾の譲与を加ふの機を速かに占むるを以て得策とす。露国政府は台湾の譲与に付ては異存を抱かざるべしと本使〔西公使のこと〕は思考す」(前同書　512頁) との感触を得たと伝えてくる。

　「12月4日に首相伊藤博文より北京進撃の作戦方針にたいして、政治的ないし外交的立場からする一の反対案が大本営に提出されてゐた。『威海衛を衝き、台湾を略すべき方略』といふその意見は、作戦の基本的方針を訂正する重要な内容をふくんでゐた。それは北京への進撃が清朝の瓦解をよび、列強の干渉を誘起せしめるおそれありとみなし、それよりも安全な方策として威海衛の攻略と台湾の占領とを提案したものであった。さればこの提案後に採用された山東作戦の方針とは、外見的には同一の結果となったが、内容的には全く正反対の性質のものだったのである。一はあくまで直隷決戦の前提としてこれを考へたのに反し、他はあくまでかかる決戦回避の立場からこれを考へてゐた。そしてこの両端の立場の相違は、ひろい国際政局の動向についての見通しの相違から生じたものであった」(小山　前掲書　315頁)

　清国は12月12日に米国公使を仲介役にして、双方が全権委員を任命し、上海での講和会議を実施することを提案してくるが、陸奥外相はまず清国が全権委員の氏名、官位を日本政府に通知すること、全権委員会合の地は必ず日本国内にする必要があることを、12月18日に東京、北京の米国公使を通じて清国側に伝える。勝者と敗者の立場の違いを明確にさせる必要があるからである。

　「清国は着々その提議を挫折せられ、今は何事も日本政府の意嚮に

従わざればその目的を達する能わざることを悟りたるべし。即ち12月20日を以て、在北京米国公使は在東京米国公使に左の如く電照せり。『清国政府は和議を商訂するため、尚書衛総理衙門大臣戸部左侍郎張蔭桓（ちょういんかん）および頭品頂戴兵部右侍郎署湖南巡撫邵友濂（しょうゆうれん）を全権委員に任命し日本国に派遣し日本国全権委員と会商せしむ。清国は往復便利のため日本国が上海近傍において会合の場所を選定せんことを希（ねが）う。清国は日本国が直ちに全権委員を任命し速やかに会商の期日を定め、而して日本国にて全権委員を任命したる日において両国の間休戦を開始する期日を決定せんことを建議す』。よって余は12月26日、在東京、北京の両米国公使を経由して左の如く清国政府に電照せり。『日本政府は清国政府の任命せる2名の全権委員と和議を締結すべき全権を帯有する全権委員を任命すべし。日本政府は広島を以て全権委員会合の地と選定す。清国全権委員が広島に到着後、48時間内において両国全権委員会合を開くべし。〔中略〕而して日本政府において縦令（たとい）休戦を承諾する場合ありとするも、休戦の条件は両国全権委員会合の上に非ざればこれを明言するの限りにあらず』と」（陸奥　222〜223頁）

　すなわち1884年12月20日の段階ですでに清国政府は日本政府の指図に従って動くしかなくなっていた。

　「実は日清戦争のとき、清国政府と駐日清国公使館および滞日中の清国講和使節との間の電報は、開戦前から日本政府によって解読されていて、もちろん陸奥は一言一句その内容を熟知していたのである」（『新訂蹇蹇録』中塚明の注　378頁）

1885年当時とは事情を異にする

　1894年4月14日には前年11月2日付け沖縄県からの「久場島、魚釣島へ所轄標杭建設」についての上申を「右案一応照会可然歟（しかるべきか、さいをあおぐ）仰裁」としながらも「追て本件は別紙の通り、明治18年中、伺出候得共、清国に交渉

するを以て、外務省と御協議の末、建設を要せざる旨、指令相成」と棚上げ扱いにしていた内務省が、8カ月後の12月15日になって動き出す。今や清国に気兼ねする必要はまったくなくなったからである。

「内務省27年12月17日秘別133号　決判　12月27日　文書課長施行　12月27日
　　明治27年12月15日　　主査　府県課長　印
　　　県治局長　印
　　大臣　印
　　次官　印
　　　参事官　印
　　　　庶務局長　印
　　　久場島魚釣島ヘ所轄標杭建設之義上申
　　　　　　　　沖縄県
　　本件に関しては別紙の通、明治18年中伺出候共、清国に交渉するを以て外務省と御協議の末、建設を要せざる旨、指令相成、其旨、太政官にも内申相成候処、其当時と今日とは大に事情を異に致候に付、標杭建設の義、御聞届の積りを以て、左案相伺候

（本文魚釣島・久場島に関する地理の沿革等、遂調査候得共、何分其要綱を得ず。海軍省水路部210号地図の八重山島の東北方、和平山、及釣魚島の2島は右に該当するものの如し。而め同部員の口陳に依れば、右2島は別に従来何れの領土とも定まらざる趣に有之。地形上沖縄群島中の一部と認むべきは当然の義と被考候間、先以て本文の通取調候）

　　閣議提出案
　　別紙標杭建設に関する件閣議提出す
　　　年　　月　　日　　　　大臣
　　　　総理大臣宛

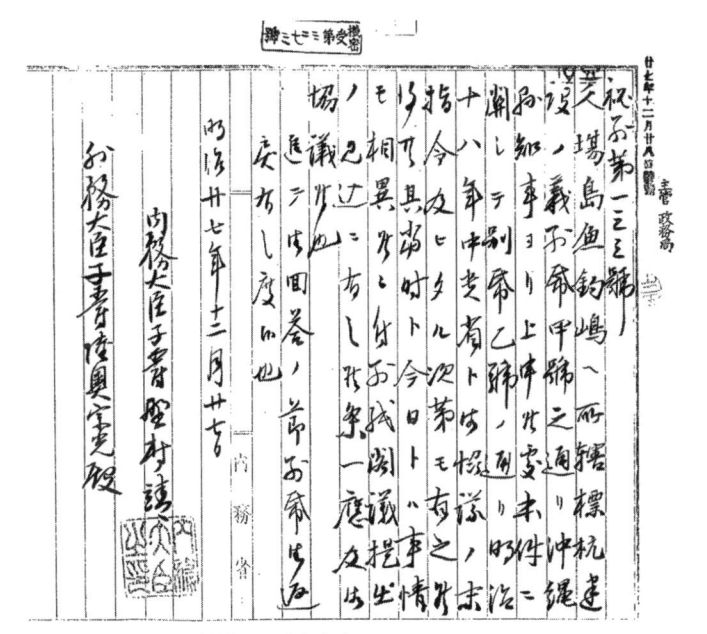

秘別第133号　野村靖から陸奥宗光へ

（別紙）
　沖縄県下八重山群島の北西に位する久場島・魚釣島は従来無人島なれども、近来に至り該島へ向け漁業等を試むる者有之。之れが取締を要するを以て全県の所轄とし、標杭建設致度旨、同県知事より上申の通り、標杭を建設せしめんとす。
　右閣議を請ふ」（B03041152300の44〜45）

　内務大臣野村靖は1885年の指令の見直しにあたるので、12月27日に外務大臣陸奥宗光に以下の通りの問い合わせをする。

「秘別第133号
　久場島魚釣島へ所轄標杭建設の義、別紙甲号之通り、沖縄県知事より上申候処、本件に関して別紙乙号の通り、明治18年中、貴省と御

第7章　日清戦争の大勝に乗じて密かに領有する ……　195

協議の末、指令及びたる次第も有之候得共、其当時と今日とは事情も
　相異候に付、別紙閣議提出の見込に有之候条、一応及御協議候也
　　追て御回答の節、別紙御返戻有之度候也
明治 27 年 12 月 27 日

内務大臣子爵　野村靖

　外務大臣子爵　陸奥宗光殿」（B03041152300 の 29）

　この文書に出てくる「別紙甲号」とは B03041152300 の 31、奈良原繁
沖縄県知事の 1893 年 11 月 2 日付け甲第 111 号文書を指す。「別紙乙号」
とは B03041152300 の 37、1885 年 11 月 27 日の無人島国標建設の義に付
伺という文書を指す。この別紙乙号の最後に「書面伺の趣、目下建設要せ
ざる義と可心得事」と外務卿、内務卿連名で「御指令案」が書かれている。
この甲号（31）から乙号（37）の間にある 5 件の文書は 1885 年以来の沖
縄県と明治政府とのやりとりの経緯を示すものとしてまとめられている。
注目すべきは 32 において 1885 年 11 月 5 日の沖縄県令西村捨三名義の文
書「第 384 号　魚釣島外二島実地取調の義に付上申」が収められている
ことである。この文書は前章ですでに明らかにした通り、西村捨三が書い
たものではなく、大書記官であった森長義が西村の名を僭称して書いたも
ので、しかも当時、上京していた西村捨三によって破棄され、内務省には
届いたことのないものであった。破棄された文書の副本が沖縄県に保存さ
れていたため、その後の沖縄県知事はこの文書が破棄された僭称文書であ
ることを知らずに利用したものである。本来の公文書としては失格という
べきである。
　ただ清国との戦争に大勝利をおさめていた明治政府にとって、僭称文書
であろうがなかろうが、そんなことはどうでもよかった。明治 18（1885）
年当時と今日（1894 年 12 月）とで異なる事情とは、説明するまでもなく、
清国との戦争で日本が圧勝したことであり、清国は「今は何事も日本政府
の意向に従はざれば、其目的を達する能はざることを悟りたる」情況に陥
り、日本は「威海衛を衝き、台湾を略すべき方略」により、冷徹かつ貪欲

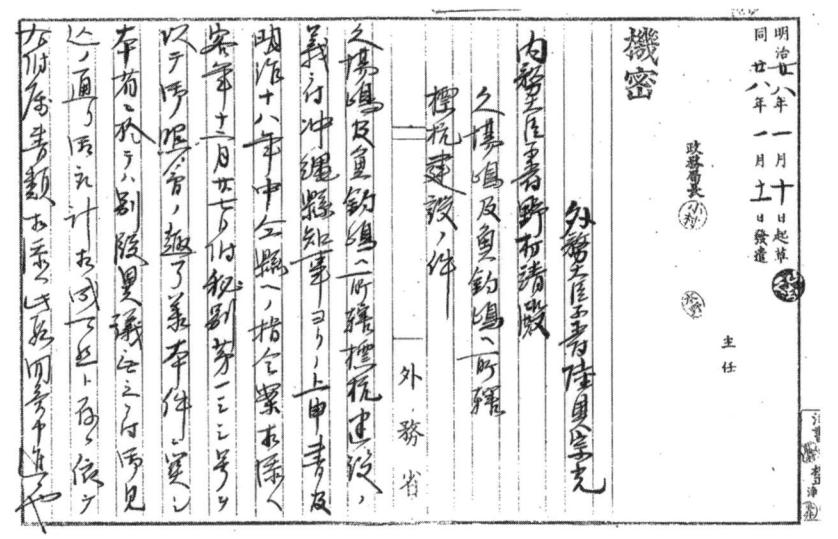

陸奥宗光より野村靖宛

な眼でもって清国をどのように料理するかを考えていた時である。野村内務大臣は陸奥外務大臣が反対するはずがないことは重々承知しながら、これまでの経緯もあるので「一応ご協議」を求めることとしたのである。陸奥からの回答もきわめて簡単である。

「親展送第2号
　明治28年1月10日起草　明治28年1月11日発遣　機密
　　外務大臣子爵　陸奥宗光
　内務大臣子爵　野村靖殿
　久場島及魚釣島へ所轄標杭建設の件
　久場島及魚釣島へ所轄標杭建設の義に付、沖縄県知事よりの上申書及明治18年中、全県への指令案相添へ、客年12月27日附秘別第133号を以て御照会の趣了承。本件に関し本省に於ては別段異議無之候付、御見込の通り御取計相成可然と存候。依て右附属書類相添へ此段回答申進候也」((B03041152300 の 39)

第7章　日清戦争の大勝に乗じて密かに領有する……　197

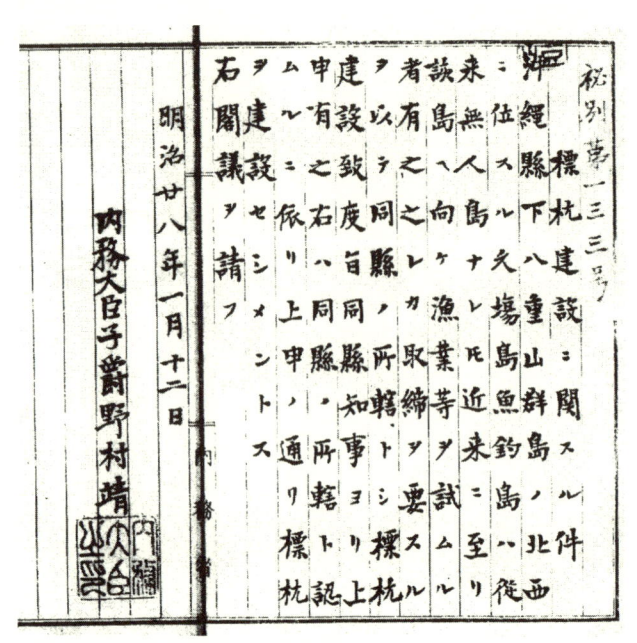

秘別第133号　標杭建設に関する件

　陸奥の関心事は小さな無人島の領有について清国がどう反応するか、といった瑣末なことにはない。「別段異議なし」と回答するのみで十分である。

　陸奥外務大臣からの同意の回答が得られた野村内務大臣は、翌1月12日に伊藤博文総理大臣に秘別第133号「標杭建設に関する件」を閣議提出する。

　「秘別第133号
　　　標杭建設に関する件
　　沖縄県下八重山群島の北西に位する久場島、魚釣島は、従来無人島なれども、近来に至り該島へ向け漁業等を試むる者有之。之れが取締を要するを以て、同県の所轄とし、標杭建設致度旨、同県知事より上申有之。右は同県の所轄と認むるに依り、上申の通り標杭を建設せし

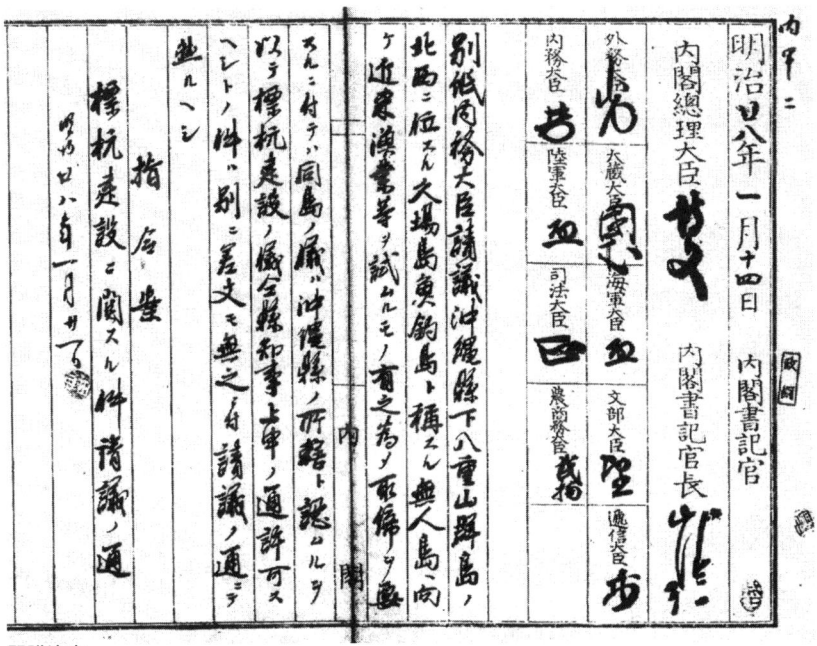

閣議決定

めんとす。
　右閣議を請う。
　　　　　明治28年1月12日
　　　　　　　内務大臣子爵　野村靖」（A01200793600の1、2）

　それを受けて内閣書記官は1月14日に審議用の文書を起草し、内閣の承認を得る手続きを始め、1月21日までに閣僚全員の署名が完了し、閣議を通過する。

　「別紙内務大臣請議、沖縄県下八重山群島の北西に位する久場島、魚釣島と称する無人島へ向け、近来漁業等を試むる者有之為め、取締を要するに付ては、同島の儀は沖縄県の所轄と認むるを以て、標杭建設の儀、全県知事上申の通許可すべしとの件は、別に差支も無之に付、

第7章　日清戦争の大勝に乗じて密かに領有する……199

請議の通にて然るべし
　　　　　指令案
　　　標杭建設に関する件、請議の通
　　　　　　　　　明治28年1月21日」（A01200793600の2、3）

　こうして「久場島（黄尾嶼）、魚釣島（釣魚嶼）と称する無人島」を沖縄県の所轄とし、そこに標杭を建設することが閣議決定された。しかしここでは「久米赤島」（赤尾嶼）については何も言及がない。のちに「大正島」という名称が付く「久米赤島」はいったいいつ日本のものになったのであろうか。
　また閣議決定によって建設を許可された標杭はいつ建設されたのであろうか。実際には沖縄県はこのあと標杭建設をしなかった。1968年にECAFE（国連アジア極東経済委員会）が周辺海域での海底資源の調査結果の報告書を発表したあとの1969年5月9日に石垣市があわてて標識を設置したのである。
　たび重なる見直しの上申を受けながらも明治政府が変更しようとしなかった明治18（1885）年の「目下建設を要せざる儀」という指令は、清国との戦争における圧倒的勝利によっていともたやすく取り消されてしまった。もはや「目下」ではなくなったからである。
　ただ井上馨外務卿が1885年10月21日に山県有朋内務卿に「官報并に新聞紙に掲載不相成」と内密にしておくべき、とした忠告はそのまま引き継がれ、「久場島、魚釣島」を沖縄県の所轄にするという閣議決定は『官報』に掲載されなかったし、当時の新聞紙でも報道されなかった。不要な紛糾（コンプリケーション）を引き起こすことを避けるべき、という清国への配慮からではない。この小さな無人島の領有の動きをキッカケにして、締結すべき日清講和条約の内容について、列強の関心を呼び起こし、列強が講和条約交渉に介入してくる可能性を排除することが最大の理由であったと思われる。
　日本政府は1895年1月の時点で「久場島、魚釣島」を領有したと称するが、それを国際的、国内的に証明する公的意思表示をまったく欠いた行

1969年5月9日　石垣市建立標柱

動であった。「窃取」(「ひそかにぬすみ取ること」『広辞苑』)という言葉はこういう場合に使うのが適切である。

第8章　講和条約案の大枠は1月に決まっていた

　時の外務大臣・陸奥宗光の回顧録『蹇蹇録（けんけんろく）』は1894年春の朝鮮の東学党の乱から翌年5月の日清講和条約批准までの日本の外交政略を、本人の緒言によればこの年（明治28年）除夜に脱稿したもので、日清戦争をめぐる日本の政略を知るうえでの第一級の史料といえる。陸奥は現在、日本と中国との間で最大の外交課題になっている魚釣島、久場島に沖縄県の標杭建設を許可する決定を出した当事者の一人でもある。その彼の回顧録から、この無人島の領有をめぐる当時の動きを探ろうとしても、直接的な言及を見いだすことができない。どうしてだろうか。当たり前である。こんな小さな無人島の問題が彼らにとって「天下国家の一大事」であったはずがない。あの世にいる陸奥宗光、伊藤博文、李鴻章などかつての当事者たちはどんな気持ちで今日の日中間のこの島の領有をめぐる争いを眺めていることだろうか。

　『蹇蹇録』の記述を通して当時の外相陸奥宗光、総理大臣伊藤博文などの政略を見てみよう。

　「10月8日、英国の仲裁起りし後窃（ひそ）かに伊藤総理と仔細に討議籌画（ちゅうかく）して、一の講和条約を起草し置きたり（講和条約は戦局の進歩に従い自ら広狭寛厳その度を異にするを以て、爾来該案に対し時々酌量修正を加えたることと知るべし）。

　この時に当り欧州各国はいずれも我が政府が清国に要求する条件の如何を知らんと欲し、飛耳長目、百方捜査し、間〻、揣摩臆想（しまおくそう）の説を出して往々我が国に対し不当の疑惧を抱き、危機何時に猝発（そっぱつ）するやも計られざる形勢なるを以て、余はしばしばこの事に関し伊藤総理とも協議したるに、その結果は、（第一）我が政府はここに清国に要求す

陸奥宗光

べき条件を公示し、もしくは暗示し、欧米各国をして予め内諾、黙許せしめ、以て他日の誤解を防止する方針を執るべきか、（第二）また清国が誠実に平和を希望し来るまでは我より要求すべき条件は深くこれを隠蔽し、厳に事局を日清の間に制限し、第三国をして事前に何ら交渉をなすべき余地なからしむる方針を執るべきか、との二説に帰せり。余は当初第一説を可とする意見を抱き居たれども、伊藤総理は、日清講和条件にして一度外間に表白するに至らば、到底外国より多少の干渉は免れざることは予め覚悟せざるべからざれども、しかれども今我より先ず各強国に向かい清国に要求すべき条件を開示してその内諾、黙許を得んとせば、かえって彼らを誘導して事前に容喙（ようかい）せしむるの機を与へ、もしその条件中痛く彼らが異議を唱ふるものあらんには、我が政府は清国に要求する某々の条件の中既に或る強国の反対あるを予知しながらなおこれを清国に提議するか、否（しか）らざれば第三国の異議

を避けんとするため自ら清国に対する正当の要求を抑退せざるべからざるか、の二途に出でざるを得ず、而して両者共に随分困難なる事情なるを以て、むしろ今日にありては我より清国に向かいて要求する条件は、少しも他顧する所なくこれを要求すべし。語を換えていえば我は清国に対し一切戦争の結果を全収し、而してもし事後他の強国の異議あるに会すれば、更に廟議(びょうぎ)を尽し相当の方針を執るの安全なるに若(し)かずといい、その大要前の第二説に傾き、而して総理のこの意見は内閣同僚および大本営に列する重臣も概(おおむ)ねこれを是認したり。〔中略〕爾来、在北京、東京両米国公使を経由して清国政府と電信往復の際も、常に事前において我が政府の要求を発露することを防ぎ、清国および他の各国をして我が最後の希望を端倪(たんげい)する能わざらしめたり。従って余がさきに起草したる講和条約案もまた深くこれを篋底(きょうてい)に蔵(おさ)め、他日時機到来するまでは何人にもこれを示さざりしも、清国講和使の来朝する時日迫り、余はまさに該条約案を携帯して広島に前往せんとするに方り、特に内閣総理大臣官邸において、該案を在京の閣僚に示しその意見を求めたり。而して閣僚いずれも異議なきに由り、余は本年1月11日を以て伊藤総理と共に東京を発し広島に赴けり」(陸奥　前掲書　226〜228頁)

　すなわち陸奥外務大臣は1月11日に「久場島及魚釣島へ所轄標杭建設の件」について「別段異議なし」との回答を発した直後、大本営が置かれている広島に出発した。彼および時の日本政府閣僚の関心事は、清国から近く到来する講和使に提示すべき講和条約案の確定にあった。条約案の腹案はすでに存在していたが、事前にその一端を外部に明らかにすれば列強の干渉を招く恐れがあるとして、在京閣僚にその内容は伝え、彼らの同意を得られたが、時機到来するまで密かに隠したままにすることにしたのである。

　「1月27日、広島大本営において広島にある閣僚および大本営の高等幕僚を召され、日清講和の件に付き御前会議を開かれたり。余は謹

みて講和条約案を捧呈し、該案起草の要領を奏して曰く、『本条約案は大体分かちて三段とす。第一段は清国をして今回戦争の原因たる朝鮮国の独立を確認せしむる事を規定し、第二段は我が国戦勝の結果として清国より譲与せしむべき割地と償金との二件を規定し、第三段は日清両国の交際上我が国の利益および特権を確定するため、将来我が国と清国との関係をして欧米各国と清国との関係と均一ならしめ、更に一歩を進めて数処の新開港場を設置し並びに江河通航の権利を拡張し、以て永久我が国の清国における通商航海に関する諸権利を規定す。而してこの三大要件の外、なお日清両軍の捕虜交換の事を規定し、清国をして一旦我が国に降服せし将卒、人民に対し過酷の処置をなさしめず、また日清戦争中、清国領内の人民にして何事にもかかわらず我が軍とある関係を有する者に対し、清国政府が後日何らの責罰を施さざることを規定し、将来日清両国人民の間において怨恨の痕を断ち、従って我が国一視同仁の主義を広く世界に発揚せしむるの趣旨に基づきたり』と」（陸奥　228〜229頁）

講和交渉を意図的に破談させる

1月31日に清国講和使の張蔭桓、邵友濂が広島に到着し、翌日、伊藤博文、陸奥宗光を日本側全権大臣としての講和交渉が始まることになる。

「清国使臣が広島来着の前数日、伊藤総理は窃かに余を招きていう。今熟ゝ内外の形勢を察するに講和の時機なおいまだ熟せず、かつ清国政府の誠偽まだ甚だ測知すべからざるものあり、もし吾儕注意一番を欠く時は、講和の目的いまだ達するに及ばず、我が国が清国に要求せんとする条件先ず世間に流伝し、徒に内外の物議を惹起すの恐れあり、故に吾儕清国使臣と会同の日において審らかに彼らの材能および権限如何を明察するの後に非ずんば容易に講和の端緒を啓くを得ず、〔中略〕よって吾儕内議の結果は、先ず第一着に彼らが携帯する全権委任状の形式如何を吟味し、もし果して国際公法普通の例規に欠く所あれ

ば、講和談判の本筋に立ち入らざる前、直ちに彼らと談判を継続することを拒絶して今回の会商を不調とすべし、かくすれば我は講和条件を開示するに及ばずして談判を破裂し得べく、而して他日清国が真心悔悟し再び名爵、資望を有する全権大臣を派来するの時、これと会商するもまた決して晩からずというに帰し、徐に会商の期日を待てり」
（陸奥　236〜237頁）

　伊藤博文は実に狡智に長けた宰相である。清国が敗北を認め、講和を求めているにも関わらず、あえて講和交渉に入ることを拒絶することで、日本側の思うがままの条件での講和に持ち込む作戦に出ており、清国側はそれに従わざるをえない。2月12日、張、邵一行は長崎を出帆し帰国することになる。2月18日、清国側は米国公使を通じて李鴻章を全権大臣に任命し、日本政府の選定する地での両国全権委員会合に赴くことを伝えてくる。この前日（17日）、日本側はやはり米国公使を通じて「清国にて軍費賠償および朝鮮国独立を確認する外に、戦争の結果として土地を割譲し、および将来の交際を律するため、確然たる条約を締結し得べき全権を具備する使臣を再派する」ことを求めていた。米国公使を仲介とした相互のやり取りに行き違いが生じたため、日本側は17日の日本側の条件を聞き入れ承知するかどうかの確認を求めたところ、26日になって清国側は日本側の提起した問題について、李鴻章を派遣し商議する旨の回答があった。そこで日本側は清国政府の態度もようやく定まったものと見なし、下関で講和会議を実施することを伝える。

台湾を休戦条約の対象から外す

　3月19日に双方の代表である李鴻章、伊藤博文が下関に到着し、翌20日より第1回目の会合が開かれる。清国側が講和条約の交渉に入る前に休戦条約を結ぶことを提起してきたため、日本側は翌日回答することとし、第1回目は実質的討議には入らない。21日に日本側は休戦の条件として「日本国軍隊は大沽、天津、山海関並びに該所にある城塁を占領し、右各

所に駐在する清国軍隊は一切の軍器、軍需を日本国軍隊へ引き渡し、天津、山海関の鉄道は日本軍務官の管轄に帰し、清国は休戦中総て日本軍事の費用を負担すべき」（陸奥　258頁）という過酷な要求を持ち出す。清国側はやむなく24日の第3回目の会合で、休戦問題を撤回し、直ちに講和交渉に入ることを求める。日本側はそれに応じ、翌日講和条約案を提出することにして、この日の会合は終わったが、突発事件が発生する。

　会合を終えて宿舎に戻る途中の李鴻章が日本の暴漢に短銃で狙撃されたのである。幸い李鴻章の生命に別状はなかったが、すべて日本側のペースで順調に進んでいたかに見えた講和交渉の行方に暗雲が立ちこめた。日本側はやや態度を軟化させ、28日に李鴻章の病床脇で第4回目の会合が開かれ、日本側は休戦条約に応じることとなった。ただしそこには「日本政府は台湾、澎湖列島およびその付近において交戦に従事する所の遠征軍を除くの外、他の戦地において休戦することを承諾す」（前同書　270頁）とあるように、割地として狙いを定めている台湾、澎湖列島については休戦の対象外とすることを提案している。李鴻章は台湾諸島にも休戦効力を及ぼすよう求めたが、日本側は聞き入れず、3月30日に休戦条約は調印された。

講和条約の締結

　そこで講和条約の交渉が始まる。日本側は条約案を提出したら4日以内に回答することを条件とし、清国側もこれを了承する。そこで日本側は4月1日に講和条約案を提起する。その概要は以下の通り。

「一、清国において朝鮮の完全無欠なる独立国たることを確認する事
　一、清国は左記の土地を日本国に割与する事
　　　（甲）奉天省南部の地〔具体的な地域指定の紹介は省略する〕
　　　（乙）台湾全島およびその附属諸島嶼および澎湖列島
　一、清国は庫平銀3億両を日本軍費賠償として、5カ年賦を以て支払うべき事

一、現に清国と欧州各国との間に存在する諸条約を基礎とし日清新条約を締結すべく、右条約締結に至るまで清国は日本国政府およびその臣民に対し最恵国待遇を与うべき事
　清国は右の外更に左の譲与をなす事
　　（一）従来の各開市港場の外、北京、沙市、湘潭、重慶、梧州、蘇州、杭州の各市港を日本臣民の住居、営業等のため開くべし
　　（二）旅客および貨物運送のため日本国汽船の航路を、（イ）揚子江上流湖北省宜昌より四川省重慶まで、（ロ）揚子江より湘江を遡りて湘潭まで、（ハ）西江の下流広東より梧州まで、（ニ）上海より呉淞江および運河に入り、蘇州、杭州まで拡張すべし
　　（三）日本国民にして、輸入の際、原価百分の二の抵代税を納めたる上は、清国内地における一切の税金、賦課金、取立金は免除すべし。また日本臣民が清国内において購買したる工作および天然の貨物にして輸出のためなることを言明したる上は、総て抵代税および一切の税金、賦課金、取立金は免除すべし
　　（四）日本国民は、清国内地において購買しまたはその輸入に係る貨物を倉入するため、何らの税金、取立金を納めず倉庫を借賃する権利を有すべし
　　（五）日本国臣民は清国の諸税および手数料を庫平銀を以て納むべし。但し日本国本位銀貨を以てこれを代納することを得べし
　　（六）日本国臣民は清国において各種の製造業に従事しまた各種の器械類を輸入するを得べし
　　（七）清国は黄浦河口にある呉淞浅瀬を取り除くことに着手することを約す
一、清国は講和条約を誠実に施行すべき担保として、日本軍隊が奉天府および威海衛を一時占領することを承諾すべく、かつ右駐在軍隊の費用を支払う事」（陸奥　273〜275頁、『日本外交文書』28巻331〜334頁）

この日本側提案に対して李鴻章は4月5日に長文の覚書を提出する。

第8章　講和条約案の大枠は1月に決まっていた　……　209

「彼は、(第一) 朝鮮の独立については、清国は既に数月前に朝鮮の完全無欠独立国たることを認むる旨を言明せり、よって今回講和条約中これ記載すること異議なしといえども、日本においても等しくこれを認めんことを要す。故に日本国提出の条文中修改すべきものありといい、日清両国が朝鮮に対する権利の平等ならんこと主持し、(第二) 割地については、日本提出の講和条約案の緒言に、講和条約を締結して以て両国およびその臣民をして将来紛議の端を除かしむ云々とあり、しかるにもし今回割譲を要求する土地の若（ごと）き強いてこれを割譲せしめば、啻（ただ）に論争を除くこと能わざるのみならず、後来必ず紛議続生し両国人民子々孫々相仇視して底止する所なきに至るべし、我が輩既に両国全権大臣たれば、両国臣民のため深謀遠慮、永久和好を維持し互いに相援助すべき条約を締結し、以て東洋の大局を保持せずんばあるべからず、清日両国は比隣の邦、歴史、文学、工芸、商業一として相同じからざるなきに、何ぞ必ずしも此の如く讐敵（しゅうてき）となるをなさんや。そもそも数千百年、国家歴代相伝の基業たる土地を一朝割棄する時は、その臣民たる者、恨を飲み冤（えん）を含み日夜復讐を図るに至るは必然の勢いなり、いわんや奉天省は我が朝発祥の地にして、その南部を以て日本国の所有とし海陸軍の根拠となるときは、何時も直ちに北京を衝くを得べきをや、清国臣民たるものにしてこの条約文を観れば必ずいわん、日本国は我が祖宗の地を取り海陸軍の根拠とし久遠の仇敵たらんと欲する者たりと、日本国は今回交戦の初め、清国と干戈（かんか）を交うるに至りたるは朝鮮の独立を謀り清国の土地を貪るに非ずと中外に宣言せしに非ずや、もし日本国をしてその初志を失わざらんには、該条約第2条（これ割地の条項を指す）およびこれに聯帯する各条に酌改を加え、永遠和好を維持し、彼此互いに援助するの条約と成し、屹然（きつぜん）東方亜細亜のために一長城を築き欧州各国の狙侮（こうぶ）を受けざることとすべし、もし計ここに出でず徒に一時の兵力を恃（た）み任意誅求（ちゅうきゅう）するにおいては、清国臣民勢い必ず嘗胆坐薪（しょうたんざしん）、復仇これ謀るに至るべく、東方両国、同室に戈を操（と）り永久怨仇となり、互いに相援けず、適々（たまたま）以て外人の擾奪（じょうだつ）を来すあるのみといい、到底割地の要求に対し論駁を試み、(第三)

210

軍費については、今回の戦争は清国先ず手を下したるに非ず、また清国は日本の土地を侵略せしことなし、故に論理上よりいえば清国は軍費を賠償すべきものに非ざるが如し、しかれども昨年10月中、清国は米国公使の調停に対し軍費賠償を承諾せり、これ全く和を復し民を安んぜんと欲するがためなり、ついてはもしその金額過当ならざればこれを承諾すべし、しかれども元来日本国の宣言する所にては、今回の戦争はその意全く朝鮮をして独立国たらしめんとするにあり、而して清国は昨年12月25日を以て、既に朝鮮の独立自主を認むべき旨を宣言せり、されば強いて清国をして軍費を賠償せしめんとするも、清国が朝鮮の独立を認むべしと宣言せし日までに止め、それ以後に係るものを要求するの理なかるべし、加之（しかのみならず）軍費賠償の額を定めるには、果して清国の力能く勝（た）えるや否やを酌量すべし、もし清国財力真に欠乏なる時は、一時強いて締約、調印するも将来これを償還する能わざるべし、而して日本は必ずその違約を責め兵端再び啓（ひら）くに至らん、今回日本国の要求、軍費賠償金額は到底清国現今の財力において賠償し得べき所に非ず」（陸奥　276〜278頁）

　陸奥宗光は李鴻章の「この覚書全文は、縷（る）々数千言に互り実に筆意精到、反復丁寧能くその言わんと欲したる所を言いたり。また一篇の好文辞たるを失わず」（前同書　281頁）との評価はするが、あくまでも日本側の提出した講和条約案に対して「その全体もしくは毎条に対し諾否如何を確答せんことを欲す」（前同書　283頁）という姿勢を崩さない。
　4月9日に清国側は修正案を出してくる。

「一、朝鮮国の独立は、日清両国においてこれを確認する事
　一、割地は、奉天省内において安東県、寛甸（かんでん）県、鳳凰（ほうおう）庁、岫巌（しゅうがん）州と、南方において澎湖列島に限る事
　一、償金は1億両（テール）とす、但し無利息の事
　一、日清通商条約は、清国と欧州諸国との条約を基礎としてこれを締結すべく、かつ講和条約批准交換の日より新通商航海条約締結の日

までは、清国において日本政府およびその臣民は総て最恵国待遇を受くべく、これと均しく清国政府およびその臣民もまた日本において最恵国待遇を受くべき事
一、清国において講和条約を誠実に施行する担保として、日本軍隊は一時威海衛のみを占領すべき事
一、将来において日清両国の紛議または戦争を避くるため講和条約その他通商航海条約等の解釈上およびその実施に関する問題上、両国の間に異議ある時は、第三友国に依頼し仲裁者を選定し、その裁断に一任すべしとの一新条項を加うる事」(前同書　287～288頁)

それを受けて日本側は4月10日に再修正案を提出する。その概要は

「第一、朝鮮の独立に関しては、我が原案第1条の字句を変改するを許さず
　第二、土地の割与に関しては、台湾および澎湖列島は原案の通りにして、奉天省の南部の地に付ては鴨緑江口より該江を遡り安平河口に至り、該河口より鳳凰城、海城および営口に亙る折線以南の地に減ずること。但し前記の各城市を包含す。遼東湾東岸および黄海北岸にありて奉天省に属する諸島嶼
　第三、償金は、2億両に削減する事
　第四、割地住民の件は、我が原案を変更するを容さず。
　第五、通商条約の件に関しては、我が原案を変更するを容さず。但し、(一) 新開市港の数はこれを減じて沙市、重慶、蘇州、杭州の四所に限り、(二) 日本国汽船の航路は、(イ) 揚子江上流湖北省宜昌より四川省重慶に至り、(ロ) 上海より呉淞および運河に入り蘇州、杭州に至る、と修正すべし
　第六、将来日清両国間に起るべき条約上の問題を仲裁者に一任する新条項は、これを加うるの必要を見ず」(前同書　290頁)

伊藤博文はこの再修正案は「実に我が最後の譲歩なり、清国使臣はこれ

に対し単に諾否の決答を与えられんことを望む」(前同書　291 頁) と迫るが、李鴻章はあくまで抵抗を試みる。

「(第一) 償金の額なお甚だ過大にして到底清国財力の支うる所に非ざれば、更に削減せんことを望み、(第二) 奉天省内割地の区域より営口の一所を削除せんことを乞い、その理由として、営口は清国の財府の一に係る、今日本は巨額の償金を強要すると同時にその財源を奪うは、あたかも孩児(がいじ)を養わんとしてその乳哺(にゅうほ)を奪うに均しきに非ずといい、(第三) 台湾はいまだ日本軍の侵略を経ざる所なり、日本なおこれを割取せんとするはすこぶる非理なり、故に台湾は割地すべからずという」(前同書　291 頁)

伊藤博文は「日本は戦勝者にして清国は戦敗者たり」という立場を絶対に崩さないので、李鴻章の訴えに耳を貸すことはなかった。4 月 15 日に講和条約に調印することの合意がなされ、17 日に調印はなされた。「要するに我が講和条件の大体は総て要求の通り肯諾せしめたり」(前同書 300 頁)

1944 年に小山弘健は『近代日本軍事史概説』において次のように書いている。

「列国戦前の圧倒的な予想をうらぎり、『渺たる一島帝国』が巨大なる大陸帝国をただ一撃のもとにたほせる真の秘密は、そもそもどこに存したのであろうか。〔中略〕われわれは清国の運命を左右せる象徴的事実を、その宮廷の内情のなかにすでに歴々として看取することができるであろう。かたむきつつある老帝国をさらに破滅のふちへ拍車づけたものこそ、蔽ふべからざる宮廷の腐敗にほかならなかった。ただ一路破局の底へすすみつつある国家にとっては、日清戦役の如きは単なる一つの結節をなすにすぎず、やがて轟然として倒壊しさるまでのまへぶれの一つにすぎなかった。明治 27 年に予定された西太后の

還暦祝典にたいして、それに要する莫大なる経費の支弁に苦しみ、連年北洋水師経常費中より巨額の大典準備費を流用しつつあった事実のごときは、はたして国家の運命を暗示せねであらうか。かくして戦争を目前にしながら、その行宮頤和園建築のために海軍経常費よりさかれた流用額3000万両にたっし、太后駐園のさいには一日の経費1万両を要費するといふおそるべき事態を呈しつつあったのである」（小山　316〜317頁）

日本は「かたむきつつある老帝国をさらに破滅のふちへ拍車づけ」ることはできたが、列強から見ればまだ「渺たる一島帝国」に過ぎなかった。成り上がり者・日本の身の程知らずの強欲振りは列強、なかでも中国東北部や朝鮮に深い利害関係を持つロシアを強く刺激した。ロシアは「遼東半島を日本にて所有することは啻に常に清国首府を危うするの恐れあるのみならず、これと同時に朝鮮国の独立を有名無実となすものにして、右は将来極東永久の平和に対し障碍を与うるものと認む」（前同書　302頁）と異議を唱え、ドイツ、フランスと組んで干渉してきたため、日本は清国から3000万両の償金と引き換えに、奉天省南部を返還することとなった。

表　三国干渉時における列強の海軍力（小山弘健『近代日本軍事史概説』328頁より）

艦　　種	英国	仏国	独国	露国	伊国	米国	日本
一等戦艦（1万トン以上）	22	18	4	10	12	4	0
二等戦艦（7000トン以上）	12	13	7	8	4	0	0
三等戦艦（7000トン未満）	11	6	11	0	5	2	0
一等装甲巡洋艦（6000トン以上）	31	14	0	11	6	3	0
二等巡洋艦（3600トン以上）	47	25	9	2	0	0	7
三等巡洋艦（1500トン以上）	51	31	19	3	0	0	6
合　　計	174	107	50	34	27	9	13

各国の分は既成および建造中のものを含む
日本の分は戦利艦鎮遠（7220トン）、同済遠（2440トン）同平遠（2150トン）を除く
（『1894年英国海軍年鑑』『近世帝国海軍史要』所載 854〜855頁）

東アジアにおける老大国・清国が、西洋式近代化による富国強兵策を推進してきた小国・日本に完敗したことはその後の歴史の大きな転換点となった。1898年にはドイツが膠州湾を租借、フランスは広州湾を租借、

イギリスは九龍、威海衛を租借、ロシアは大連・旅順の租借と南満鉄道敷設権を獲得する。弱体化した清国に列強は競うようにして襲いかかり、アフリカ大陸の分割とともに世界は帝国主義の時代に突入していった。遼東半島をロシアにさらわれてしまった日本は、清国からの巨額の賠償金を元手に、臥薪嘗胆、次の飛躍を目指して軍国主義の道を邁進することになる。

第9章　日本政府の基本的見解を検証する

　外務省ホームページには「尖閣諸島についての基本的見解」が掲載されている。本書に関係する部分を示すと以下の通りとなる（読点は本書の表記と同一にした）。

> 「尖閣諸島は、歴史的にも一貫してわが国の領土たる南西諸島の一部を構成しています。元々尖閣諸島は1885年以降政府が沖縄県当局を通ずる等の方法により再三にわたり現地調査を行ない、単にこれが無人島であるのみならず、清国の支配が及んでいる痕跡がないことを慎重に確認の上、1895年1月14日に現地に標杭を建設する旨の閣議決定を行なって正式にわが国の領土に編入することとしたものです。
> 　また、尖閣諸島は、1895年5月発効の下関条約第2条に基づきわが国が清国より割譲を受けた台湾及び澎湖諸島には含まれていません」http://www.mofa.go.jp/mofaj/area/senkaku/kenkai.html

　さて、この基本的見解が検証に耐えうるものなのか、具体的に見てみよう。

「南西諸島の一部を構成」しているか

　第一に、「尖閣諸島は、歴史的にも一貫してわが国の領土たる南西諸島の一部を構成しています」とのことだが、岩波書店『広辞苑』第6版で「南西諸島」を調べてみると

> 【南西諸島】九州南端から台湾北東端の間に弧状に続く諸島の総称。太平洋と東シナ海を画する。大隅諸島・吐噶喇（とから）列島・奄美諸島から成

る北半部の薩南諸島と、沖縄諸島・先島諸島から成る南半部の琉球諸島とに大別。

小学館『大辞泉』第2版を引いてみると

【南西諸島】九州南端から台湾へ連なる列島の総称。鹿児島県の大隅・吐噶喇(とから)・奄美、沖縄県の沖縄・先島(さきしま)の各諸島からなり、太平洋と東シナ海を分ける。

三省堂『大辞林』第3版では

【南西諸島】九州南端から台湾との間に弧状に連なる島々。東シナ海と太平洋を画する。鹿児島県に属する薩南諸島と沖縄県に属する琉球諸島とに大別される。亜熱帯性海洋気候で、夏から秋には台風が多い。

　三者の記述に大差はない。「南西諸島」とは九州南端から台湾北東端の間に弧状に続く島々の総称であって、そこには「尖閣諸島」は含まれない。これが普通の解釈である。
　平凡社から版権を引き継いだ株式会社日立ソリューションズ『世界大百科事典』第2版はやや異なる解説をしている。

【南西諸島】九州島南部から南西方向に台湾の東部近海まで連なり、東シナ海を太平洋から分ける弧状の島嶼(とうしょ)群の総称で、琉球弧とも呼ばれる。与論島以北の鹿児島県に属する薩南諸島と、伊平屋(いへや)島以南の沖縄県に属する琉球諸島とに大きく二分される。薩南諸島はさらに、北から大隅諸島(口之三島を含む)、吐噶喇(とから)列島、奄美諸島に分かれ、琉球諸島は北部の沖縄諸島(大東諸島を含む)と南部の先島(さきしま)諸島(尖閣(せんかく)諸島を含む)とからなる。

　『世界大百科事典』は琉球列島の北部の沖縄諸島に大東諸島を、南部の先

島諸島に尖閣諸島を含ませている点で他の辞書とは異なっている。

　九州南端から台湾との間に弧状に連なる島々が南西諸島であるとするなら、大東諸島、尖閣諸島は地形的に見て、いずれもその中に含まれないことは明白である。

　東京大学出版会『日本の地形7　九州・南西諸島』では「南西諸島の地形区分」を次のようにしている。

```
D　奄美・沖縄帯（大区分）
　D1　奄美諸島（中区分）
　　D1-1　喜界島（小区分）　以下、D1-5　与論島まで続く
　D2　沖縄諸島（中区分）
　　D2-1　沖縄島（小区分）　以下、D2-6　久米島まで続く
　D3　先島諸島（中区分）
　　D3-1　宮古島（小区分）　以下、D3-9　与那国島まで続く
　D4　南西諸島周辺大陸棚（中区分）

E　トカラ列島帯（大区分）
　E1　トカラ列島（中区分）
　　E1-1　口永良部島（小区分）　以下、E1-9　硫黄鳥島まで続く

F　周辺諸島（大区分）
　F1　尖閣諸島（中区分）
　　F1-1　黄尾嶼（小区分）　F1-2　魚釣島
　F2　大東諸島（中区分）
　　F2-1　北大東島（小区分）、F2-2　南大東島　F2-3　沖大東島

G　東シナ海大陸棚
```

　この分類では「尖閣諸島」「大東諸島」を「南西諸島」の「周辺諸島」として扱っており、『世界大百科事典』のような強引さはない。

　小学館『日本大百科全書』における「南西諸島」の記述（執筆者は塚田公彦）に興味深い事実が紹介されている。

【南西諸島】〔前半部分は他の事典の記述と大差ないので省略する〕現在の正式名称となっている「南西諸島」は歴史的意味があってつけられたものではなく、従来は主として海上保安庁水路部で用いられたものが1968年（昭和43）に協議決定されたものである。

「南西諸島」という表記そのものが歴史的に一貫していたわけではなかったのだから「歴史的にも一貫してわが国の領土たる南西諸島の一部を構成」というのは正確な表現とは言えない。

　ここで「南西諸島」という地理概念を用い、「琉球国」「沖縄県」という領域に関わる概念を用いていないところに、この作文を書いた人の苦衷を察することができる。「琉球国以来」という表現を用いたいところだが、琉球国そのものが歴史的に一貫して日本国の領土であった、とは書けないことを誰もが知っている。ましてや「尖閣諸島」が琉球国の中に含まれていなかったことは本書で明らかにした通りである。江戸幕府が作らせた「琉球国絵図」に「尖閣諸島」に相当する島々がまったく描かれていないのは、それらが琉球国を構成する島嶼ではなかったからである。琉球国は琉球藩、さらに1879年の琉球処分により沖縄県とされた。琉球の帰属をめぐって対立していた明治政府と清国政府は琉球分割案を検討したが、その際の分割案は宮古、八重山の先島部分と沖縄本島以北とに二分する、というものであった。「尖閣諸島」はそもそも琉球国に属していなかったため、分割の対象外であった。歴史的に見れば「尖閣諸島」は琉球国にも、日清戦争以前の沖縄県にも含まれたことがなかったことは明白である。

たった一度だけの現地調査

「1885年以降政府が沖縄県当局を通ずる等の方法により再三にわたり現地調査を行ない、単にこれが無人島であるのみならず、清国の支配が及んでいる痕跡がないことを慎重に確認の上」というのは事実ではない。

　本書ですでに明らかにした通り、1885年に明治政府は沖縄県当局に実地調査と国標建設を命じたが、時の沖縄県令西村捨三がこれらの無人島は「中山伝信録に記載せる釣魚台、黄尾嶼、赤尾嶼と同一なるもに無之哉の疑なき能はず」（本書160頁）として、大東島の場合のように踏査して直ちに国標を建てることには同意せず、先島諸島と那覇とを往復する出雲丸が那覇に戻る途中に立ち寄る形での簡単な実地調査を行っただけである。本書167頁にある石沢兵吾の報告の通り、出雲丸が実際に魚釣島への踏

査を行ったのは10月30日の午前8時から午後2時までの、多めに見てもわずか6時間。久場島については日没間近で東北の風が強くなったため、上陸を諦め「傍観」しただけ。久米赤島にいたっては夜中であったので、島の位置すら確認できなかった。大東島の調査にあたっては南大東島（8月29日）、北大東島（8月31日）とそれぞれ一日を費やし、しかも国標をも建設したのに比べ、そもそも取り組む姿勢からしてお座成りなものであった。

その後「再三にわたり現地調査を行ない」とあるが、これはまったくの作り話である。

丸岡莞爾知事は1890年1月に「甲第1号 無人島久場島魚釣島之義に付伺」を、次の奈良原繁知事は1893年11月に「甲第111号 久場島魚釣島へ本県所轄標杭建設之義に付上申」をそれぞれ提出するが、内務省県治局長は1894年4月に沖縄県側に「該島港湾の形状、物産及土地開拓見込の有無、旧記口碑等に就き、我国に属せし証左、其他宮古島、八重山島等との従来の関係」に関する情報の提出を求める照会を出す（本書188頁参照のこと）。

奈良原知事はそれに対し「該島は去る18年〔1885年〕中、県属警部等派出踏査せしめ候以来、更に実地調査致さざるを以て確報難及候」と出雲丸による実地調査以降、調査はしていないことを回答する。しかも「該島に関する旧記書類及我邦に属せし証左の明文又は口碑の伝説等も無之。古来、県下の漁夫、時々八重山島より両島へ渡航、漁猟致し候関係のみ有之候条」と追伸している。

内務省が1894年12月27日、清国との戦争に大勝しているという「其当時と今日とは大に事情を異に致候」という理由で沖縄県からの「久場島魚釣島へ所轄標杭建設之義上申」を閣議に提案しようとする際にも「本文魚釣島・久場島に関する地理の沿革等、遂調査候得共、何分其要綱を得ず」と附記している（本書194頁参照）。

これらの文書が示していることは「再三にわたり現地調査を行な」ったことはない、という事実である。

一方、石沢兵吾が1885年10月30日に魚釣島に短時間上陸した際に目

にしたことは「該島は本邦と清国との間に散在せるを以て、所謂日本支那海の航路なり。故に今も各種の漂流物あり。則ち小官等の目撃せし物は、或は琉球船と覚しき船板、帆檣、或は竹木、或は海綿漁具（竹にて製したる浮様のものを云う）等是なり。就中最も目新しく感じたるは長貳間半許、幅4尺許の伝馬船の漂着せしものなり。形甚だ奇にして曽て見聞せざるものなれば、之を出雲丸乗組人に問うに、曰く支那の通船なりと答へり」（本書167頁）と清国との関わりを示す物件が見られることを報告している。「清国の支配が及んでいる痕跡がない」と断定するには「慎重さ」が欠けていると言わざるを得ない。

井上馨外務卿は1885年10月21日に山県有朋内務卿に宛てた文書で「清国には其島名も附し有之候に就ては、近時清国新聞紙等にも、我政府に於て台湾近傍、清国所属の島嶼を占拠せし等の風説を掲載し、我国に対して猜疑を抱き、頻(しきり)に清政府の注意を促し候ものも有之候様に付」（本書163頁）と国標建設が清国側を刺激する恐れがあることを気づかっていた。

山県有朋内務卿は1885年12月5日に「国標建設の儀は清国に交渉し、彼是都合も有之候に付、目下見合せ候」（本書175頁）と、清国と関わることなので、国標建設を見合せるとの結論を出していた。

これらの事実を総合すれば「単にこれが無人島であるのみならず、清国の支配が及んでいる痕跡がないことを慎重に確認」したことはなく、清国に関係することなので、慎重に対応しなければならない、として1885年12月に国標建設を見合わせる決定を下した、ということである。

正式な領有手続きがなされたのか

「1895年1月14日に現地に標杭を建設する旨の閣議決定を行なって正式にわが国の領土に編入することとした」とのことだが、その経緯については本書193頁以下をご覧いただきたい。

ここで検討すべきは沖縄県が現地に標杭を建設するのを許可するという閣議決定をもって正式な領土の編入がなされた、と見做せるのだろうか、という点である。

国家に限らず、例えばわれわれが新たに土地を取得する、というケースを考えてみよう。取得したい土地があれば、まずその土地の所有者の有無を調べ、所有者が存在する場合にはその所有者と交渉し、必要な対価を支払って譲渡してもらい、所有者移転の登記をする必要がある。所有者の存在が不明確な場合には、さまざまな方法を用いて所有者を探し出す作業が必要である。一定期間、問い合わせの広告を出す、ということもありえよう。そのような所有者を探す努力を十分行っても、その土地の所有者が現われて来ない、発見できないという場合に限って、その土地は無主の土地であり、自分がその発見者であるとして、所有手続きを始めることができる。その土地の所有者になった場合、必ず所有するにいたった経緯、根拠などを対外的に公表することが必要である。そうしないと、あとから真の所有者であると称する人が出てきた場合、自分の所有行為の正当性を立証できないからである。

　以上は実に素人丸出しの説明であるが、このルールは国家による新たな領土の領有の場合にも適用される考え方と言えよう。

　そこで日本政府の尖閣諸島領有の実際を見てみよう。

　1894年12月27日に閣議に提出しようとした案件は沖縄県からの「久場島魚釣島ヘ所轄標杭建設之義上申」を受けて「沖縄県下八重山群島の北西に位する久場島・魚釣島は従来無人島なれども、近来に至り該島へ向け漁業等を試むる者有之。之れが取締を要するを以て全県の所轄とし、標杭建設致度旨、同県知事より上申の通り、標杭を建設せしめんとす」とした閣議決定である。無人島である、そこに漁業等を営みたいという人がいる、それを取り締まるために、沖縄県の管轄下に置く、そのために標杭を建設する、というのが正式の領有行為と言えるのだろうか。

　無人島は島国・日本には沢山存在する。そこで何か事業を始めたい、という人が出てくるのは不思議なことではない。無人であること即ち無主、所有者がいない、とは限らない。無人島の所有者探しの作業をしなければならない。しかし1885年にこれら無人島の調査、国標建設を行おうとした時に、国標建設を取りやめた理由は、清国と関わりがあることを知っていたからである。清国に対してこれら無人島の領有権について照会をし、

> 勅令第十三號
> 第一條　那覇首里両區ノ區域ヲ除ク外沖縄縣ヲ畫シテ左ノ五郡トス
> 島尻郡　島尻各間切久米島渡名喜島粟國島慶良間諸島鳥島及大東島
> 中頭郡　中頭各間切
> 國頭郡　國頭各間切及伊江島
> 宮古郡　宮古諸島
> 八重山郡　八重山諸島

勅令第13号　1896年3月5日

清国の領土には含まれない、という回答を得たうえでないと、その無人島を領有することはできない。

明治29（1896）年3月5日の勅令第13号「沖縄県郡編制に関する件」（A03020225300）により沖縄県に五郡が編制された。

勅令第13号
第1条　那覇、首里両区の区域を除く外、沖縄県を画して左の五郡とす
　　島尻郡　島尻各間切、久米島、慶良間諸島、渡名喜島、粟国島、伊平屋諸島、鳥島、及　大東島
　　中頭郡　中頭各間切
　　国頭郡　国頭各間切、及　伊江島

宮古郡　宮古諸島
　　八重山郡　八重山諸島
　第2条　郡の境界若くは名称を変更することを要するときは内務大
　　臣、之を定む
　附則
　第3条　本令施行の時期は内務大臣、之を定む

　大東島は島尻郡に編制されているが、魚釣島、久場島に関しては何の言及もない。勅令第13号でもって八重山郡に編制された、とは言えない。なぜなら八重山郡に編制されたのは八重山諸島であって、八重山諸島には魚釣島、久場島は含まれていない。八重山郡に含まれるとするのであるのなら、島尻郡の下に大東島が明示されているように、魚釣島、久場島も八重山諸島と並んで明示されるべきである。つまり魚釣島、久場島は勅令第13号の編制対象になっていなかった、ということである。

「プラタス島」との比較

　この点で外務省条約局が昭和8（1933）年10月に機密文書としてまとめた『国際法先例彙輯（2）　島嶼先占』「新領土の発見及取得に関する先例」（B04120002200）に収められているプラタス島（東沙島）（明治40年～明治42年）の事例を比較のため検討してみることにしよう。

「一、明治34〔1901〕年、玉置某より北緯20度東経116度に位する無人島（「プラタス」島）の所属国承知致し度旨、外務省に伺出ありたるに付、在香港帝国領事館に右取調方、訓令したる処、同領事館に於ては右判明せざるを以て、香港政庁側に非公式に問合したるに、該島は何れの国にも属せざる如きも、或は支那の版図に編入せられ居るやも計られざるを以て、同国の意向確め方、可然旨回答ありたる趣、同館より報告ありたり。
　二、明治40〔1907〕年、西村外2名より「プラタス」島を台湾に編

入込に貸下方、内務省に願出ありたる趣を以て、同省より外務省に照会ありたるに付、外務省は同島の所属国は判明せざるも、既に英国海軍により調査製図せられ居る経緯に鑑み、帝国政府が公然帝国版図編入の手続を取るに於て、或は英国政府より何等故障生ずるやも計り難きに付、先づ出願者をして事実上、其経営を進行せしめ、追って相当の時機に帝国領土に編入方、可然旨、回答せり。然るに該島を邦人によりて占領せられたることを聞知したる支那政府は、同年10月、軍艦を同島に派遣せんとしたるも、右実現に至らず。其際、洋務局海辨は南京総督の命により在南京帝国領事に『中国沿海険要』なる書を示して、同島の支那国に帰属し居ることを力説したるも、同領事は右は英書の翻訳に過ぎず、其記事を以て本問題を解決すること能はずと回答せり。

同明治41年12月、西村等の権利を継承したる西沢某より、数年前より同島に於て、燐鉱採取及漁撈に従事し居る旨、外務省に報告あり。

三、明治42年3月、両広総督は事情調査の為、軍艦を『プラタス』島に派遣せるが、同月16日、同総督より在広東帝国領事に該島が支那国に所属し居る旨申出あり。次で翌17日、別紙の通り照会ありたり。

然るに邦人の『プラタス』島占領、殊に支那漁民を放逐し、太王廟を破壊せりとの風聞は痛く支那の民心を刺戟し、排日的感情再燃せんとしつつある旨の情報ありたるにも顧み、帝国外務大臣は在広東帝国領事に対し、帝国政府に於ては、同島を以て無所属と思考し居りたるも、之を帝国領土と認めたるにあらず。従て支那国にして同島を其の所領に属する旨確証を有するに於ては、其の権利を承認するに躊躇せざるなり。然れども同島は是迄、実際無所属の状態に放任せられたるものなるを以て、支那国に於て自国の領土たることを主張する場合に於ても、同島に於て善意に事業に従事し、且巨額の資本を投じたる帝国臣民の事業は、之を保護せざるべからざるは当然の儀なる旨、電報し置きたる処、同領事は右を含みて3月22

日、両広提督と会見せるが、同提督は（一）支那沿岸及太平洋中には所属未定の島なく、（二）若し『プラタス』島が支那に属せざりしものなるに於ては、夙に英国之を領有せる筈、（三）該島には多年、支那国所属の太王廟ありたり、との理由を以て、該島の支那国に帰属し居ることを主張し、且西沢の事業撤回方を帝国政府に於て命ぜらるる様、取計はれ度旨申述たるに、帝国領事は右に対し適宜応対し、殊に後者に関しては日本の法律を破りたるに非ず、又、日支両国間の条約を犯したる者にあらず、正当の手続を履みて正当の事業に従事するものを追放することは、断じて之をなし難き旨反論し、而て翌23日、同領事は前記訓電の趣旨を公文に認めて同総督に送付せり。

〔以下、中間の経緯の紹介は省略し、10時11日に在広東領事と両広総督は「プラタス島引渡に関する取極」に調印する〕

一、清国に於て『プラタス』島に在る西沢の事業を買収する。価額は広東銀16万元と定む。
二、西沢より清国に交付すべき漁船・廟宇・税金等に関する諸款は広東銀3万元と定む。
三、清国は西沢が其事物並に採掘せる目録に照らし、清国委員に引渡したる後、半月以内に事業買収価額を在広東日本領事に交付すべし。

　尤も廟宇破壊及漁民迫害は事実不明の廉ありしも、支那の民心を安撫する目的を以て旁総督の面目を立つる上に於て、右漁船及廟宇に対する賠償金並税金の支払に同意せり。

　而て同年即明治42年11月19日、帝国引渡委員堀領事官補と支那委員との間に島上物件の引渡完了し、他方西沢の手取13万元は12月2日、総督によりて支払はれたり。

　要之、本島帰属問題に関し、支那側は最初より支那領たることを前提として善後策を講ぜんと欲したるも、帝国側は最後迄、支那側に於て邦人の保護を約せざる以上、該島に対する支那国の領土権を承認せざるの建前を棄てざりしが、茲に条件成就したるを以て、前記取極書には本件に関し、何等明記せざりしも、帝国政府に於ては

結局、支那国の領土権を黙認したることとなれり」(73～77頁)

　かなり長文の引用になったが、同じ明治政府と清国政府との領土をめぐる扱いでも、1895年と1909年とでは大いに異なる展開を見せていることがお分かりいただけたと思う。1909年の「プラタス」島の場合には、日本側はまず英国との関わりの有無を確認しようとして、非公式に香港政庁に問い合わせた。ところが英国側からは清国に問い合わせるよう示唆されたことから、領有権を主張する清国との間での交渉が始まり、最終的に日本側は「プラタス」（東沙）島の領有を放棄した。しかもこの外務省の記録には十分に記されていないが、広東省潮州の漁民の対日ボイコット運動がこの問題の解決にあたって重要な役割を果たしている。なお平岡昭利『アホウドリと「帝国」日本の拡大』（221頁以降）にも本件についての記述があり、参考になるが、「潮州」を「湖州」と誤記しているなど、いささか詰めが甘いところがある。

　魚釣島等の無人島についても、明治政府は清国と関わりがあることを知っていたのだから、当然のことながら、その帰属についてまず清国側に照会をすべきであった。それをあえて怠っていたのは、照会すれば必ずや清国側から自国の領土である、との回答がなされることを承知していたからに他ならない。

　また沖縄県に標杭の建設を許可する、という閣議決定だけで、領有行為が完成したとは言えない。沖縄県はこの閣議決定を受けながら、実際には標杭の建設を行わなかった。また新たに領土を取得したのであれば、それを内外に公示する義務がある。しかしわれわれは当時の『官報』をいくら調べてみても、本件に関する公示文を見いだすことができない。清国に対して秘匿していただけでなく、自国民に対しても明らかにしていなかった。清国との戦争で大勝利を収め、いまや台湾を首尾よく手に入れるなど、「戦果」の確保に精神を集中していた明治政権にとって、このような小さな無人島の扱いなどどうでもよかったのだろうが、新領土取得の手続きとして、重大な瑕疵が存在していたことは事実である。

戦争の勝利に乗じた領有では共通している

「1895年5月発効の下関条約第2条に基づきわが国が清国より割譲を受けた台湾及び澎湖諸島には含まれていません」というのはその通りである。しかし台湾及び澎湖諸島を戦果として清国から奪い取ることは1894年12月の段階ですでに日本政府首脳の方針となっていた。ただ日本の狙いを列強に知られることで、彼らの干渉・介入を招くことを防ぐ必要があるとの判断から、条約締結の最終段階にいたるまで公表することを避けていた。これについては陸奥宗光外相が『蹇蹇録』で明確に述べているし、本書第8章でかなり詳しくその内容を紹介した。1885年12月の日本政府の国標建設を見合せるとの指示に対して、その後の沖縄県側からの見直し要求がありながら、受け付けず棚上げにしておきながら、1894年12月になって突然「其当時と今日とは大に事情を異に致候」ことを理由にして閣議にかけた。これは同年12月4日に内閣総理大臣伊藤博文が大本営に「威海衛を衝き、台湾を略すべき方略」を提起し、了承されたことと密接に関連しており、魚釣島等の無人島への標杭建設と台湾、澎湖諸島を清国から割譲させることとは同時進行のできごとであった。

釣魚島は台湾の附属島嶼であり、したがって「下関条約」に含まれる、というのは後からのこじつけ的解釈である。しかし戦争の勝利に乗じてこっそりと沖縄県に組み込む措置（それが瑕疵だらけであろうと）をとったことと台湾、澎湖諸島を大日本帝国の版図に組み込んだこととにどれだけ違いがあると言えようか。

以上の通り、日本政府の「尖閣諸島についての基本的見解」はとても検証に耐えうるようなシロモノではない。

これは尖閣諸島を日本固有の領土と主張する日本政府にとっては承認しがたい、きわめて不都合なことがらである。しかし否定できない事実であることは、公文書そのものが語っている。事実を事実として認める誠実さを示すことが何よりも大切である。

あとがき

　今日、日本の新聞やテレビでは「沖縄県尖閣諸島」あるいは「沖縄県の尖閣諸島」として報道することが当たり前のようになっている。以前だったら「沖縄県尖閣諸島」の後に「中国名・釣魚島」と併記し、日中間で係争中の島々であることが分かるような報道をしていたのに。われわれは知らぬ間に日本政府の「日中間に領土問題は存在しない」という主張を当たり前のように思い込まされているのである。これはマスコミだけの問題ではない。日中の領土問題を扱った書籍の大半が「尖閣諸島は日本固有の領土」を自明の理としてあれこれ論じている。相手の主張にも耳を傾けようとする冷静な姿勢を欠落させた論の横行は、事実に基づく理性的判断の大切さを放棄させてしまいかねない。
　そもそも何を根拠に「沖縄県尖閣諸島」と言えるのだろうか。はたしてそれが正しいのだろうか。日本政府の主張が正しいとしたら、台湾や中国政府は一体何を根拠に自国の固有の領土、と主張しているのだろうか。まったく根拠のない「言い掛かり」に過ぎないのだとすれば、相手の主張をきちんと紹介し、どうしてそれが正しくないのかをはっきりと指摘し、自分の主張の正しさを全世界に、とりわけ自国民だけでなく、相手国民にも納得してもらえるよう、正々堂々と明らかにすればいい。本書では明治政府の各種公文書を根拠にして、明治政府が領有するにいたる経緯を立証している。その内容に間違いがあるのなら、具体的な根拠を挙げて指摘していただきたい。
　ところで「沖縄県尖閣諸島」と言う前に、われわれは沖縄県の歴史、その前身である琉球国の歴史をどれだけ知っているのだろうか。琉球国と中国、日本との関係はどうなっていたのだろうか。琉球国の歴史の全体像を把握したうえで、魚釣島、久場島、久米赤島という島々が琉球国に含まれていたのかどうかを考える必要がある。実際には琉球、沖縄の歴史を紹介

した書籍の中に、魚釣島等のことが登場することはほとんどない。
　本書では琉球、日本、中国の文献に登場する島々を分類・分析することを通してその原因を明らかにしている。琉球国の領域は明確であって、釣魚嶼、黄尾嶼、赤尾嶼としてその存在を知られていた島々は明らかに中国の領域に含まれていた。本書ではなるべく日本や琉球の資料に基づいた分析に心がけたので、中国側の文献はあまり紹介していないが、中国側の文献にはそれを立証する資料が豊富に存在している。
　琉球国を構成する島々と、釣魚嶼・黄尾嶼・赤尾嶼との間には沖縄トラフという天然の障壁が横たわり、黒潮の強い流れがあるのでサバニという小舟による往来は困難であった。福建省福州から冊封使を乗せて出発した船は釣魚嶼、黄尾嶼、赤尾嶼の北西側を通って琉球の那覇に向った。なぜ南東側ではなく北西側を選んだのか。これらの島々は大陸棚の縁に位置し、島の南東側は急に深い海になっている。300〜400人をも乗せることのできる冊封船であってもそこを流れる黒潮を乗り切るのは、常に危険を伴うことであった。「黒水」として恐れられていた黒潮を無事に乗り切り、久米島が見えてきたことで、人々は琉球国に入ったことを実感し、安心したのである。そのような記述は冊封使の記録に数多く見ることができる。琉球国の領域に魚釣島等の島嶼は含まれていなかったことは明らかである。
　本書は主として外務省ホームページに公開されている『日本外交文書』や「アジア歴史資料センター」でデジタルデータとして公開されている外務省、内務省、防衛省などの公文書資料を積極的に活用して、琉球・沖縄と明治政府、清国政府との関係を丹念に調べ、分析している。
　筆者は古文書の解読を学んだことがないし、候文(そうろうぶん)の正しい読み方も知らない。この方面では間違いなく素人である。アジア歴史資料センターで公開されているオリジナル資料の画像ファイルを解読するのは非常に難しいことであったが、幸いなことに重要な文献の多くはすでに文字データとして公開されているので、それらを参考にさせていただいた。まだ文字データ化されていない画像データだけの資料の中にも随分と貴重なものがあるが、草書で書かれていたり、文章表記が現代語とはかなり異なっているため、正しく解読できていない部分もかなりある。「アジア歴史資料セン

ター」で公開されているデータの他に、国立国会図書館の電子図書館で公開されている明治期の図書が読めたこと、また『官報』の画像データが公開されていることは大変役立った。

あらためて歴史資料のデジタル化とその公開の大切さを実感した。ぜひ本書の読者諸氏がご自身でその点を実際に体験していただきたいと思い、できるかぎりレファレンスコードやURLを記入しておいた。そうすれば、筆者の書いていることが正しいのか、誤った解釈をしているのかを、読者諸氏が判定できるからである。

デジタルデータの恩恵を受けたもっとも顕著な例は西村捨三についての情報である。4代目の沖縄県令であった西村捨三の沖縄県との関わりはこれまでほとんど注目されてこなかった。彼の沖縄政策について本格的に紹介したのは本書が嚆矢をなす、と自負している。しかし本格的な紹介と称するにはおこがましく、まだ初歩的なレベルに過ぎない。ただ西村捨三については、沖縄の歴史という点からも、また幕末から明治という激動の時代を生き抜いた人物の歩みとしても、もっと多くの人々が注目し、研究を深めてほしいと思っている。実に魅力溢れる人間であり、西村捨三という存在を知ったことが、本書執筆における最大の収穫と言っても過言ではない。

尖閣諸島・釣魚島問題についてはすでに『尖閣列島・釣魚島問題をどう見るか——試される二十一世紀に生きるわれわれの英知』という小さな書籍を2004年6月に日本僑報社から出しているし、授業や講演などで報告してきたので、さほど時間を要することなく本書を書き上げることができると思っていた。書き始めた頃は2012年末までに書き上げる予定であったが、それが2013年3月に延び、最終的には6月刊行と、大幅に遅れてしまった。

当初は日中間の領土問題を「共有論」という視点から分析し、問題解決のための提言をも含んだ内容にしてまとめるつもりでいた。最初に書き上げた第1章は「2010年9月の中国漁船衝突事件の検証」。そこからスタートして、琉球・沖縄と中国、日本との関係史、その中における釣魚島・尖閣諸島の問題を分析していく予定であった。しかし琉球の歴史に関する概

説書、専門書をいろいろ読むなかで、琉球から見た東アジア世界の動きに引きつけられていった。第2章は、いわば私自身にとって琉球史の学習ノートになっている。琉球史の要点をきちんとまとめられているとはとても言えないが、中国、日本と琉球がどのような関係にあったのかを整理するうえでは役立った。第2章を基礎にして以降、少しずつ自分の分析を示すことができるようになった。ただその結果、全体があまりに長大になることが明白になったので、日本政府が尖閣諸島を領有したとする1895年までを一冊にまとめることにし、書名も『日中領土問題の起源』として、単独の書籍にした。

筆者の構想する「共有論」は、日本と中国との平和・友好・協力・共同発展の象徴として、これらの島嶼を共同管理するという意味での「共管論」と表現したほうが、より多くの人々の「共感」、同意が得られるかも知れない。そのような方向性を堅持して、新たに続編をまとめるつもりだが、調べなければならないこと、考えたいことがいろいろあるので、それら素材をじっくり熟成させたうえでいずれ発表したいと思っている。

そのためにもこれまで以上に、日中双方のさまざまな人々と交流を重ね、お知恵を拝借したい。本書の出版にあたっては花伝社のみなさん、とりわけ平田勝社長および山口侑紀さんにお世話になったことを記して感謝の意を表す。

2013年6月　村田忠禧

付録　アジア歴史資料センター（JACAR）に公開されている関連文書類一覧

　本書の記述、とりわけ沖縄県に関する記述は日本の公文書の記載に基づいている。その多くは今日、「アジア歴史資料センター」（JACAR）のホームページから検索、閲覧、ダウンロードができるようになっている。以下に本書において使用した公文書類をテーマ別に、しかも配列を時系列に従って並べ替えた一覧表にして掲載する。表記において、カタカナをひらがなに、年月日を西暦に、また算用数字を用いるなど読みやすさを優先させた処理を行っている。

アジア歴史資料センター（JACAR）の関連文書一覧表

A（国立公文書館）、B（外務省外交史料館）、C（防衛省防衛研究所）

大東島に国標建設・沖縄県管下に　（本書 151 頁）

明治 18 年 7 月 17 日　沖縄県へ接近大東島測量の件　　　　　　　　　　C11019493400

西暦(年)	月・日	表題	発信者	宛て先	特記事項	JACAR
1885	7・17	本県へ接近大東島測量之義に付上申	森長義沖縄県大書記官	川村純義海軍卿		C11019493400-3～5
1885	7・24	水第345号の2	水路局長		沖縄県へ御指令案 鹿児島県下大島へ軍艦派遣為致候節は伺之通凡40日間前に通知可致候条其旨可相心得事 明治18年8月4日	C11019493400-1～2

明治 18 年 10 月 12 日　西村沖縄県令より差出の無人島大東島巡視の義　C11019564600

西暦(年)	月・日	表題	発信者	宛て先	特記事項	JACAR
1885	9・2	大東島巡視取調概略	石沢兵吾 五等属	西村捨三沖縄県令	大東島より携帯せし物品目録	C11019564600-8～23
1885	9・2	大東島回航	林鶴松 出雲丸船長	西村捨三沖縄県令	大東島略図	C11019564600-24～38
1885	9・3	大東島巡視済の儀に付上申	西村捨三沖縄県令	山県有朋内務卿		C11019564600-6～7
1885	9・30	普第2606号 親展第71号	井上馨外務卿	川村純義海軍卿		C11019564600-3
1885	10・6	普第2606号の2	総務局副長	軍事部次長 水路局長		C11019564600-5
1885	10・12	普第2606号の3 内務書記官へ御照会按	総務局副長	内務書記官		C11019564600-1～2

公文別録・内務省 第4巻・明治18年 沖縄県と清国福州との間に散在する無人島へ国標建設の件 （本書 第6章 155頁以降）

沖縄県と清国福州との間に散在する無人島へ国標建設の件　　A03022910000

西暦(年)	月・日	表題	発信者	宛て先	特記事項	JACAR
1885	11・2	魚釣、久場、久米赤島回航報告書	林鶴松日本郵船会社出雲丸船長	森長義沖縄県大書記官		A03022910000-11～15
1885	11・4	魚釣島外二島巡視取調概略	石沢兵吾沖縄県五等属	森長義沖縄県大書記官（西村捨三沖縄県令代理）		A03022910000-4～10
1885	11・13	成績書	小林義忠県三等教諭	石沢兵吾沖縄県五等属		A03022910000-18～21
1885	11・20	魚釣島鉱石之義に付上申	石沢兵吾沖縄県五等属	森長義沖縄県大書記官（西村捨三沖縄県令代理）		A03022910000-17～18
1885	11・21	第407号 魚釣島鉱石之義に付上申	＊西村捨三沖縄県令	山県有朋内務卿	森長義沖縄県大書記官が西村捨三名義で書いたもの	A03022910000-16
1885	11・24		西村捨三沖縄県令	井上馨外務卿 山県有朋内務卿	清国と関係なきにしもあらず、万一不都合を生じ候ては不相済候に付、如何取計可然哉、至急何分の御指揮奉仰候也	A03022910000-3
1885	12	内務省内申	内閣書記官長		内務省内申 沖縄県と清国福州との間に散在する無人島へ国標建設の儀に付沖縄県へ指令の件右御回覧候也	A03022910000-1
1885	12・5	秘第128号の2 無人島へ国標建設之儀に付内申	山県有朋内務卿	三条実美太政大臣	国標建設の儀は清国に交渉し彼是都合も有之候に付、目下見合せ候方可然と相考候間、外務卿と協議の上、其旨同県へ致指令候条	A03022910000-2

236

| 1885 | 12・16 | 秘第260号の内 魚釣島鉱石之儀に付内申 | 山県有朋内務卿 | 三条実美太政大臣 | | A03022910000-15 |

次に掲載する外務省の「帝国版図関係雑件」における書類の扱い方と比較する必要がある。

外務省　帝国版図関係雑件
明治18年 沖縄県久米赤島、久場島、魚釣島へ国標建設の件　B03041152300

西暦(年)	月・日	表題	発信者	宛て先	特記事項	JACAR
1885	9・21	久米赤島久場島魚釣島之三島取調書	石沢兵吾五等属	西村捨三沖縄県令	大城永保への聞き取り調査 地図あり	B03041152300-8～12
1885	9・22	第315号 久米赤外二島取調の儀に付上申	西村捨三沖縄県令	山県有朋内務卿	付属書2 別紙甲号	B03041152300-7
1885	10・9	官房甲第38号	山県有朋内務卿	井上馨外務卿	付属書2 別紙甲号	B03041152300-4
1885		太政官上申書	内務卿	太政大臣	付属書1 別紙乙号 国標相建候義差支無之と相考候間、至急何分の御詮議相成候様致度	B03041152300-5
1885		手書き文書 不要のコンプリケーション				B03041152300-3
1885	10・21	親展第38号	井上馨外務卿	山県有朋内務卿		B03041152300-13～14
1885	11・2	魚釣、久場、久米赤島回航報告書	林鶴松日本郵船会社出雲丸船長	森長義沖縄県大書記官		B03041152300-24～27
1885	11・4	魚釣島外二島実施取調概況	石沢兵吾 沖縄県五等属	森長義沖縄県大書記官(沖縄県令西村捨三代理)		B03041152300-18～23
1885	11・24		西村捨三沖縄県令	山県有朋内務卿	秘第218号の付属品二函の内の一つ 別紙復命書は石沢兵和吾の文書を指すものと思われる	B03041152300-17

| 1885 | 11・30 | 秘第218号の2 | 山県有朋内務卿 | 井上馨外務卿 | 別紙之通無人島へ国標建設之儀に付、沖縄県令より伺出候処、右は予め御意見の趣も有之候に付、左案之通及指令度候 | B03041152300-15 |
| 1885 | 12・4 | 親展第42号 | 井上馨外務卿 | 山県有朋内務卿 | | B03041152300-28 |

以下の文書は1895年1月段階にまとめられたものであり、本来は別綴りとすべきもの

1885	11・5	第384号 魚釣島外二島実地取調の義に付上申	*西村捨三沖縄県令	山県有朋内務卿	これは西村捨三が書いたものではなく、森長義が書いたもので、上京中の西村はこれを破棄する	B03041152300-32
1885	11・27	総務局次長白根専一花押文書			国標建設の義は清国と交渉し彼是都合も有し候に付、目下見合せ方可然と相考え	B03041152300-37
1885		外務省へ御照会案		外務卿	指令案 書面伺の趣、目下建設を要せざる義と可心得事 「半切用紙」本件は先づ外務卿への御照会を発し、仝卿の回答を待て沖縄県への御指令を執行し、同時に太政官への上申を執行する筈 久保田	B03041152300-38
1885	12・5	書面伺の趣、目下建設を要せざる儀と可心得事	井上馨外務卿 山県有朋内務卿			B03041152300-33
1890	1・13	甲第1号 無人島久場島魚釣島之義に付伺	知事	内務大臣		B03041152300-34

1890	2・7	県沖第6号	末松謙澄内務省県治局長	丸岡莞爾沖縄県知事	18年11月5日御県第384号伺へ対する同年12月5日指令の顛末書、取調上、入用に付、右の写、御廻送有之度、此段及照会候也	B03041152300-35
1890	2・26		知事	内務省県治局長		B03041152300-36
1893	11・2	甲第111号 久場島魚釣島ヘ本件所轄標杭建設之義ニ付上申	奈良原繁沖縄県知事	井上馨内務大臣 陸奥宗光外務大臣		B03041152300-31
1894	4・14	甲69号	県治局長	沖縄県知事	該島港湾の形状物産及土地開拓見込の有無　旧記口碑等に就き、我国に属せし証左、其他宮古島、八重山島等との従来の関係　右及照会候也	B03041152300-47
1894	5・12	復第153号	奈良原繁沖縄県知事	江木千之内務省県治局長	該島は去る18年中、県属警部等派出踏査せしめ候以来、更に実地調査致さざるを以て確報難及候	B03041152300-46
1894	12・27	内務省秘別133号	県治局長	内務大臣	其当時と今日とは大に事情を異に致候に付、標杭建設の義、御聞届くつもり	B03041152300-44
1894		閣議提出案	大臣	総理大臣		B03041152300-45
1894	12・27	秘別第133号	野村靖内務大臣	陸奥宗光外務大臣	機密受第3273号	B03041152300-29
		写 別紙 閣議提出案	内務大臣	内閣総理大臣	別紙標杭建設に関する件、閣議提出す	B03041152300-30
1895	1・11	親展送2号 機密	陸奥宗光外務大臣	野村靖内務大臣	本省に於ては別段異議無のに付、御見込の通り御取計相成可然と存候	B03041152300-39

年	月日	文書名	差出	宛先	備考	文書番号
1895	1・21	内閣批第16号	伊藤博文内閣総理大臣		明治28年1月12日秘別第133号標杭建設に関する件、請議の通	B03041152300-43
1895	1・22		内務省県治局長	内務大臣、外務大臣	内務省指令案	B03041152300-41
		右の外附属別紙書類				B03041152300-48
1885	9・21	石沢沖縄県属より沖縄県令宛久米赤島久場島魚釣島の三島取調書				B03041152300-48
1885	9・22	沖縄県令より内務卿宛久米赤島外二島取調の義に付上申書				B03041152300-48
1885	10・9	内務省より外務省への照会案				B03041152300-48
1885		内務卿より太政官への上申案				B03041152300-48
1885	10・	外務卿より内務卿宛				B03041152300-48
1885	11・2	林出雲丸船長より森沖縄県大書記官への魚釣久場久米赤島回航報告書				B03041152300-48
1885	11・4	石沢沖縄県属より森沖縄県大書記官への魚釣島外二島巡視取調概略報告書	石沢兵吾	森沖縄県大書記官		B03041152300-48
1885	11・5	沖縄県令より内務卿宛第384号				B03041152300-48
1885	11・24	沖縄県令より外務内務両卿宛				B03041152300-48
1885	11・27	内務省迴議案				B03041152300-48
1890	1・13	沖縄県知事より内務大臣宛甲第1号				B03041152300-48
1890	2・7	末松県治局長より沖縄県知事宛県沖第6号				B03041152300-48
1890	2・26	沖縄県知事より県治局長宛				B03041152300-48
1893	11・2	甲第12号 沖縄県知事より内務外務両大臣宛	沖縄県知事	内務大臣 外務大臣		B03041152300-48
		内務大臣より外務大臣へ照会案			明治27年11月27日と思われる	B03041152300-48

| 1895 | 1・11 | 親展送第2号外務大臣より内務大臣宛て | | | | B03041152300-48 |
| 1895 | | 別紙閣議提出案 | | | | B03041152300-48 |

　内務省の「沖縄県と清国福州との間に散在する無人島へ国標建設の件」においては1885年の文書のみを収めているのに対し、外務省の「帝国版図関係雑件」「明治18年沖縄県久米赤島、久場島、魚釣島へ国標建設の件」という綴りにまとめられた文書は1885年のものだけでなく、1895年1月22日にいたるまでの文書が一括りにされてしまっているため、誤解を招きやすい。例えばB03041152300-48には「右の外附属別紙書類」として年月日と表題のみ記された書類の一覧が記されているが、それはいつの段階の附属別紙書類なのかは記されていない。内容からして、1895年1月の閣議に提出提出の際に表題のみ紹介されたものと推測される。

　したがって外務省のこの書類については内容とともに、その綴られた順序をも慎重に検討する必要がある。注目すべきは内務省の書類には1885年11月2日の林鶴松出雲丸船長の回航報告書、11月4日の石浜兵吾県五等属の巡視報告書（いずれも提出先は森長義県大書記官）は収められている。しかし11月5日の西村捨三沖縄県令名義の「第384号　魚釣島外二島実地取調の義に付上申」が収められていない。内務省の書類では11月24日の西村捨三沖縄県令の井上馨外務卿と山県有朋内務卿にあてた文書が収められている。外務省の書類では11月24日の西村捨三の書簡の宛て先は山県有朋内務卿一人となっている。ただし「右の外附属別紙書類」には11月24日　沖縄県令より外務内務両卿宛書類の存在が記されている。したがって11月24日の西村捨三の井上馨、山県有朋宛書簡については問題は存在しない。

　問題なのは11月5日の西村捨三沖縄県令名義の第384号上申である。1885年の内務省の沖縄県関連の文書をまとめた書類にはそれは収められていないことはすでに述べた。外務省の綴りにはそれは収められているが、その綴られた順序を見れば「B03041152300-32」であり、1893年11月2日に奈良原繁沖縄県知事が出した「甲第111号　久場島魚釣島へ本件所轄標杭建設之義に付上申」の次である。つまり奈良原繁は沖縄県に残っていた森長義が西村捨三沖縄県令を僭称して書いた文書、しかもそれは1885年当時、西村捨三本人によって破棄されており、内務省には届けられなかったものであるにも関わらず、たまたま副本が沖縄県に残っていたから、それを真に受けて1885年12月5日の「書面伺の趣、目下建設を要せざる儀と可心得事」という指示の見直しを上申した、ということがこの一覧表からも判る。詳しくは本書第6章以降を参照のこと。

西村捨三の沖縄県政策について

沖縄県県治方向の件　　A03022939700

1885	2・25	参事院秘第17号	西村捨三沖縄県令	三条実美太政大臣	明治12年3月27日松田道之、高梨精一郎の第3号 一般人民と第3号探偵書抜抄を収める	A03022939700-3～12
1885	5・1	県甲6号 沖縄県令上申 県治方向陳述の事右回議に供す	内閣書記官長			A03022939700-13
1885	5・1		第二局		御指令案 上申の趣、聞置候条、使節の方法経費の予算等取調更に可伺出事 明治18年5月2日	A03022939700-14～15

沖縄県旧敬王尚家取扱の件　　A03022939800

1885	2・25	参事院秘第18号 尚家御取扱振に付意見	西村捨三沖縄県令	三条実美太政大臣		A03022939800-1～3
1885	2・26	乙号 尚家御取扱振に付意見	西村捨三沖縄県令	三条実美太政大臣		A03022939800-3～6
1885	5・1	県甲7号	内閣書記官長		別紙沖縄県令呈出尚家取扱振に付意見書供高覧候也	A03022939800-6～7

旧琉球藩王尚泰四男尚順、金禄賜給ノ件　　A03022909400

1884		第3号 尚家御取扱振に付意見	西村捨三沖縄県令	三条実美太政大臣		A03022909400-10～12
1885	5・20	第171号 旧藩王尚泰四男尚順金禄編入之儀上申	西村捨三沖縄県令	山県有朋内務卿 松方正義大蔵卿		A03022909400-3～9
1885	8・13	乾第853号 沖縄県申牒旧琉球藩王尚泰四男尚順へ金禄賜給の義に付伺	松方正義大蔵卿 山県有朋内務卿	三条実美太政大臣	伺之趣、特別を以て聞届候事 明治18年8月29日	A03022909400-1～3
1885	8・26	大甲429号	内閣書記官長			A03022909400-13
1885	8・26		第二局		御指令案 伺之趣、特別を以て聞届候事	A03022909400-14～16

1885	8・28	内務大蔵両省連署伺旧琉球藩王尚泰四男尚順ヘ金禄賜給の事右謹で奏す	三条実美太政大臣 大木喬任参議 伊藤博文参議ほか			A03022909400-12～13

外国船取扱方ノ義ニ付沖縄県令伺並指令　B11092871900

1885	5・28	外国船取扱方の義に付伺	西村捨三沖縄県令	井上馨外務卿 山県有朋内務卿		B11092871900-2～5
1885	6・25	公第62号 書面伺之趣左之通心得可し	井上馨外務卿 山県有朋内務卿			B11092871900-5～6

沖縄県船舶回漕費の件　A03022909600

1885	9・1	秘第41号の3 沖縄県浅薄回漕の儀に付上申	山県有朋内務卿	三条実美太政大臣		A03022909600-1～3
1885	9・11	第402号	松方正義大蔵卿			A03022909600-4
1885	9・18	内申334号	内閣書記官長			A03022909600-5
1885	9・26	上申案	内閣書記官長			A03022909600-6～8

沖縄県航行汽船の件　A03022909900

1885	12・10	沖縄県航行汽船の儀具申	西村捨三沖縄県令	山県有朋内務卿 松方正義大蔵卿		A03022909900-2～4
1885	12・10		森岡昌純日本郵船会社社長 緒方壮吉沖縄開運会社社長 山田海三代理	西村捨三沖縄県令		A03022909900-4～6
1885	12・15	秘第255号の内 沖縄県航行汽船之儀に付上申	山県有朋内務卿	三条実美太政大臣		A03022909900-1
1885	12・15	上申案	第一局 主任	内閣書記官長		A03022909900-8～9
1885	12・16	内申461号	内閣書記官長		内務省上申 沖縄県航行汽船之事右回議に供す	A03022909900-7

沖縄県県治上処分に関する件 A03023064300

1886	2・16		西村捨三沖縄県令	山県有朋内務卿		A03023064300-11～21
1886	2・20	秘乙第24号	山県有朋内務卿	伊藤博文内閣総理大臣	別紙沖縄県県治上処分に関する件提出す	A03023064300-8
1886	2・20	秘乙第24号 沖縄県県治上処分に関する件	山県有朋内務卿			A03023064300-9～11
1886	2・23	内務大臣請議	法制局長官	伊藤博文内閣総理大臣	指令案 請議の通施行すべし	A03023064300-6～7
1886	2・24	内務大臣上奏 沖縄県県治上処分に関する件	伊藤博文内閣総理大臣			A03023064300-5

脱清人の取扱いについて

沖縄県知事上申 事変準備の件 A03023064400

1886	8・15		大迫貞清沖縄県知事	山県有朋内務大臣		A03023064400-4～6
1886	8	内務大臣提出沖縄県知事上申 事変準備の件	内閣書記官長	伊藤博文内閣総理大臣	指令案 請議の通たるべし	A03023064400-1～2
1886	8・16	秘乙第57号	山県有朋内務大臣			A03023064400-2～3
1886	8・16	秘乙第57号沖縄県知事上申 事変準備の件提出す	山県有朋内務大臣	伊藤博文内閣総理大臣		A03023064400-7

沖縄県民脱清者処分に関する件 A03023065300

1885	4・8	甲第25号	沖縄県令代理 沖縄県書記官			A03023065300-6
		琉球新集科律抜粋 私に諸島、他領へ渡				A03023065300-7
1886	3・6	甲第17号	沖縄県令			A03023065300-8
		脱走在清人明細表			19年末の調査	A03023065300-9～11
1889	4・16	清国へ脱走せし者の義に付上申	沖縄県知事	内務大臣 司法大臣		A03023065300-5～6
1889	6・13	秘乙第271号 沖縄県民脱清者処分の件	松方正義内務大臣			A03023065300-4～5
1889	6・13	秘乙第271号	松方正義内務大臣	黒田清隆内閣総理大臣		A03023065300-11
1889	6・21	内甲88号内務大臣上奏沖縄県民脱清者処分の件	内閣書記官長		指令案沖縄県民脱清者処分の件裁可せらる 7月4日	A03023065300-2～3

1889	7・1	内務大臣上奏沖縄県民脱清者処分の件				A03023065300-1
1889	9・20	内務大臣請議沖縄県脱清者取締に係る同県達廃止の件	黒田清隆内閣総理大臣			A03023065300-12

沖縄県脱清者取締に係る同県達廃止の件 A03023065400

1889	7・16	参照 沖縄県	内務大臣 司法大臣			A03023065400-7
1889	7・31	脱清者取締之義に付伺	丸岡莞爾沖縄県知事	松方正義内務大臣	甲第25号達止案 甲第15号達廃止案	A03023065400-8〜14
		諭達案				A03023065400-11〜12
		沖縄県令甲第　号				A03023065400-12〜13
1889	8・29	秘乙第378号沖縄県脱清者取締法中甲第25号及甲第15号達廃止之件	松方正義内務大臣			A03023065400-5〜6
1889	8・29	秘乙第378号別紙沖縄県脱清者取締法中甲第25号及同15号達廃止の件提出す	松方正義内務大臣	黒田清隆内閣総理大臣		A03023065400-13
1889	9・12	内甲141の2 内務大臣請議沖縄県脱清者取締に係る同県達廃止の件	内閣書記官長		参照明治18年1月内務卿上申摘要 明治19年2月内務大臣請議摘要 明治22年6月内務大臣請議摘要	A03023065400-2〜5
1889	9・20	内務大臣請議沖縄県脱清者取締に係る同県達廃止の件	黒田清隆内閣総理大臣			A03023065400-1

村田忠禧（むらた ただよし）
神奈川県出身（1946年7月生まれ）
東京大学文学部中国文学科卒、同大学院博士課程中国哲学専攻単位取得満期退学。
東京大学教養学部助手、横浜国立大学助教授、教授を経て、現在は横浜国立大学名誉教授。神奈川県日中友好協会副会長。
専門　中国現代史　現代中国論　日中関係論
主な著書
『中国現代治国論――蒋介石から胡錦濤まで』（許介鱗との共編　勉誠出版）
『尖閣列島・釣魚島問題をどう見るか――試される二十一世紀に生きるわれわれの英知』（日本僑報社）
『チャイナ・クライシス「動乱」日誌』（蒼蒼社）
訳書
『周仏海日記（1937〜1945）』、『毛沢東伝（1893〜1949）』（いずれもみすず書房）
『日本軍の化学戦――中国戦場における毒ガス作戦』（大月書店）
『「毛沢東の私生活」の真相――元秘書、医師、看護婦の証言』（蒼蒼社）など。

日中領土問題の起源――公文書が語る不都合な真実

2013年6月25日　初版第1刷発行

著者　────　村田忠禧
発行者　────　平田　勝
発行　────　花伝社
発売　────　共栄書房
〒101-0065　東京都千代田区西神田2-5-11出版輸送ビル2F
電話　　　03-3263-3813
FAX　　　03-3239-8272
E-mail　　kadensha@muf.biglobe.ne.jp
URL　　　http://kadensha.net
振替　────　00140-6-59661
装幀　────　水橋真奈美（ヒロ工房）
印刷・製本―シナノ印刷株式会社

Ⓒ2013 村田忠禧
ISBN978-4-7634-0668-2 C3036

尖閣問題の核心
――日中関係はどうなる

矢吹 晋 著　　定価（本体2200円＋税）

●紛争の火種となった外務省の記録抹消・改ざんを糺す！　尖閣紛争をどう解決するか
「棚上げ合意」は存在しなかったか？　日中相互不信の原点を探る。日米安保条約は尖閣諸島を守る保証となりうるか？